Научное приложение. Вып. CCLXXVII

НОВОЕ ЛИТЕРАТУРНОЕ ОБОЗРЕНИЕ

Pavel Khazanov

THE RUSSIA THAT WE HAVE LOST

Pre-Soviet Past as Anti-Soviet Discourse

THE UNIVERSITY OF WISCONSIN PRESS
2023

Павел Хазанов

РОССИЯ, КОТОРУЮ МЫ ПОТЕРЯЛИ

Досоветское прошлое и антисоветский дискурс

МОСКВА
НОВОЕ ЛИТЕРАТУРНОЕ ОБОЗРЕНИЕ
2025

УДК 316.75(47+57)
ББК 63.3(2)6-72
Х12

НОВОЕ ЛИТЕРАТУРНОЕ ОБОЗРЕНИЕ

Научное приложение. Вып. CCLXXVII

Хазанов, П.

Х12 Россия, которую мы потеряли: Досоветское прошлое и антисоветский дискурс / Павел Хазанов; пер. с англ. Т. Пирусской. — М.: Новое литературное обозрение, 2025. — 248 с.: ил.

ISBN 978-5-4448-2592-1

Почему газета «Коммерсант» выбрала написание с твердым знаком на конце, Храм Христа Спасителя был восстановлен, а «Сибирский цирюльник» стал блокбастером в новейшей России? Какую роль сыграли воспоминания о дореволюционном прошлом в легитимации сегодняшних российских элит? Книга Павла Хазанова — это попытка реконструировать генеалогию антисоветского дискурса о досоветской истории. Рассматривая, как, на протяжении многих лет и несмотря на конфронтацию друг с другом, такие фигуры, как Анна Ахматова, Григорий Померанц, Юрий Лотман, Натан Эйдельман и Булат Окуджава с одной стороны, и Василий Шульгин, Александр Солженицын, Владимир Солоухин и Никита Михалков с другой, вырабатывали консенсус о привлекательности дореволюционной эпохи. Автор показывает, как их видение этой эпохи повлияло на идеологию постсоветской России и почему многих так очаровал образ «России, которую мы потеряли», содержащий в себе консервативный и реваншистский заряд. Павел Хазанов — профессор Ратгерского университета, специалист по культуре позднего СССР и постсоветской России.

УДК 316.75(47+57)
ББК 63.3(2)6-72

В оформлении обложки использованы фрагменты работ Д. А. Пригова «Скважины» (1973), «Скважина» (1974). Собрание семьи художника.

СОДЕРЖАНИЕ

Русская версия книги посвящается оставшимся
Фельдманам и Головатым

ПРЕДИСЛОВИЕ К РУССКОМУ ИЗДАНИЮ

Кажется, эта книга изначально должна была быть написана по-русски, в России. Многие ее персонажи хорошо знакомы любому русскоговорящему читателю. Ход их мыслей порой будет узнаваем вами с полуслова. Прошу прощения за нудные объяснения от Капитана Очевидность — ведь вы читаете перевод книги, написанной для англоязычной аудитории, где фильмы Михалкова вечером по телевизору никому не показывали, где рекламу девяностых о сборе денег на стройку храма Христа Спасителя никто не помнит, где шутки Пелевина на эту тему (например, «храм Христа-Спасателя») никому ничего не говорят и где даже такие исторические вехи, как 1917 год, представляются хорошо образованному неспециалисту очень смутно.

В каком-то альтернативном пространственно-временном континууме я, наверное, действительно вырос и стал ученым в России. В реальности же судьба распорядилась иначе и странней. Хотя родился я в Москве, в 1990-е годы, будучи десятилетним ребенком, я уехал в Сан-Франциско и с тех пор мало бывал в России. Русский язык я сначала подзабыл, а потом выучил заново, уже в аспирантуре. Пишу я по-русски с ошибками (не грубыми, надеюсь). Даже самовара у меня нет. Тем не менее, когда наступило время формулировать научный проект, память вернула меня назад в детство, в те самые «лихие девяностые», из которых моя семья эмигрировала и которые, вероятно, на всю жизнь остались для меня манящей загадкой. Откуда они взялись? Что тогда, собственно, случилось? Откуда тот жизненный заряд, порой страшноватый, который та эпоха внесла в мое личное становление? Откуда та самоочевидная трактовка происходящего, порой ложная, среди поколения моих родителей, что сыграла решающую роль в последующем развитии России? Эта книга — мой личный ответ на эти вопросы. Ответ этот, как мне представляется, порожден в заочном споре между моим мировоззрением человека, выросшего в американском леволиберальном гражданском обществе и научно-гуманитарной среде, и мировоззрением моих родителей и их сверстников, образованных выходцев из столиц позднего СССР. К этому спору и к вытекающему из него видению новейшей российской истории явно питает интерес аудитория западных славистов, для которых я в первую очередь писал монографию. Хоть и с неким опасением, я тем не менее очень рад теперь представить мою работу на поверку читателям, думающим по-русски и знающим современную российскую культуру и историю много лучше, чем я.

Я хотел бы поблагодарить всю команду издательства НЛО за продвижение проекта в столь молниеносные сроки, особенно учитывая обстоятельства в сегодняшней России. В частности, огромное спасибо Ирине Прохоровой за изначальный интерес, Александру Дмитриеву и Кириллу Кобрину за поддержку, Татьяне Пирусской за замечательный перевод и Татьяне Тимаковой за кропотливую редактуру.

Американское издание книги было посвящено моим родителям, которые в чем-то все-таки правы. Русское издание хочу посвятить родственникам, оставшимся в России. Они тоже в чем-то правы. Надеюсь, что в Прекрасной России Будущего мы сможем все это обсудить в теплом семейном кругу.

2024, Нью-Йорк

ПРЕДИСЛОВИЕ К АМЕРИКАНСКОМУ ИЗДАНИЮ

Мысль, что я когда-нибудь напишу книгу, уже приходила в голову некоторым людям, причем много лет назад. В седьмом классе, например, мистер Порье, изучив мой первый опус, весьма далекий от нынешнего, — собственно, это была пьеса, — позволил мне прочитать его вслух одноклассникам, таким же постсоветским иммигрантам, как и я (о чем там шла речь, сейчас лучше не пересказывать). Головокружение от успеха направило меня на стезю гуманитария, и хотя перо мое больше не дерзнуло творить с прежним размахом, зато у меня были замечательные учителя, в том числе Рэнди Кинэви (светлая ему память), Кен Рейнхард, Митчем Хюлс, Мишель Хуневен, Тамар Бояджан и многие другие. Они научили меня думать и преподавать. Я улавливаю отголоски их мыслей во всех работах, когда-либо написанных мной. Я счастлив, что мне наконец представилась возможность назвать их имена и поблагодарить их на страницах книги.

Замысел этого проекта возник во время семинара в Принстонском университете, в ходе бесед с Сергеем Ушакиным, неутомимым организатором всего, а также Кевином М.Ф. Платтом, Марком Липовецким, Ильей Кукулиным, Александром Эткиндом, Элиотом Боренстайном и другими. Многие из них оставались моими собеседниками и поддерживали меня в работе в последующие годы. Кевин, мой научный руководитель в аспирантуре Пенсильванского университета, прочел и откомментировал почти все редакции всех частей этой книги, в том числе раннюю версию первой главы на сто страниц, достойную разглагольствований Глазунова и Дугина. Нет слов, которые выразили бы, как я благодарен Кевину за его подвиг, но отплатить ему за столь же щедрое хлебосольство я все-таки надеюсь. Энциклопедические знания Марка Липовецкого о современной русской культуре на протяжении многих лет служили мне поистине бесценным источником. К тому же многие части этой книги, равно как и других моих работ, были написаны благодаря его приглашениям принять участие в многочисленных мероприятиях Ассоциации славянских, восточноевропейских и евразийских исследований (ASEEES), Американской ассоциации преподавателей славянских и восточноевропейских языков (AATSEEL) и региональных семинарах. Еще один мой великодушный читатель — Илья Виницкий, глубоко изучивший риторику русских консерваторов XIX века и тем самым помогший мне понять ее позднейших наследников. Росен Джагалов появился в Пенсильванском университете как раз вовремя, чтобы заставить меня задуматься о политических взглядах позднесоветской и постсоветской интеллигенции. Хотя в финале этой книги встречается всего несколько отсылок к Средневековью, Юлия Верхоланцева существенно расширила мое понимание того, какую роль в риторике советской интеллигенции играло историческое прошлое. Я благодарен и за многие часы наших бесед в коридорах Уильямс-холла — о моей работе и на темы, связанные со славистикой в целом. Спасибо Питеру Холлуорду и Дэвиду Казанджану, примирившим меня с континентальной философией. Спасибо Питеру Холквисту и Бену Натансу, открывшим мне историю как научную дисциплину, с которой литературоведение — моя прямая специальность — может пребывать в продуктивном диалоге. Особая благодарность — Хаммаму Алдури, который однажды чудесным образом воплотился в лифте Библиотеки Ван Пелт в самый подходящий момент, чтобы стать, в некотором смысле, моим теоретическим терапевтом. Со своим отменным знанием континентальной традиции, Хаммам помог мне отточить аргументацию и, я надеюсь, удержал меня от низвержения в пропасть поверхностного философствования, что порой случается с литературоведами, любящими поиграть на соседней поляне. Спасибо и друзьям из Пенсильванского университета, благодаря которым «жизнь ума» не казалась чем-то излишне носозадирающим и переоцененным, особенно Майе Винокур, Алексу Мошкину, Хелен Штур-Роммерейм, Алисон Ховард, Сэму Касперу, Якову Фейгину, Алексу Хазанову и Соне Голланс. Отдельное спасибо психотерапевту, посоветовавшей мне «стать как водоросли».

В Европейском университетском институте во Флоренции паста в кафетерии всегда была аль денте, эспрессо щедро спонсировался, склоны холмов всегда зеленели, беседы неизменно увлекали, игра в футбол впечатляла, а еще удавалось кое-что читать и писать. Max Weber Fellowship и Александр Эткинд подарили мне чудесный плодотворный год, в течение которого основные тезисы этой книги обрели окончательную форму. Благодаря семинару по позднесоветской субъектности, проведенному в Европейском университетском институте весной 2018 года, я также познакомился с Анатолием Пинским, невероятным собеседником, знающим советскую историографию до таких тонкостей, что остается только завидовать. Отдельное спасибо почти бесплатному детскому саду Европейского университетского института, расположенному (как говорят) рядом с садом из «Декамерона» Боккаччо, — благодаря ему наше пребывание в Италии оказалось возможным в материальном отношении. А главное, было приятно провести год среди коллег и друзей, включая Венету Иванову, Виктора Петрова, Геннадия Яковлева, Катю Мотыль, Райана Дана, Мишку Синху, Дж. П. Слайта, Блэйка Смита, Анджело Каглиоти, Дениса Гореа, Сахар Неджати-Каримабад, Тома Завишу и Кэтрин Гриффитс.

Кафедра германских, русского и восточноевропейских языков и литератур Ратгерского университета (Rutgers University, New Brunswick) вот уже шесть лет служит мне замечательным научным домом. Спасибо Эдите Бояновской и Фатиме Накви, которые привели меня сюда, а также Марте Хелфер и Эмили Ван Баскирк, которые неутомимо поддерживали меня через все бюрократические перипетии, поделились со мной опытом работы в университете и стали для меня образцом блестящих руководителей, ученых и преподавателей. Большая радость — работать и общаться с такими потрясающими и дружелюбными коллегами, особенно с Хлоей Китцингер, Кори Андерсон, Николасом Ренни, Николой Берман, Майклом Левином, Региной Карл, Домиником Цехнером и Александром Пичугиным. Йохен Хелльбек и Белинда Дэвис помогли мне наладить контакты с кафедрой истории; Белинда и Садия Аббас ввели меня в Ратгерский центр исследований Европы (CES). Энди Паркер и Джанет Уокер радушно приняли меня на кафедре сравнительного литературоведения, Сьюзан Мартин-Маркес — на кафедре киноведения, а Джейн Шарп познакомила меня с кафедрой искусствоведения и удивительным собранием русского и советского нонконформистского искусства в Музее Зиммерли, куратором которого она является. Хочу поблагодарить и всех студентов, посещавших мои курсы, особенно «Россия — империя или нация?» и «Россия после Сталина». Ничто не дает такой возможности уточнить собственные формулировки, как диалог с замечательными студентами, прикасающимися к теме впервые и именно поэтому способными подвергнуть сомнению тезисы, которые порой оказываются не столь однозначными, как представляется на первый взгляд.

Последние правки я вносил в Центре Клюге при Библиотеке Конгресса, где мне посчастливилось провести два плодотворных семестра академотпуска. Благодарю Трэвиса Хенсли, Майкла Стратмоэна, Дэвида Конте и остальную команду во главе Центра Клюге, библиотекарей-русистов в Европейском читальном зале, оказавших мне неоценимую помощь. Рад был провести почти год в общении с коллегами и друзьями в Вашингтоне, особенно с Джулей Лейкин, Джеффом Уайтом, Мэттом Мэнголдом, Брэдли Горски и Джошом Яфе. Благодарю также Ребекку Валковиц, тогдашнего декана факультета гуманитарных наук Ратгерского университета, которая помогла организовать этот академотпуск и всячески поддерживала мою работу.

Было огромным удовольствием работать с Эмбер Седерстрём, Джессикой Смит, Шейлой Макмэхон и остальной командой издательства Висконсинского университета, где так гладко завершилась первая, английская, версия этого проекта. Я особенно признателен Александру Михайловичу и другим рецензентам, любезно согласившимся прочитать мою рукопись и высказать свои замечания, и Элизабет Стерн — редактору высшего класса. Я также благодарю Энсли Морс и Элиота Боренстайна, прочитавших книгу и одобривших ее окончательный вариант. Отдельное спасибо Роберту Киму, предоставившему мне фотографию торгового дома «Пересвет», сделанную им в 1993 году. Более ранняя версия третьей главы публиковалась как отдельная статья в *Slavic and East European Journal* (*Khazanov P.* The Most Important Thing is to Remain a Human Being: Decembrist Protest, Soviet *Lichnost'*, and the Post-1968 Mass-Market Histories of Natan Eidelman and Bulat Okudzhava // Slavic and East European Journal. 2021. Vol. 65. № 3. P. 478–498).

В течение всей научной карьеры мне необыкновенно везет с компанией хороших друзей, обычно разбросанных по разным университетам, но ежегодно съезжающихся на несколько головокружительных дней на конференции Ассоциации славянских, восточноевропейских и евразийских исследований и Американской ассоциации преподавателей славянских и восточноевропейских языков, — благодаря им в лабиринтах гостиниц, где проводятся эти встречи, чувствуешь себя как дома. Джейсон Сипли, Фабрицио Фенги, Аня Айзман, Даниил Лейдерман, Эмили Ванг, Даша Езерова, Настя Осипова, Рита Сафарянц, Мариета Божович и многие, многие другие участвовали в секциях и круглых столах, на протяжении многих лет комментировали разные части этой книги и порой после сессии докладов в восемь утра не отказывались от «кровавой Мэри» в ресторане неподалеку.

Сарит и Джонатан Грибец, а также Эстер Дрейфус-Каттан помогали мне ориентироваться в мире науки с тех самых пор, как стали моей семьей. Они совершенно не были обязаны этим заниматься, но занимались! Эстер даже читала мою магистерскую по философии, лишенную, честно говоря, всякого смысла, о чем она вежливо умолчала, и это очень мило с ее стороны. Шломо Каттан и Мири Левенштейн, Эстер, Сарит и Джонатан, Лиор и Этти, Женя, Наоми,

Исролек, Сара-Циля, Эстер-Хая — вы лучшая семья, какую только можно себе пожелать.

Зачем русскому гуманитарию писать книгу, если не для того, чтобы доказать, что его родители-интеллигенты заблуждались? Но я в конечном счете полагаю, что мои родители, Борис и Людмила, были правы — не во всем, но в главном. Им я и посвящаю свою книгу.

Габриэла Кэролайн Каттан-Хазанов — из Лос-Анджелеса в Лондон, потом в Вашингтон, Филадельфию, Флоренцию, снова в Филадельфию, в Филадельфию эпохи ковида и, наконец, в Южную Филадельфию… ты, не сдаваясь, остаешься с тем, кто выбрал, скажем прямо, странную профессию, чьи шутки, скажем прямо, обросли бородой и кого смысл песни Say My Name поверг в избыточное недоумение (может, этот парень просто не помнит ее имени?). Вот почему я люблю тебя, хоть ты и присвоила мой монитор, мои наушники и мой рабочий стол (ничего страшного, оставь их себе — у меня как раз пополнение в исследовательском бюджете).

Ноэми, Яша и Изя мало что знают о досоветской или позднесоветской интеллигенции, но часто высказывают ценные мысли — например, что где-то в радиусе четырех кварталов может находиться фургон мороженщика и что его поиск — занятие куда более увлекательное и осмысленное, чем попытки разобраться в очередном выхлопе катастрофической российской политики.

ВВЕДЕНИЕ

> Россия незадолго перед катаклизмом была многогранна и многообразна. Существовала Россия чиновников: Акакий Акакиевич, Каренин, городничий; была Россия воинской доблести и славы: Бородино, оборона Севастополя, Шипка и Плевна на Балканах; была Россия бунтующая: Пугачев, Болотников, Разин, 1905 год; была Россия землепроходцев: Дежнев, Беринг, Пржевальский, Семенов-Тян-Шанский, Арсеньев; Россия науки: Яблочкин, Попов, Менделеев, Сеченов, Мечников, Тимирязев; Россия искусства: сотни имен. Была Россия студенческая и офицерская, морская и таежная, пляшущая и пьющая, пашущая и бродяжья. Но была еще Россия молящаяся.
>
> *Владимир Солоухин. Письма из Русского музея*

В 2008 году режиссер Андрей Кравчук выпустил в целом тепло встреченный блокбастер «Адмиралъ» — фильм об Александре Колчаке[1]. Открывается фильм впечатляющими кадрами морского сражения Первой мировой под командованием бесстрашного капитана Колчака, а заканчивается расстрелом адмирала Колчака большевиками в Иркутске в 1920 году. В промежутке герои возносят молитвы, целуют кресты и щеголяют в стильной форме. Тем временем безликие красные убивают почти безликих белых, а у Колчака происходит бурный роман с Анной Тимирёвой, женой его сослуживца, который впоследствии переходит на сторону красных, тем самым оправдав измену жены (насколько мне известно, сюжетная линия о сослуживце, контр-адмирале Сергее Тимирёве, не соответствует историческим фактам).

[1] «Адмиралъ» (2008), реж. Андрей Кравчук (Москва, Дирекция кино).

Фильм изобилует голливудской эстетикой, шаблонными сюжетными поворотами и обаятельными дорогостоящими кумирами — в частности, на главные роли пригласили Константина Хабенского и Елизавету Боярскую. И тем не менее, как замечает кинообозреватель газеты «Коммерсантъ» Андрей Архангельский, зрителей не должны «сбивать с толку» все эти «рекламные открытки», ведь «это все миражи», призванные привлечь внимание капризной молодежи к исторической картине с серьезной моралью, которую хорошо бы усвоить всем в постсоветской России: «Любой, даже плохой, порядок в России лучше, чем его разрушение»[1].

Проанализируем некоторые аспекты этого разрушенного «плохого порядка», каким он изображен в «Адмирале». Выглядит он не так уж плохо. История любви в фильме разворачивается в изящных имперских декорациях, где льется шампанское, а главное, красуются элегантные офицеры со своими дамами. Кравчук мыслит возвышенно и заявляет, что такие вещи неважны, но, конечно, именно пышность и блеск досоветского мира, как его принято изображать, делают его столь притягательным в постсоветское время. Способствует этой притягательности и его явно непривлекательная альтернатива — бессмысленный хаос революции, вызванный жалкой плебейской толпой, которую мы, зрители, само собой, должны презирать. Поэтому, пишет Архангельский, дело даже не в том, что враги Колчака заблуждаются, что их теория ошибочна: «Колчак воюет с красными не из-за идеологии даже». Враги — попросту «биомасса, безличное зло», которое «расстреливает и топит своих бывших командиров… и опять непонятно почему»[2]. Дальше мысль Архангельского легко продолжить: к сожалению, эта «биомасса» выиграла Гражданскую войну, но мы, здесь и сейчас, можем восстановить справедливость. Идея постсоветской России должна состоять в том, чтобы низвергнуть власть «биомассы» и установить власть добродетельной элиты.

[1] *Архангельский А.* Был порядок // Коммерсант. 2008. 19 октября. https://www.kommersant.ru/doc/2301567.

[2] Там же.

Или, если переформулировать ту же мысль словами Кори Робина (специалиста по англо-американскому консервативному политическому дискурсу), суть в том, чтобы преодолеть «безобразный, грубый, подлый и убогий» мир, выстроенный левыми популистами в 1917 году, и воздвигнуть на его месте мир «совершенный», где «лучший командует худшим» и где «право власти самоочевидно, а все привилегии заслуженны»[1]. В этом консервативном проекте современной России — основной политический посыл «Адмирала» с его дорогостоящим ретро.

Тот же консервативный политический посыл, как я покажу, заключает в себе и большинство других дорогих имперских ретрообъектов в постсоветском публичном пространстве. Многие крупнобюджетные постсоветские фильмы, действие которых происходит в царской России (скажем, «Сибирский цирюльник» Никиты Михалкова), призваны объяснить «нам», постсоветским гражданам, преимущества подчинения тем, кто лучше нас и кто, как аристократ, понимает, что «его, офицера и дворянина, долг — напоминать об этом долге другим, менее сознательным людям»[2]. Досоветский стиль многих российских бизнес-центров напоминает нам, что новый российский капитализм легитимен по той же причине и что семьдесят лет, разделяющие до- и постсоветский экономические режимы, — всего лишь потерянное время, нелепость, случившаяся «по не зависящим от редакции обстоятельствам» (формулировка, годами вызывающе украшавшая первую полосу ежедневной деловой газеты «Коммерсантъ»)[3]. Баснословно дорогая реконструкция храма Христа Спасителя в центре Москвы в 1990-е годы

---

[1] *Robin C.* The Reactionary Mind: Conservatism from Edmund Burke to Sarah Palin. Oxford: Oxford University Press, 2011. P. 7, 16, 29.

[2] *Архангельский А.* Был порядок.

[3] О раннем «Коммерсанте» и его решении использовать эстетику имперского ретро см. документальный фильм Леонида Парфенова «С твердым знаком на конце» (2007; Москва, Первый канал, Ростелеком, 2009): https://www.youtube.com/watch?v=BMLdc89clvY. См. также: *Прядко И.П.* Дореформенная орфография и современная реклама // La Revue russe. 2006. № 28. P. 91–94.

должна намекать нам, что религиозно-моральная иерархия в постсоветском государстве тоже восстановлена: заделана зиявшая в этом месте дыра, возникшая в результате безнравственного атеистического утопического советского эксперимента с его так называемыми народными дворцами, будь то сталинские высотки или хрущевские бассейны. Наконец, обилие позолоченного имперского ретро, окружающего фигуру Путина и многих из его свиты, внушает нам, что они у власти по праву помазанников, по велению вечной, великой истории российского государства, — в противовес каким-то там химерическим силам *светской* истории вроде партийного авангарда советского народа.

В книге я пытаюсь найти ответ на вопрос: с каких пор и почему все эти истины о славном прошлом, его позорном конце и великой миссии его возрождения стали самоочевидны для столь многих в современной России? В качестве отправной точки я выбрал «Адмирала», потому что в самой композиции этого фильма содержится начало ответа на поставленный вопрос. На первый взгляд, режиссер позаимствовал сентиментальный прием «Титаника» Джеймса Кэмерона: в обоих фильмах центральная сюжетная линия — линия главного героя — дана глазами пережившей его возлюбленной, много десятилетий спустя, уже в старости, вспоминающей прошлое. Однако если в столетней Розе Доусон-Кэлверт, которая воскрешает в памяти свой обреченный роман с Джеком, глядя на единственное, что от этого романа осталось, — баснословно дорогой бриллиант, — нет никакого политического подтекста, то аналогичному моменту в «Адмирале» присуща необычайная политическая острота. Здесь перед нами пожилая «мадам Колчак» в 1960-е годы, разглядывающая последний подарок, который напоминает ей о былой любви, в то время как советская власть поспешно откапывает ее метафорические дворянские «драгоценности» — в частности, ее тонкое понимание того, как себя держать в дореволюционном высшем свете. Она ведь находится на съемочной площадке, где Наташа Ростова танцует с князем Андреем в легендарной оскароносной экранизации «Войны и мира» Сергея Бондарчука (1965–1967), для которой она выступает консультантом по этикету и снимается в качестве статистки, *grande dame* из толстовского романа. Разумеется, партия, расстрелявшая ее мужа пятьдесят лет назад, возражает против ее присутствия; безликий чиновник выговаривает Сергею Бондарчуку (которого играет его сын Федор): «Я тут же проверил в картотеке, это точно она. Тридцать лет лагерей, жена заклятого врага революции — в нашей патриотической картине. Еще неизвестно, реабилитирована ли она. Вам это нужно?» На это великий режиссер гневно отвечает: «Мне лица нужны. Где я возьму такое лицо?»[1] На этом диалог кончается. Мадам Колчак будет в экранизации романа Толстого. Без нее не получится как надо — в этом легко убедить даже партийного цензора. Потому что даже он уже понимает. *Все* всё уже понимают.

Но почему мы полагаем, что в 1960-е годы все в самом деле так думали? Примечательно, что философ Мария Чехонадских пишет о фильме Бондарчука совершенно иначе. Она видит в нем апогей советского просвещения, полностью преодолевшего старорежимную культурную аристократию и не нуждающегося в подлинных аристократах на съемочной площадке:

> [Фильм «Война и мир»] претендует на создание реалистического образа аристократического прошлого на основании системы Станиславского, но на самом деле весьма искаженно показывает отношения, поведение и социальные роли толстовских персонажей. Этот фильм является карнавальным шоу, в котором советские мужчины и женщины неловко разыгрывают высшее общество в соответствующих исторических декорациях. Эпическое полотно Бондарчука смущает самим своим желанием показать аристократию в пролетарском теле, но... прошлое — это тренировочный полигон, где пролетариат может упражняться в своих способностях переиграть классового врага. Поэтому понятно, почему романтичный и мятежный юноша Пьер Безухов в исполнении самого Бондарчука выглядит упитанным зрелым мужчиной с усталым лицом. Дело в том, что этот Безухов — не представитель

[1] «Адмиралъ», 01:55:30.

> русского 68-го года девятнадцатого столетия, а советский современник-рабочий, совершающий в своем теле поминовение Безухова… <…> Переработка мировой культуры с точки зрения пролетариата — это перформанс в парике Моцарта и Пушкина[1].

С точки зрения Чехонадских, никто бы не захотел увидеть в фильме Бондарчука настоящую аристократку (Чехонадских, по-видимому, не знает о присутствии мадам Колчак на съемках, что действительно имело место быть)[2]. В конце концов, установка этого фильма с позиций советского дискурса просвещения, который Чехонадских прослеживает в работах Александра Богданова и Михаила Лифшица, в том, чтобы показать не бывших аристократов, играющих самих себя, а бывших пролетариев, показывающих, насколько социализм овладел дореволюционной высокой культурой.

Размышления Чехонадских по поводу «Войны и мира» лишний раз напоминают, что культурное наследие имперской России необязательно содержит в себе антисоветские консервативные ценности, которые Архангельский и многие его современники приписывают ему по умолчанию. Сцену танца Наташи, снятую в 1960-е годы, совсем не обязательно интерпретировать таким образом, тем более с точки зрения детей крестьян и пролетариев, таких как Сергей Бондарчук, или, если на то пошло, Путина и значительной части его окружения, представителей нынешней российской политической элиты, взросление которых пришлось как раз на этот период. Однако в книге я показываю, что с точки зрения истории формирования идеологии в современной России «Адмиралъ» прав. Я демонстрирую, что начиная с 1950-х годов и до конца 1980-х культурный процесс в СССР сложился так, что антисоветский дискурс о досоветском прошлом сформировался именно в эти

1 *Чехонадских М.* Товарищи прошлого: советское просвещение между негативностью и аффирмацией / Пер. К. Меламуда // Художественный журнал. 2018. № 106. https://moscowartmagazine.com/issue/81/article/1786.

2 *Шинкарев Л.* Записка от Колчака // Новая газета. 2014. 24 декабря. https://novayagazeta.ru/articles/2014/12/24/62501-zapiska-ot-kolchaka.

десятилетия. Далее, тот же дискурс, с одной стороны, напрямую повлиял на мировоззрение сегодняшней правящей элиты в Российской Федерации, а с другой — расчистил ей дорогу, убедив людей некогда довольно влиятельных и способных к политическому противостоянию умерить свои оппозиционные амбиции под тем банальным предлогом, что «любой, даже плохой порядок в России лучше, чем его разрушение». Чтобы изложить эту историю, я выдвигаю четыре тезиса.

1. Несмотря на уверения во взаимной вражде, представители позднесоветской «интеллигенции», считавшие себя либералами и консерваторами, в постсталинский период общими усилиями сформировали ключевые представления об антисоветском проекте для России, и эти представления в конечном счете реализовались в постсоветской социальной жизни. Они, как правило, носили элитарный, консервативный характер (в данном случае речь о консерватизме в широком смысле слова, в каком это понятие используют такие ученые, как Кори Робин).

2. Процесс выработки этих общих принципов отчетливо прослеживается в воспоминаниях о досоветском прошлом России, написанных либералами и их мнимыми противниками — консерваторами и нативистами.

3. Благодаря официальным позднесоветским институтам культурного просвещения общее мнение интеллигенции о досоветском прошлом нашло свою аудиторию среди городских образованных масс позднесоветского периода — так называемых инженерно-технических работников (ИТР). Этот консенсус позволил классу ИТР считать себя тем, что я бы назвал «младшей интеллигенцией»[1].

4. В 1990–2000-е годы общие представления о досоветском прошлом сыграли свою роль в формировании постсоветского авторитаризма, сплотив даже либеральную оппозицию вокруг ключевых элементов нового дискурса власти.

---

[1] Социальное определение «класса ИТР» я позаимствовал у Марка Липовецкого, чье эссе в значительной мере повлияло на замысел этой книги. См. *Lipovetsky M.* The Poetics of ITR Discourse: In the 1960s and Today // Ab Imperio. 2013. № 1. P. 109–139.

* * *

Чтобы прояснить, как строится аргументация этой книги, в остальной части введения я очерчиваю историческую логику утверждений о «России, которую мы потеряли» (название документального фильма Станислава Говорухина времен перестройки, вынесенное в заглавие этой книги). Для этого я кратко изложу культурную историю, прослеживаемую далее в шести главах: первые четыре относятся к советской эпохе, а последние две — в основном к перестройке и 1990–2000-м годам. Я также прокомментирую используемый в книге метод критики идеологии (ideology critique), уделив особое внимание таким терминам, как «идеология», «дискурс» и «Субъект». Наконец, я остановлюсь на некоторых ключевых понятиях, играющих важную роль в моей работе, таких как «народ», «интеллигенция», «интеллигентность», «культурность». В заключение скажу, в чем я сам вижу ограничения и недочеты своего метода.

Начнем с очевидного вопроса: когда существовала «Россия, которую мы потеряли» и когда она исчезла? Учитывая резкую смену режима в 1917 году, вопрос может показаться глупым. Однако, намеренно отказавшись считать эти хронологические рамки самоочевидными, можно различить другие точки зрения, с которых история России в XX веке выглядит иначе. Например, если говорить об истории культурного канона в России, можно отметить, что революция не ознаменовала столь радикального разрыва, как многим в то время казалось. Хотя некоторые раннесоветские марксисты и попутчики-авангардисты призывали к полной переоценке культурного прошлого, к концу первого сталинского десятилетия в силу разных, порой противоречащих друг другу причин пароход культуры с Пушкиным у штурвала остался практически нетронутым, несмотря на смену режима и, вероятно, чересчур громогласные призывы к бунту на борту[1]. Возьмем другой пример: с точки зрения российской/

[1] Как неоднократно отмечали исследователи, события, подобные пушкинскому юбилею 1937 года, — яркие примеры, показывающие, что сталинская

советской экономической истории 1917 год едва ли можно назвать столь же значительной вехой, как 1930-е (когда началась форсированная сталинская индустриализация) или «длинные» 1960-е (приблизительно 1956–1968 годы), когда логика управления советской промышленностью исчерпала себя, отстроив урбанизированное государство с относительно высоким уровнем образования, впоследствии проигравшее в экономической конкуренции с Западом, поскольку командная экономика оказалась не способна адаптироваться к глобальному постиндустриальному повороту конца XX века[1]. Обе эти историографические перспективы играют в книге определенную роль.

В свою очередь, представление о 1917 годе как радикальном разрыве, безусловно, входило в одобренную партией концепцию прошлого — которую, рискуя впасть в излишний

эпоха в принципе могла допустить к управлению досоветским каноном широкий круг участников. Среди них были как филологи старой гвардии, так и социалистические активисты, думавшие, что они могут с легкостью произвести переоценку досоветского канона, втиснув его в протосоциалистические рамки — скажем, объявив произведение «прогрессивным для своего времени». Сталин, со своей стороны, по-видимому, прибегал к такого рода языку в практических целях — чтобы постепенно сдвинуть господствующую идеологию на позиции русского этнонационализма; среди работавших в сталинской парадигме были и диалектики, в частности Михаил Лифшиц и Георг Лукач, стремившиеся, прославляя великие, вошедшие в канон культурные достижения прошлого, сохранить дистанцию между досоветской и советской культурной парадигмой. См.: *Brooks J. J.* Greetings, Pushkin! Stalinist Cultural Politics and the Russian National Bard. Pittsburgh, PA: University of Pittsburgh Press, 2016; Epic Revisionism: Russian History and Literature as Stalinist Propaganda / Eds. D. Brandenberger, K. M. F. Platt. Madison: University of Wisconsin Press, 2006. О месте Лифшица и Лукача в этой парадигме см.: *Кларк К.* Москва, Четвертый Рим. Сталинизм, космополитизм и эволюция советской культуры (1931–1941) / Пер. А. Фоменко, О. Гавриковой. М.: Новое литературное обозрение, 2018; см. также: *Khazanov P.* Mikhail Lifshitz and the Dialectical Politics of Art in the USSR // Pushkin Review. 2018. № 20. P. 67–73.

[1] О советской экономической истории, в целом укладывающейся в эти рамки, см.: *Allen R. C.* Farm to Factory: A Reinterpretation of the Soviet Industrial Revolution. Princeton, NJ: Princeton University Press, 2009; *Feygin Y.* Building a Ruin: The International and Domestic Politics of Economic Reform in the Soviet Union. Cambridge, MA: Harvard, 2024, а также *Kotkin S.* Magnetic Mountain: Stalinism as a Civilization. Berkeley, CA: University of California Press, 1997.

схематизм, можно вкратце изложить как социальную историю «долгого» XIX века (1790–1917), когда развивалось революционное движение, кульминацией которого стал большевистский советский проект[1]. У этой концепции имелась очевидная цель — обосновать власть партии в настоящем как следствие исторической необходимости. По обратной логике, этот нарратив неизбежно предполагал существование антипода — *анти*советского дискурса, отрицающего историческую необходимость партии. Антисоветский дискурс тоже сосредоточился на 1917 годе как историческом водоразделе, как годе катастрофы, когда партия незаконно захватила власть и свернула историю России с «нормального» курса развития. Именно такой смысл отчетливо угадывается во фразе: «Россия, которую мы потеряли». Все это означает, что мы *можем* ответить на вопрос, когда она существовала и когда кончилась: на протяжении XIX века и вплоть до 1917 года, но только с точки зрения определенного Субъекта политического дискурса, который, пусть и в негативном плане, убежден в центральной роли советской власти в интересующем нас политическом вопросе.

Почему я пишу слово «Субъект» с большой буквы? Этот вопрос подводит нас к методологии моего исследования. Я прослеживаю дискурс, подразумевающий существование некоего «мы», восхваляющего досоветскую Россию с антисоветских позиций. Такое «мы» (очень часто в кавычках) встречается в книге много раз, и порой читатель невольно

---

[1] Наиболее известный пример историографии такого рода — «Краткий курс», составленный под руководством Сталина; см.: Stalin's Master Narrative: A Critical Edition of the Short Course on the History of the Communist Party (Bolsheviks) / Eds. D. Brandenberger, M. Zelenov. New Haven, CT: Yale University Press, 2019. Если в «Кратком курсе» история революционного движения начинается только с 1870-х годов, такие советские ученые, как Милица Нечкина, включают в предысторию революции и предшествующие десятилетия противостояния интеллигенции и власти. См., например: *Нечкина М. В.* Движение декабристов. М.: Изд-во АН СССР, 1955. О развитии советской историографии см.: *Brandenberger D., Platt K. M. F.* Epic Revisionism; *Brandenberger D.* National Bolshevism: Stalinist Mass Culture and the Formation of Modern National Identity, 1931–1956. Cambridge, MA: Harvard University Press, 2002; *Platt K. M. F.* Terror and Greatness: Ivan and Peter as Russian Myths. Ithaca, NY: Cornell University Press, 2011.

задумается, кто, собственно, в это «мы» входит. Важно, что у него нет четкого, фиксированного значения. У «мы» во фразе: «Россия, которую мы потеряли» нет привязки к конкретным социологически или даже исторически определимым группам. Это местоимение описывает скорее предполагаемый расплывчатый коллектив, выстроенный вокруг некоей дискурсивной *проекции*. Оно *окликает* «нас», призывая читателей и собеседников двигаться дальше в уверенности, что «мы» действительно существуем как коллективное целое, рассуждающее о досоветском прошлом таким образом. В историческом плане в позднесоветский период те же читатели и собеседники сталкивались и с другими коллективными дискурсами, например о технологической модернизации, об универсализме, о социальном государстве, о социальной демократии и т. д. Процесс, в ходе которого человек улавливает отклики различных дискурсов и отождествляет себя с их Субъектами, Луи Альтюссер называет *интерпелляцией*. Такое отождествление происходит лишь наполовину сознательно, инстинктивно, вот почему Альтюссер описывает его метафорически, на примере человека, который мгновенно останавливается, услышав окрик полицейского: «Стой!», и только потом как-то комментирует происходящее[1]. Конечно, прохожий на улице слышит не одних только полицейских. Вот почему я пишу слово «Субъект» с большой буквы — чтобы подчеркнуть, что я не свожу живых людей, слышащих разные вещи, к одномерной идентичности. Вместе с тем я настаиваю, что на уровне дискурса действительно можно воссоздать своего рода абстрактную целостность. Субъект, произносящий фразу: «Россия, которую мы потеряли», действует посредством культурной логики, влияющей на людей именно потому, что она обретает для них смысл на многих уровнях: она включает их в себя и находит способ собрать другие значимые дискурсы (например, дискурс о технологической модернизации, который прекрасно

---

[1] См.: *Althusser L.* Ideology and Ideological State Apparatuses // Althusser L. Lenin and Philosophy and Other Essays / trans. B. Brewster. New York: Monthly Review Press, 1971. P. 85–126.

слышали массы советских инженеров, ученых и руководителей среднего звена). Исходная задача этой книги — проследить, как «Россия, которую мы потеряли» превратилась в столь монолитный и всеобъемлющий постулат, то есть в идеологему. Здесь следует сделать еще одну оговорку: такие термины, как «идеология» и «идеологема», используются в этой книге для характеристики того, что Славой Жижек назвал бы «неизвестным известным» (unknown known), которое скрепляет коллективное целое[1]. Для меня эти термины имеют мало общего с официальной советской идеологией, поэтому, говоря о последней, я, как правило, употребляю такие слова, как «доктрина» или «догма».

В книге я вскрываю исторический контекст идеологемы «Россия, которую мы потеряли», показывая, как росла ее привлекательность в глазах говорящих и их слушателей начиная с эпохи оттепели. В первых двух главах я сосредоточусь на говорящих, то есть на людях, наиболее склонных с ностальгией вспоминать досоветское прошлое в особой политической ситуации послесталинской оттепели. Следуя устоявшейся историографии российского либерализма, недавно подкрепленной такими исследователями, как Владислав Зубок, я рассматриваю этих людей как культурную и творческую элиту, на тот момент занявшую ведущие позиции в определении будущего России и СССР[2]. Как утверждает Зубок, либеральное крыло этой группы стало формулировать постсталинский проект и осмыслять собственную роль в нем, естественным образом прибегнув к диаде, издавна

---

[1] Обыгрывая рассуждения Дональда Рамсфелда о «неизвестных» факторах в будущей войне с Ираком, Славой Жижек придумал понятие «неизвестное известное» (unknown known) для описания идеологии; см., например: *Žižek S.* Rumsfeld and the Bees // Guardian. 2008. June 27. См. описание формирования массовых идеологий как длительного процесса, с применением психоаналитического инструментария и метода подробного идеологического анализа, вдохновившего автора этой книги: *Жижек С.* Возвышенный объект идеологии / Пер. В. Софронова. М.: Художественный журнал, 1999.

[2] См.: *Zubok V.* Zhivago's Children: The Last Russian Intelligentsia. Cambridge, MA: Belknap Press of Harvard University Press, 2009; см. также: *Brudny Y.* Reinventing Russia: Russian Nationalism and the Soviet State. Cambridge, MA: Harvard University Press, 1998.

укорененной в российском социальном воображении, согласно которой общество делится на интеллигенцию и народ. В первой главе я развиваю эту тему, задаваясь вопросом, почему, как свидетельствуют данные Зубока (и мои собственные), размышлять в подобных терминах казалось столь естественно. В конце концов, неужели для якобы либеральной интеллигенции имело смысл говорить о советском социальном поле в категориях, сформировавшихся в России в XIX столетии? Ведь с тех пор прошло несколько десятилетий урбанизации, индустриализации и социалистического просвещения, и наступила эпоха масс-медиа и массовых аудиторий. Мы увидим, что диссидентский теоретик Григорий Померанц серьезно размышлял над этим вопросом. Однако даже этого дальновидного мыслителя так и не убедили до конца его собственные аргументы. Ему и другим либерально настроенным интеллигентам (в первой главе я привожу в качестве примера Анну Ахматову и Юрия Лотмана) было проще считать, что они говорят от лица автономного неоинтеллигентского элитарного Субъекта, носителя высокой культуры, обладателя того, что Зубок называет «интеллигентностью» (intelligentsia ethos), унаследованной, по-видимому, от досоветской эпохи[1]. Неоинтеллигентский Субъект рассматривал постсталинский проект как возвращение к утраченной досоветской норме культурных отношений, в которых интеллигенция вновь, как до советской власти, будет играть ведущую роль в борьбе с авторитаризмом. Но, в отличие от классической интеллигенции, ее советские преемники размышляли об этой борьбе в либеральных категориях меньшинства, а не в социалистических категориях большинства — иными словами, они уже не думали, что в народе, то есть в лишенном права голоса большинстве российского/советского общества, дремлют силы, которые в конце концов и низвергнут тиранию.

Ощущение собственной интеллигентности, с которой либералам было так удобно идентифицироваться, само по себе отсылало к воображаемой потерянной эпохе расцвета

[1] *Zubok V.* Zhivago's Children. P. 10.

дореволюционной интеллигенции. Тем не менее, как показывает случай Померанца, риторика либеральной интеллигенции еще не перетекала в упрощенческую антиисторическую ностальгию. Сама по себе она не породила идеологему «Россия, которую мы потеряли». Во второй главе я утверждаю, что довершить этот процесс должны были противники либералов. Исследователям и очевидцам хорошо известно, что КПСС стратегически, порой тайно поддерживала русских консервативных националистов, стравливая их с постсталинской либеральной культурной элитой[1]. Я демонстрирую, что эти консервативные фигуры опирались на антиисторизм, уже тогда присутствовавший в риторике либеральной интеллигенции. Они переиначили логику либералов на консервативный лад, присвоили ее, превратив либеральное понятие об интеллигентности в *анти*освободительную идеологему, звучавшую все же вполне убедительно и для либеральной точки зрения. Так советские консерваторы довершили процесс преобразования «России, которую мы потеряли» в общепонятную и даже привлекательную для многих идею.

Вторая глава открывается случаем восьмидесятилетнего монархиста Василия Шульгина — я показываю, как в 1960–1970-е годы ему удалось, воспользовавшись антиисторизмом, уже присущим дискурсу либеральной интеллигенции, позиционировать себя как интеллигента. Советские биографы, режиссеры и даже сотрудники КГБ изображают Шульгина, в прошлом крайне правого депутата Государственной думы и ярого противника социализма, политзаключенного, освобожденного по амнистии, как культурного представителя старого режима, который поставил крест на прошлом и стал союзником советской власти. Чтобы создать такой образ Шульгина, документалист Фридрих Эрмлер придумал сентенцию: «История памятлива, но не злопамятна»[2]. Как я покажу, из-за цензуры в фильме Эрмлера невозможно было

---

[1] См. *Zubok V.* Zhivago's Children; см. также: *Brudny Y.* Reinventing Russia; *Митрохин Н.* Русская партия: движение русских националистов в СССР, 1935–1985 годы. М.: Новое литературное обозрение, 2003.

[2] «Перед судом истории» (1964), реж. Фридрих Эрмлер (Ленинград: Ленфильм, 1965): https://www.youtube.com/watch?v=6EvbmdbfiCk.

последовательно изложить недавнюю историю. По иронии судьбы эта непоследовательность оказалась на руку Шульгину, избавив лично его от злопамятства истории. Вместе с тем я полагаю, что Шульгину удалось выставить себя в выгодном свете еще и потому, что позднесоветская обновленная риторика об интеллигентности *тоже* не видела за ним особой исторической вины. В 1910-е годы Шульгина, черносотенца, служившего самодержавному царю, никто бы не счел интеллигентом. Но позднесоветский либеральный дискурс запутался в своих исторических противниках. Отчасти так случилось потому, что интеллигенты времен поздней империи, презиравшие подобных Шульгину, как правило, принадлежали к социалистам, чье советское наследие заставляло либералов 1960-х годов чувствовать себя неуютно. Кроме того, как отметил Зубок, риторика об интеллигентности на тот момент более подразумевала эстетику утонченной самопрезентации, чем связный историко-политический дискурс (опять же по причине цензуры). В результате обоих этих факторов деисторизации человек вроде Шульгина мог, вопреки своему явно фашистскому прошлому, в 1970-е годы сойти за рафинированного интеллигента.

Пример Шульгина показывает, как валоризация эстетической утонченности и приостановка требований к исторической связности — или, если использовать философский термин, их «обездействование» истории, — стали ключевыми элементами в консервативном варианте интеллигентского Субъекта[1]. Далее я продемонстрирую, как те же элементы, только еще более выраженно, присутствуют в работах Вадима Кожинова, Владимира Солоухина и Ильи Глазунова о классической русской культуре, способствовавших тому, что у этого Субъекта наконец сложилась целостная картина «России, которую мы потеряли». Суть трактовок Кожинова, Солоухина и Глазунова состояла в том, чтобы выстроить антилиберальный канон, зачастую из произведений,

[1] Термин «обездействование» я заимствую у философской традиции, наиболее ярко представленной в работах Джорджо Агамбена; см.: *Агамбен Дж.* Оставшееся время: Комментарий к Посланию к Римлянам / Пер. С. Ермакова. М.: Новое литературное обозрение, 2018.

права на которые прежде заявила либеральная интеллигенция. Поэтому консерваторы превозносили таких писателей и художников, как Николай Гоголь, Алексей Венецианов, Виктор Васнецов и мирискусники, объявив, что их искусство — «искусство ренессансного типа». С одной стороны, такая риторика несла на себе печать либерального гуманизма, подразумеваемого понятием «ренессанс». С другой — консерваторы понимали «ренессанс» очень по-своему: они видели в нем моральную обязанность художника и тем более критика воспринимать любое изображение социальных явлений прежде всего как изображение гармонии, а не конфликта. Так, Солоухин в «Письмах из Русского музея» обращается ко многим картинам из русской жизни XIX столетия, настаивая, что, несмотря на реализм изображения, эти полотна наказывают зрителю и писателю *не* вчитывать в них социальные конфликты. Вместо этого, полагает Солоухин, в этом искусстве следует видеть целостную картину России чиновников, бунтарей, землепроходцев, науки и искусства, «России студенческой и офицерской, морской и таежной, пляшущей и пьющей, пашущей и бродяжьей», какой она была до революции[1].

Солоухин намеренно ставит все выбранные им досоветские социальные типы в один ряд. Он намеренно не дает нам разбить этот ряд или подвергнуть его сомнению, пустившись в докучливые вопросы, рискующие обнажить пропасть между, скажем, Россией «пляшущей и пьющей, пашущей и бродяжьей», которая до революции составляла подавляющее большинство, и всеми остальными в его списке. Таким образом, то, чему либеральное крыло сопротивляется (прогрессивному социалистическому историческому нарративу), консерваторы полностью исключают. И этот запрет, в свою очередь, порождает антисоциалистический нарратив об истоках поздне- и постсоветского общества, согласно которому дореволюционные массы *уже* предвосхищают это общество. Ведь многие из перечисленных Солоухиным профессий

[1] См.: *Солоухин В.* Письма из Русского музея // Солоухин В. Собрание сочинений: В 4 т. Т. 3. М.: Худож. лит., 1983–1984. С. 74.

напоминают характер занятий ИТР. А значит, для формирования этой группы советский проект как будто и необязателен. В той мере, в какой масса образованных советских горожан вообще существовала в 1960-е годы, она бы сложилась и без советской власти. Это последнее логическое звено было необходимо для появления законного объекта ностальгии — «России, которую мы потеряли», — предполагающего, что «наша» прежняя модель правления не требовала полного пересмотра, чтобы сформировать «нас» сегодняшних: ни «нас», представителей элиты, составляющих интеллигенцию как Субъект, ни «нас», широкую публику, которую, как я показываю в третьей и четвертой главах, приглашают стать частью этого субъекта.

Первые две главы посвящены маневрам интеллигентского Субъекта и показывают, как он искал свои корни в досоветском социальном воображении и отгораживался от окружавшей его советскости. В результате этого процесса воображения и отгораживания «Россия, которую мы потеряли» обрела смысл как идеологема. У нее был устойчивый объект (отчетливо несоветская, даже антисоветская Россия до 1917 года) и устойчивый Субъект («мы», живущие в 1960–1970-е годы, но считающие себя не слишком отличными от «мы» интеллигенции до 1917 года). В следующих двух главах речь идет о позднесоветской исторической действительности, от которой интеллигентский Субъект стремился отгородиться; в частности, я показываю, как дискурс интеллигенции находил приверженцев посредством советских массовых культурных институтов. Здесь моя аргументация тоже строится диалектически: открывает диалог либеральный вектор, а завершает консервативный.

В третьей главе, анализируя популярные исторические и художественные произведения брежневской эпохи о декабристах, я прослеживаю, как либеральный дискурс окликал городские образованные массы и предлагал им отождествиться с интеллигентским «мы». Книги Натана Эйдельмана и Булата Окуджавы, на мой взгляд, выработали для своей широкой аудитории, воспринимаемой как *младшая* интеллигенция, неодекабристский политический сценарий.

Младшей интеллигенции предлагалось услышать призыв либералов «выйти на площадь», чтобы протестовать против власти. Вместе с тем ей советовалось направить дух противостояния в гуманистическое русло, так, чтобы, культивируя в себе чувство просвещенной интеллигентности, читатель мог относить себя к оппозиционной элите. Обе эти установки, как мне представляется, полностью отвечали консенсусу относительно ценности личности в постсталинской России — консенсусу, сознательно формируемому, как показали исследователи, в частности Полли Джонс и Кристин Эванс, постсталинскими культурными институтами совместно с лояльной оппозицией (или «полудиссидентами», как их иногда называли)[1]. С точки зрения советского истеблишмента, гуманистическая близость между либералами и советским просвещением должна была успокаивать технический класс, демонстрируя ему, что его политические запросы (обеспокоенность тиранией и недостаточной гуманностью советской власти) услышаны и даже учтены. С точки зрения массовой аудитории, неодекабристский дискурс позволял читателям считать себя, по выражению Эванс, «альтернативной элитой», то есть хотя и меньшинством, но весьма заметным и обладающим потенциальной властью, а значит, способным в будущем легитимизировать новый режим, что в конечном счете и произошло в 1990-е годы и в первое десятилетие XXI века[2].

В четвертой главе опять прослеживается консервативная вариация на либеральную тему. Я анализирую три фильма Никиты Михалкова, снятые один за другим с 1977 по 1980 год: «Неоконченную пьесу для механического пианино»,

[1] См.: *Jones P.* Revolution Rekindled: The Writers and Readers of Late Soviet Biography. Oxford: Oxford University Press, 2019; *Evans C.E.* Between Truth and Time: A History of Soviet Central Television. New Haven, CT: Yale University Press, 2016.

[2] См.: *Evans C.E.* Between Truth and Time. P. 229–231. Эванс предожила этот термин, размышляя о телевикторине «Что? Где? Когда?», считавшейся интеллектуальной передачей. Подробнее об «альтернативной элите» как идеологии либеральной интеллигенции, особенно в период перестройки и 1990-е годы, см.: *Khazanov P.* What Is Our Life? A Game! *What? Where? When?* and the Capitalist Gamble of the Soviet Intelligentsia // Russian Review. 2020. Vol. 79. № 2. P. 269–292.

«Пять вечеров» и «Несколько дней из жизни Обломова». В этих фильмах Михалков исходит из той же аксиоматической позиции, которую занимают рассматриваемые в третьей главе либералы-популисты, и даже усиливает ее: его фильмы предназначены для урбанизированной, образованной советской аудитории, считающей себя законной наследницей дореволюционной элитарной культуры. Однако, вместо того чтобы изобразить представителей классической русской культуры как *либеральную* оппозицию, режиссер показывает их как *мелодраматическую* элиту — собрание очаровательно несовершенных людей, привлекательных своей нескладностью, напоминающей нашу собственную. Такое смещение акцентов опирается на консервативный дискурс, описанный во второй главе. Там было показано, как желание либеральной неоинтеллигенции отстраниться от исторической складности влечет за собой консервативное требование уйти от всякого политического действия. Михалков берет этот консервативный квиетизм и делает из него массовый сценарий для «нас», младшей интеллигенции, которая должна мыслить прошлое и будущее России не как какой-то наш политический проект, а как окончательный *уход* от всех проектов. Всякие представления о собственной политической значимости должны уступить место наслаждению нашей культурной, эмоционально насыщенной частной жизнью, без участия в по определению безрассудных инициативах. К тому же, думая о себе таким образом, «мы» преодолеваем и диаду «интеллигенция — народ», но с консервативных позиций. С одной стороны, нам, зрителям фильмов Михалкова, близок вишневый сад чеховских дворян, причем он нам куда роднее, чем крестьянские избы, воспеваемые Александром Солженицыным или писателями-деревенщиками. С другой стороны, Михалков предлагает нам отождествиться с наиболее важным аспектом консервативного представления об идее народа: что смысл этого понятия не столько в любви к крестьянскому укладу и славянофильским побрякушкам, сколько в отказе от политической субъектности и стремлении слиться с пассивной народной массой, которая не хочет и не может творить историю.

Тактика Михалкова заключается в том, чтобы убедить свою образованную, урбанизированную массовую аудиторию прислушаться к консервативной идее народности, наряженной в платье чеховских дворян. В случае с младшей интеллигенцией эта тактика приносит плоды, ведь, как и либеральный декабризм, чеховская мелодрама Михалкова — *тоже* законная интерпретация «социализма с человеческим лицом». В либеральном сценарии, рассмотренном в третьей главе, советский гуманизм служил разрешенной почвой для преодоления сталинизма средствами умеренной либерально-оппозиционной субъектности. Теперь же, разбирая михалковскую версию оттепельной пьесы «Пять вечеров», я показываю, что в позднесоветскую эпоху существовал еще и гуманистический сценарий преодоления сталинизма, *не* предполагавший оппозиционной субъектности. В рамках мелодраматического гуманизма люди послесталинской эпохи могут сойти за культурных, искренних и *слишком глубоких*, чтобы рассуждать о политике. Именно тот факт, что «нам», постсталинскому поколению, наконец дозволено быть такими глубокими, вроде бы аполитичными личностями, доказывает, что сталинизм остался позади. В то же время «наша» приверженность мелодраме должна оберегать нас от возврата к активизму сталинской эпохи, понимаемому как нечто превращающее нас в орудие политической риторики — в противовес целостным личностям, избегающим такого рода вещей.

Образ досоветской интеллигенции в интерпретации Михалкова прямо сопрягается с антиполитическим общественным договором мелодраматического гуманизма. Михалковская трактовка творчества Чехова и романа Гончарова «Обломов» задним числом обращает жизнь досоветской элиты в полноту человечности без какого-либо проекта. А созданная режиссером версия «Пяти вечеров» показывает, что постсталинская эпоха уже достигла толики этой полноты — и что состояние это непрочно и его надо оберегать от «наших» дальнейших попыток его нарушить. В политическом отношении отсюда следуют два вывода. Во-первых, государству не надо как-то кардинально меняться, чтобы позволить нам обрести «Россию, которую мы потеряли», потому что в определенном смысле мы уже обрели главный ее аспект — нашу благородную человечность. Во-вторых, если и когда государство действительно меняется в 1990-е, жест Михалкова указывает еще одну идею, с помощью которой будущий режим сможет наладить контакт с младшей интеллигенцией, — идею отказа от политической активности из страха снова потерять «нашу» Россию.

Если с первой по четвертую главу я обращаюсь к причинам, наделившим досоветское прошлое привлекательностью и смыслом в массовом восприятии в 1950–1980-е годы, то в пятой главе я перехожу к постсоветской парадигме и к тому, что я называю *столыпинистской* дискурсивной вариацией на тему «России, которую мы потеряли», где происходит синтез либерального и консервативного подхода к этой идеологеме. Я полагаю, что культ Петра Столыпина (председателя Совета министров при Николае II, в 1905–1911 годах) в современной России восходит к высказываниям Солженицына 1970-х годов и подразумевает образ идеального государственного деятеля, руководящего страной в интересах культурной элиты и младшей интеллигенции, но без излишне демократических институтов, рискующих поставить под угрозу и его, и их власть. Столыпинство представляет этот полуавторитарный баланс как два этапа. Во-первых, он ставит задачу полного пересмотра государственного устройства как проекта, который можно осуществить с опорой на здравый смысл, на нормативные представления о том, кто должен руководить процессом. Согласно столыпинистским представлениям о законной иерархии, именно «мы», облеченная властью интеллигенция — теперь уже явно понимаемая как союз культурной элиты и технического класса, — должны стать во главе нового строя. Более того, за десятилетия как либерального, так и консервативного дискурса о досоветском прошлом мы уверовали, что мы *всегда* существовали в таком обличье и *всегда* стояли во главе. Постсоветская Россия должна быть просто возвратом к этому всегда считавшемуся нормальным состоянию. Во-вторых, столыпинство говорит о политике как о чрезвычайном процессе, когда пришедшие к власти считают себя демократами и *при этом* стараются уйти от демократических процедур, чтобы не позволить государству пасть жертвой безрассудных, не способных выражать мнение большинства «красно-коричневых» орд, всегда ищущих случая «нас» уничтожить, как уже было в 1917 году. Сначала я покажу, как в 1970-е годы Солженицын, полемизируя с Померанцем, выстроил миф о наделенной властью столыпинистской интеллигенции. Миф этот был основан на внутренних противоречиях либерального дискурса о досоветском прошлом, о которых идет речь в первой и третьей главах. Далее я перейду к тому, как в условиях перестройки, благодаря популярным документальным фильмам Говорухина «Так жить нельзя» и «Россия, которую мы потеряли», столыпинство слилось с дискурсом «демократической» ельцинской коалиции. Наконец, я продемонстрирую, как посредством поздне-, а затем и постсоветских работ популярного консервативного историка Святослава Рыбаса культ Столыпина наложился на консервативный дискурс, описанный во второй и четвертой главах, и как этот вектор привел к тому, что постсоветский интеллигентский Субъект, теперь якобы облеченный властью, признал законной путинскую «управляемую демократию».

Разгадка убедительности столыпинства кроется в его привлекательной способности сплачивать «мы» в «России, которую мы потеряли». Он позволяет «нам» не только воображать себя наследниками тех, кто жил до советской власти, но и отмежеваться от своих советских социальных корней, вести свою родословную из более давнего прошлого, минуя советское, и даже заново изобрести образ имперской элиты так, чтобы он больше походил на нас самих. Завершает книгу шестая глава, где я показываю, как сопротивление этому образу мыслей может сложиться *внутри* столыпинистского дискурса, даже среди тех, кого по-прежнему привлекают его установки. Эти более или менее современные представители российского либерализма осознали, какова цена веры в антисоветские фантазии о досоветском прошлом: она имеет слишком много общего с дискурсом постсоветского авторитаризма, будь то в его путинской или ельцинской разновидности. В первой части этой главы прослеживаются примеры обеспокоенности в творчестве Бориса Акунина[1] и Людмилы Улицкой[2] на фоне в целом ортодоксального, оптимистичного изображения столыпинистского Субъекта. Во второй части я рассматриваю произведения Леонида Парфенова, Александра Сокурова и Виктора Пелевина, где угадываются попытки критики изнутри, предпринимаемые настороженным, но по-прежнему столыпинистским Субъектом. На мой взгляд, главная линия этой критики изнутри — дистанцирование от имперского прошлого. Такой жест не отменяет ощущения ценности этого прошлого, но подрывает «нашу» кажущуюся самоочевидной преемственность по отношению к нему. Этот разрыв, в свою очередь, подводит столыпинистского Субъекта к осознанию условий своего исторического бытия — к осознанию, что он является продуктом советской истории. Такое осознание не разрушает этот Субъект, но позволяет тем из «нас», кто продолжает с ним идентифицироваться, признать, пусть неохотно и неуверенно, что столыпинство не должно быть главным способом осмыслять политическое действие в реальном мире здесь и сейчас и что не стоит позволять нашим фантазиям о «России, которую мы потеряли» диктовать характер изменений в России, в которой мы сейчас живем.

* * *

Я закончу введение двумя оговорками. Первая касается ограничений моей методологии. В моей книге, несомненно, изложена история, но не такая, где четко прослеживаются причинные связи типа «некто А подумал X и поэтому совершил действие Y». Максимум эта книга показывает, как антисоветский дискурс о досоветском прошлом повлиял на идеологическое силовое поле в духе того, что Альтюссер назвал бы «структурной причинностью». Антисоветский дискурс о досоветском прошлом укоренился в политическом воображении российских исторических акторов и помогал им решать (часто

---

[1] Внесен в реестр иностранных агентов.

[2] Внесена в реестр иностранных агентов.

лишь наполовину осознанно), как действовать в ключевые моменты. Я убежден, что этот дискурс помог склонить чашу весов в определенную сторону для акторов, причисляющих себя к интеллигенции, на исторических водоразделах, таких как 1968 год, брежневские десятилетия, перестройка, а также в переломные для постсоветской истории моменты — 1991-й, 1993-й, 1996-й и 2011–2012 годы. Я не сомневаюсь, что социологический или антропологический инструментарий, которым я, как человек с филологическим образованием, не владею, способен уточнить или опровергнуть некоторые из моих тезисов. Без этого инструментария я не могу и прямо ответить на вопрос: «Как вы можете с уверенностью утверждать, что некто А или некая группа Б в самом деле имели в виду Х?» Впрочем, я полагаю, что мой метод дает на такие вопросы косвенный ответ, предлагая вниманию читателя обширный, хотя и не исчерпывающий, архив артефактов, созданных видными деятелями культуры и наделенными властью политиками. Их статус и/или очевидное культурное влияние позволяет мне заключить, что они успешно донесли свои идеи до масс. При этом, стремясь рассмотреть процесс в деталях, я выбрал произведения, примечательные тем, что в своей аргументации они опираются друг на друга, хотя и созданы авторами, не имеющими, на первый взгляд, ничего общего, такими как Ахматова, Лотман и Эйдельман, с одной стороны, и Солоухин, Михалков и даже Путин — с другой. Из консенсуса между предполагаемыми противниками я делаю вывод, что антисоветский дискурс о досоветском прошлом сыграл свою роль, поспособствовав тому, что новейшая российская история приняла то направление, которое она приняла (включая и повороты 2014 и 2022 годов). Однако оценить, насколько велика эта роль, не в моих силах.

Последнее утверждение подводит меня ко второй оговорке. Так как моя книга построена на критическом анализе идеологии, она причастна к «герменевтике подозрения», если воспользоваться термином Поля Рикёра[1]. Подозревать

[1] О «герменевтике подозрения» см.: *Ricœur P.* Freud and Philosophy: An Essay on Interpretation. New Haven, CT: Yale University Press, 1977; см. также: *Felski R.* Suspicious Minds // Poetics Today. 2011. Vol. 32. № 3. P. 215–234.

кого-либо — значит в чем-то его обвинять. Разумеется, не следует преувеличивать вину отдельных авторов, упомянутых в моей работе. И все же тем древним вопросом, который некогда задавали себе марксисты в советской России: «В какой момент все пошло не так?» — безусловно, задаются сегодня и все, кто причисляет себя к интеллигенции в постсоветской России, особенно после 24 февраля 2022 года. И так же, как в прежние времена марксисты, постсоветские интеллигенты сегодня очень часто подозревают, что они сами или их непосредственные предшественники ответственны за такой поворот российской истории. Эта книга их (нас!) не утешит. В ней утверждается, что постсоветский авторитаризм отчасти узаконен интеллигенцией — именно *потому*, что она предпочитает считать себя интеллигенцией. Говоря словами Марка Липовецкого, интеллигентский дискурс лишен «силы сопротивления» Путину, потому что в его системе ценностей не так уж мало общего с путинизмом[1]. Со своей стороны, выступая отчасти как наследник интеллигентского социального воображения — в силу как специальности слависта, так и моего происхождения из среды городских образованных младших интеллигентов, — я подозреваю долю этой коллективной вины и в себе. Вместе с тем меня тревожит собственная вера в силу критики. *Действительно* ли осуществленная мной деконструкция современной российской интеллигентской идеологии служит сколько-нибудь ощутимому решению политических проблем? В книге, видимо, действительно это утверждается, и у этой убежденности тоже есть культурная логика, причем весьма подозрительная. Задачу реконструкции и критики этой логики — или поиска более остроумного выхода за ее пределы — я оставляю читателю.

Теперь же уйдем в дебри нашей темы. И начнем с того, с кого все приличные люди начинают рассуждать о русской культуре, — с Пушкина.

---

[1] *Lipovetsky M.* The Poetics of ITR Discourse. P. 118.

1. Советские дети в поисках имперских прадедов

Либеральный интеллигентный субъект и его историческая близорукость

«Это ведь первая дама Империи!» — <...> «Она-то первая, да вы не второй».

Лидия Чуковская. Записки об Анне Ахматовой

Возвращение империи поэтов

В 1962 году по случаю 125-летней годовщины смерти Пушкина в толстом литературном журнале «Звезда» вышел короткий текст Анны Ахматовой «Слово о Пушкине». Это не первый текст Ахматовой о творчестве Пушкина, и по сравнению со всеми ее другими литературными и научными трудами, затрагивающими наследие главного русского поэта, «Слово о Пушкине» кажется безделицей. Но в этой безделице есть любопытный формальный элемент — сложное предпоследнее предложение:

> Государь император Николай Павлович в белых лосинах очень величественно красуется на стене Пушкинского музея; рукописи, дневники и письма начинают цениться, если там появляется магическое слово «Пушкин», и, что самое для них страшное, — они [враги Пушкина] могли бы услышать от поэта:
>
> За меня не будете в ответе,
> Можете пока спокойно спать.
> Сила — право, только ваши дети
> За меня вас будут проклинать[1].

[1] *Ахматова А.* Слово о Пушкине // Ахматова А. О Пушкине: Статьи и заметки / Сост. Э. Г. Герштейн. Л.: Сов. писатель, 1977. С. 6–7.

Что это за «поэт», от которого «они могли бы услышать» такие слова? Жанр этого эссе наводит на мысль, что Ахматова завершит его стихами Пушкина, в идеале известными и часто цитируемыми. Собственно, именно так она и поступает в последнем предложении: «И напрасно люди думают, что десятки рукотворных памятников могут заменить тот один нерукотворный aere perennius». Но четверостишие, предваряющее это предложение, принадлежит не Пушкину, а самой Ахматовой, а значит, «поэт», о котором она говорит, — она сама. В чем смысл этой вставки, особенно тогда, в 1962 году?

На первый взгляд, очень краткое «Слово о Пушкине» сродни тривиальным поэтическим нравоучениям — здесь, как и в других своих эссе, Ахматова пишет об элите, которая предала поэта ради придворной карьеры, но не избежит возмездия в исторической памяти[1]. Однако, если копнуть глубже, перед нами текст не столько о Пушкине и даже не об Ахматовой как об отдельном поэте, сколько об идеологии фигуры «поэта» и ее роли в 1960-е годы. В период оттепели, последовавший за смертью Сталина, Ахматова уже не была просто автором, оставившим легендарное творческое наследие. К тому времени она превратилась в своего рода институцию. Как-то раз, вскоре после смерти Сталина, знакомый Лидии Чуковской в шутку назвал Ахматову «первой дамой Империи», и Чуковская с ним согласилась[2]. В другой части «Записок» — на дворе конец 1962 года, пик оттепели — эта мысль выражена еще более отчетливо:

---

[1] Стефани Сандлер отмечает, что другие, более объемные эссе Ахматовой о Пушкине говорят о существовании «загадочного» прошлого, путь в которое поэту закрыт: уже немолодая Ахматова хочет «как поэт и известная личность найти смысл» в гибели Пушкина, но уроки, которые можно извлечь из его гибели, оказываются не слишком интересными. Они сводятся к морализаторским тезисам об «одиночестве и предательстве», поэтому цель поздних эссе Ахматовой — «рассказать читателям о превратностях жизни на виду у публики, о том, как важны верные друзья и верные читатели, и выразить уверенность, что говорить правду возможно» (*Sandler S.* Commemorating Pushkin: Russia's Myth of a National Poet. Stanford, CA: Stanford University Press, 2004. P. 213).

[2] Запись от 1 мая 1953 года // *Чуковская Л.* Записки об Анне Ахматовой. Т. 2: 1952–1962. Париж: YMCA Press, 1980. С. 19.

> Мы заговорили о том, может ли повториться 37-й?
>
> — Не может, — сказала Анна Андреевна твердо, — и знаете почему? Нет фона, на котором Сталин весь этот ужас взбивал. Вот вам косвенный признак: теперешнее молодое поколение нас с вами понимает, не правда ли? они для нас ручные, свои, а тогда, в 29-м, в 30-м году, было такое поколение, которое меня и знать не желало. «Как! Она тоже пишет какие-то стихи!» Было такое поколение, которое проходило сквозь меня, как сквозь тень. Какие-то там старые тетки любили когда-то какие-то ее стишки! — и все ждали, что вот-вот явится новый поэт, который скажет новое слово, и прочили в эти поэты Джека Алтаузена[1].

В этом диалоге (как и в предыдущем примере) мы ясно видим ахматовскую идеологию «поэта». Ахматова — королева, к которой устремляются новые молодые поэты и писатели, такие как Иосиф Бродский, Белла Ахмадулина, Андрей Синявский, Юлий Даниэль и Александр Солженицын, равно как и молодые актеры, в частности Алексей Баталов (все они и многие другие названы в «Записках» Чуковской). Все эти почитатели для нее «свои», «ручные». Она царит над своими придворными — литераторами и критиками. И именно с этих позиций Ахматова в 1962 году пишет о Пушкине. Именно в таком контексте возникает странная подмена, когда «поэт» говорит ее стихами.

Если учесть риторическое построение эссе, то получится, что Пушкин говорит от имени Ахматовой, причем *ее словами*. Она — это Пушкин, а Пушкин — это она. Она сливается со своим легендарным собратом, но не в диалоге и даже не как его физическое воплощение[2]. Речь идет о слиянии с Пушкиным на более абстрактном политическом уровне — слиянии, основанном на своего рода поэтическом варианте средневековой доктрины о двух телах короля. Ахматова знает, что в этот период она стоит во главе королевства, как в свое

---

[1] Запись от 4 ноября 1962 года // Там же. С. 456.

[2] Думаю, наблюдение Сандлер и других исследователей по поводу «духа разделения», характеризующего отношение молодой Ахматовой к Пушкину, применимо и в этом случае. См.: *Sandler S.* Commemorating Pushkin. P. 185.

время стоял Пушкин. Об этом же ее стихотворение «Наследница», написанное в 1959 году. Тела конкретных монархов появляются и исчезают, но политическое тело вечно. Пушкин — и не только он, но любой великий русский поэт — переживает телесную смерть и продолжает жить, воплощаясь в наследниках своего трона. В годы оттепели самым очевидным претендентом на эту роль была Ахматова.

Я начал первую главу этой книги с Ахматовой, «первой дамы Империи», потому что окружающая ее аристократическая риторика — все эти королевы, короли, императрицы, наследники — должна несколько резать слух, учитывая, что дело происходит в советской России, почти через полвека после 1917 года. И действительно, двадцатью пятью годами ранее, во время столетнего юбилея смерти Пушкина, господствовала совсем другая риторика. Разумеется, Пушкин «был жив» и в 1937 году, но совершенно иначе, чем у Ахматовой в 1962-м. Через двадцать лет после революции аристократический поэт вдруг оказался членом совета рабочих депутатов на Харьковском тракторном заводе[1]. Если верить Зощенко, обнаружилось даже, что Александра Сергеевича в детстве убаюкивала прабабка одного управдома[2]. Иными словами, он был «один из нас», «народный» поэт. Конечно, вставал вопрос: понимать ли слово «народный» в широком смысле или в революционном? Риторика, сопутствовавшая пушкинскому юбилею, всегда оставалась расплывчатой в этом отношении, как было свойственно всем дискуссиям о культурности (на заре советской эпохи обозначавшей государственную программу по повышению культурной грамотности и насаждению хорошего воспитания среди рабочих и крестьян) в сталинское время. Многие вариации на тему пушкиномании подразумевали, что Пушкин «наш» в житейском смысле слова. Считалось, что он просто по умолчанию принадлежит к «нашей» трансцендентной национальной сути — «нашей»

[1] *Brooks J.J.* Greetings, Pushkin! Stalinist Cultural Politics and the Russian National Bard. Pittsburgh, PA: Pittsburgh University Press, 2016. P. 14.

[2] *Зощенко М.М.* В пушкинские дни // Зощенко М.М. Рассказы. М.: Дрофа-Плюс, 2006. С. 387–393.

народности. Между тем в уточнявшемся дискурсе советского просвещения Пушкин стал «своим» лишь недавно, когда революция присвоила великую культуру прошлого для блага победившего пролетариата. Как утверждал еще чуть ли не в 1930-е годы советский марксист Михаил Лифшиц, в этом и заключалось главное противоречие сталинской эпохи, а значит, и советского просвещения — в колебании между революционными и термидорианскими установками. Официальная пресса провозглашала юношеские вольнолюбивые стихи Пушкина, его связи с декабристами — «дворянами-революционерами» — и, само собой, его крестьянскую няню свидетельствами его протосоветской социальной принадлежности. За всеми этими избитыми утверждениями Лифшиц усматривал традиционные механизмы культурной канонизации, включая считающуюся нормой убежденность в культурном превосходстве русских в сталинской «империи народов»[1]. В более идеальной версии, представленной Лифшицем в 1938 году в лекции «Народность искусства и борьба классов», дискурс советского просвещения пытался переиграть этот сценарий и заявить, что Пушкин объективно является представителем искусства мирового исторического значения, поэтому он теперь и принадлежит «нам», народу *мирового* пролетариата. При таком подходе место Пушкина становилось уже не вопросом национального наследия, а следствием более сложных диалектических отношений, причем фундаментальное отличие поэта от людей настоящего уже не сбрасывалось со счетов — актуальность его творчества для коммунизма объяснялась продуктивным парадоксом принадлежности за счет *не*принадлежности[2].

---

[1] См.: *Хирш Ф.* Империй наций: Этнографическое знание и формирование Советского Союза / Пер. Р. Ибатуллина. М.: Новое литературное обозрение, 2022. О переходе от интернационалистической к более консервативной русской националистической культурной парадигме в сталинскую эпоху см.: *Platt K. M. F., Brandenberger D.* Epic Revisionism.

[2] См. *Лифшиц М.* Народность искусства и борьба классов // Лифшиц М. Собрание сочинений: В 3 т. Т. 2. М.: Изобразительное искусство, 1986. Т. 2. С. 245–292; см. *Khazanov P.* Mikhail Lifshitz and the Dialectical Politics of Art in the USSR // Pushkin Review. 2018, no. 20. P. 67–73.

Глядя из постсоветской эпохи, можно сказать, что вне зависимости от того, победил ли Лифшиц в философском споре в 1930-е годы, историческую битву он проиграл, что, впрочем, было очевидно ему самому и другим представителям группы, известной как «Течение», еще в 1930-е и стало тем более очевидно после смерти Сталина. В первое сталинское десятилетие эта идеалистская линия советского просвещения никогда не одерживала решительных побед над массовыми тенденциями в духе разговоров о няне Пушкина. Проходит двадцать пять лет, и ахматовский Пушкин — *уже единственный в своем роде поэт*, властелин тысячелетнего царства культуры, гордо возвышающийся над всеми и увенчивающий своих наследников, в то время как реальные политические враги приходят и уходят. Может показаться, что расстояние между позицией Ахматовой и рядовых сталинистов огромно, но на самом деле оно минимально. Да, в одном случае «поэт» — почти что крестьянский мальчишка-революционер в лаптях, и поэтому он «наш», в другом же поэт — отчетливо элитарное общественное предназначение, воплощение аристократии в самом прямом смысле слова, добродетельный правитель, противостоящий лжеэлите, наделенной политической властью. Но, как мыслители, подобные Лифшицу, заподозрили еще в 1930-е, *на самом деле* Пушкин никогда не был крестьянским мальчиком в лаптях — недобросовестные нувориши-аппаратчики сталинской эпохи рядили в такие одежды, чтобы, присвоив себе права на его уже укрепившийся культурный статус, продвинуться к классовому господству, а революционная риторика была просто фиговым листочком, нужным для достижения цели. Ахматова и люди ее круга тоже это подозревали. Они видели, что сталинское общество, как и его предшественники, стратифицировано, что в нем есть своя элита, — разница в том, что при этом цинично притворялось постклассовой народной утопией; чтобы насаждать эту ложь — а новая буржуазия всегда знала, что это ложь, — оно создало массовую культуру соцреализма, а старую интеллигенцию, способную предъявить более законные права на статус культурной элиты, преследовало.

В приведенной мной цитате из «Записок» Ахматова озвучивает именно такую точку зрения: заменить ее Джеком Алтаузеном было нелепо, и «они» это знали; нелепо было и делать вид, что она «тень». Короче говоря, эти люди вовсе не избрали искреннее неподчинение прежней, традиционной культурной иерархии, и «мы» — поэты, критики, писатели (даже наихудшие авторы сталинистского толка) — всегда это понимали, даже если не подавали виду. У самой Ахматовой, хорошо знавшей крупных функционеров из Союза писателей, были все основания так думать[1]. Однако такая точка зрения, без сомнения, присуща не только ее поколению писателей досталинской эпохи. Приведу, например, сказанные в 1957 году слова Андрея Синявского (1925–1997), литературоведа, сформировавшегося полностью в рамках системы соцреалистической культуры:

> Наша беда в том, что мы недостаточно убежденные соцреалисты… Вероятно, будь мы менее образованными людьми, нам бы легче удалось достичь необходимой для художника цельности. А мы учились в школе, читали разные книги и слишком хорошо усвоили, что существовали до нас замечательные писатели — Бальзак, Мопассан, Лев Толстой. И был еще такой — как его? Че-че-че-Чехов. Это нас погубило. Нам тут же захотелось стать знаменитыми и писать как Чехов[2].

Синявский язвительно подчеркивает, как мало мы верим в официальную советскую культуру: мы действуем как «соцреалисты», но в действительности хотим стать «знаменитыми». Мы действуем так, словно хотим говорить на языке коммунистической утопии, но на самом деле хотим быть частью элиты и пользоваться ее привилегиями. Мы действуем так, словно строим новую культуру, но у нас очень традиционные вкусы, поэтому мы признаем превосходство

---

1 Ахматова и Чуковская часто упоминают таких персонажей, как Александр Фадеев, который в советском литературном мире был правой рукой Сталина.

2 *Синявский А.Д.* Что такое социалистический реализм // Синявский А.Д. Литературный процесс в России. М.: РГГУ, 2003. С. 172.

старых форм культурного производства. В общем, мы наследуем основные механизмы функционирования дореволюционной культуры, но при этом лжем себе и другим. Но вот наступает оттепель, и, может, лгать больше ни к чему?

С точки зрения, изложенной в этой книге, антисоветский дискурс о досоветском прошлом начинается с запроса культурной элиты (или интеллигенции в узком смысле слова) эпохи оттепели на честность в отношении общего, всеми разделяемого традиционного взгляда на культуру. Зубок описал расцвет «последней советской интеллигенции» как приход поколения культурной элиты, которое унаследовало традиции дореволюционной интеллигенции и, по словам Иосифа Бродского — его цитирует Зубок, — «скорей интуитивно, чем сознательно, … стремил[о]сь именно к воссозданию эффекта непрерывности культуры»[1]. То, что Бродский и Зубок считают «интуицией», на мой взгляд, представляет собой почву для полноценной массовой идеологии, а именно: полусознательного открытия того, что почти вся советская элита, официальная или неофициальная, «сталинистская», оппозиционная или репрессированная, всегда знала. Они, как и государство, всегда верили в «непрерывность», а не в теоретическую революцию. Они всегда знали про этого «как его? Чехова», и почти все (за исключением некоторых представителей раннесоветского авангарда) просто хотели присоединиться к старому пантеону, а не перекраивать его принципы. И оттепель воспринималась как время, когда все наконец перестанут притворяться и будут говорить «начистоту»[2]. Партия при Хрущеве не собиралась

[1] *Zubok V.* Zhivago's Children: The Last Russian Intelligentsia. Cambridge, MA: Belknap Press of Harvard University Press, 2009. P. 22.

[2] Думаю, что в политическом плане именно таково было основное, наиболее явное значение риторики «искренности», с которой в 1953 году началась оттепель. Даже на поверхностном уровне, если взглянуть, например, на прогремевшую в то время статью Владимира Померанцева «Об искренности в литературе», напечатанную в «Новом мире», видно, что оттепель началась с требования к советской литературе снова стать хорошей в самом традиционном, дореволюционном и реалистическом смысле слова. На более глубинном уровне «искренность» означала приятие всей традиционной культурной системы интеллигенции. В самом радикальном

соглашаться на все предполагаемые требования интеллигентского дискурса искренности, но была готова на уступки в главном. А главным был тот принцип, о котором говорит ахматовский Пушкин. «Слово о Пушкине» прежде всего провозглашает возвращение к норме — к нормальному и традиционному для России противостоянию представителей разных элит — «поэта» как олицетворения политического тела культурной «интеллигенции» в духе Гоббса и «режима». Кроме того, в «Слове о Пушкине» с уверенностью высказано естественное предположение об исходе таких противостояний — «поэт» в конечном счете всегда побеждает. Но эта победа понимается *не* в категориях пролетарской революции. Она принимает форму брошенного элите вызова — в момент, когда «ваши дети» (то есть дети «режима», преследовавшего «поэта») становятся посмертными почитателями Пушкина (то есть частью интеллигенции) и «проклинают вас»[1].

А как же все остальные? Ахматова полагает, что культура — исключительно дело элиты, или же народ так или иначе участвует в ней? В своем эссе Ахматова замечает, что «тысячи людей бросились к дому поэта и навсегда вместе со всей Россией там остались»[2]. Кого она имеет в виду и когда? Уж конечно, неграмотные дети няни Пушкина не «бросились к дому поэта» в XIX веке. Равно как и прабабка зощенковского управдома. В то время под «всей Россией» подразумевалась, вероятно, только интеллигенция. Но как обстоит дело с 1960-ми, и как «вся Россия» туда попала? Фраза Ахматовой заставляет вспомнить давнее представление о народе как безмолвном простом люде, который явно не посещал дом Пушкина, и если теперь там «вся Россия», сейчас речь

своем проявлении «искренность» подразумевала способность интеллигентской элиты оспаривать власть и открыто заявлять о собственном автономном дискурсивном средоточии власти, что, по мнению политического философа Клода Лефора, составляет отличительный признак структурного либерализма.

[1] Джордж Фарадей считает, что именно так и произошло в борьбе за культурный капитал в позднесоветскую эпоху, — см. *Faraday G.* Revolt of the Filmmakers: The Struggle for Artistic Autonomy and the Fall of the Soviet Film Industry. University Park, PA: Penn State University Press, 2000.

[2] *Ахматова А.* Слово о Пушкине. С. 6.

идет уже о *другой* группе людей[1]. Наверное, есть десятки миллионов советских школьников, а еще родители многих из них, которые научились грамоте или пошли в начальную школу при Сталине. Но коль скоро все эти люди существуют и учитывая, как они появились (благодаря советскому просвещению в сталинской России и других советских республиках), какова их роль? Как они влияют на интеллигенцию? Если говорить о коллективном субъекте интеллигентского дискурса, это его внешняя сторона: кто они с исторической точки зрения, кто они сегодня, и усложняет ли этот вопрос нынешние представления?

«Постнарод» и пределы интеллигентского воображаемого

В ахматовском «Слове о Пушкине» — особенно если рассматривать его в юбилейном контексте 1962 года и в институциональной логике самой Ахматовой 1960-х годов — дискурс интеллигенции о культурности носит открыто контрреволюционный характер. В этом дискурсе подчеркивается идея непрерывности культуры за счет преемственности между членами ее элитного коллективного Субъекта. Здесь нет значимого рубежа между тем, что было до и после 1917 года. Более того, этот дискурс предполагает зону соглашения между интеллигенцией и ненавистным «режимом» относительно неизменной социальной роли творческого сообщества, причем подразумевается, что это соглашение освящено не революцией, а традицией. Пушкин не «наш товарищ», а «наше все» — и не потому что так сказал Ленин или пролетариат, а потому что так сказали Тургенев и Достоевский, потому что так сказала Цветаева, потому что так сказала Ахматова. Иначе говоря, потому что интеллигентская культура с ее непрерывной, нерушимой родословной научила «нас», своих подданных, так думать, и те, кто работает на «режим», здесь такие же подданные, как и все прочие.

[1] Об идее безмолвного народа см.: *Condee N.* The Imperial Trace: Recent Russian Cinema. Oxford: Oxford University Press, 2009.

Но если мы говорим обо «всех», где границы этой группы и кто остается вне их?

Вопрос о границах поэтической власти Ахматовой подводит нас к главному политическому вопросу, связанному с оттепелью: как выглядит антисталинистский политический коллектив. В контексте интеллигентской культурной империи и дискурса о ее непрерывности возвращение к досоветской нормальности, каким виделась оттепель, кажется антисталинистским по определению. Такой взгляд отражен в процитированном диалоге Чуковской и Ахматовой, и ту же в основе своей идеологию мы наблюдаем у других мыслителей-интеллигентов оттепели. Утверждения такого рода каждый раз наталкиваются на вопрос о пределах этого коллективного Субъекта, а значит, о пределах интеллигенции и ее антисталинской политики. Ахматова расплывчато пишет обо «всей России», которая читает Пушкина и теперь, по-видимому, станет читать и Ахматову, что будет означать поражение сталинизма. А, скажем, Владимир Саппак, первый теоретик советского телевидения, около 1960 года пишет о зрителях, естественно, даже на уровне физиологии, склонных получать удовольствие от искренности; они якобы составляют идеальную аудиторию для интеллигенции, наиболее способной к риторике искренности, поэтому сообщество таких телезрителей означает поражение сталинизма[1]. В обоих случаях в основе культурного процесса лежит туманный миф, в котором культурная элита сеет разумное, доброе, вечное от имени всех остальных (нации? всего мира?), все порядочные люди от души поглощают эту смесь, а все плохие — режим, его пешки и безмолвные массы (нация? какая-то ее часть?) — оказываются против «нас». Добро в конце концов, разумеется, победит — в данном случае когда настанет конец сталинизма. Но существовала ли среди «либералов» менее расплывчатая теория интеллигентской политики, отношений между культурной элитой и всеми остальными и осязаемого результата этих отношений? Именно этот вопрос

[1] См. *Khazanov P.* Vladimir Sappak's Humanism on Soviet TV // European University Institute Max Weber Fellow Working Papers. 2018. № 4.

в 1968 году, в переломный момент Пражской весны, занимал Григория Померанца.

В отличие от Ахматовой, официально признанной фигуры, которую государственная цензура в каком-то смысле вынуждала говорить на социальные темы эзоповым языком, Померанц был либеральным мыслителем-диссидентом, распространявшим свои эссе в самиздате, а потому имевшим возможность изъясняться более прямолинейно. В его работах 1960-х годов особенно очевидно то, в каких пределах дореволюционный интеллигентский коллективный Субъект мог осмыслить позднесоветское социальное поле. Померанц всецело разделяет основной тезис контрреволюционного дискурса о непрерывности интеллигентской культуры. Свои мысли он выражает, постоянно прибегая к цитатам из Цветаевой, Тютчева, Хомякова, Сергия Булгакова, Бердяева и других. Некоторые его эссе — кальки с работ досоветских мыслителей[1]. Однако Померанц понимает, что идею коллективного Субъекта с такой интеллектуальной преемственностью необходимо скорректировать: если в XIX веке интеллигенции имело смысл определять себя по отношению к народу, то сегодня эта схема не работает и не должна работать. В полемике с Александром Солженицыным, которого Померанц считает «внутренне честным почвенником»[2], он утверждает, что советская модернизация повлекла за собой коренное преобразование общества, так что традиционное для интеллигенции культурное понятие народа — а значит, и солженицынское почвенничество — больше не имеет смысла.

В чем же состояло традиционное представление о народе? Оно складывалось отчасти из социологии («народом» были крестьяне), а отчасти из уникального образа жизни, обладавшего некоторыми эстетически привлекательными, особенно в глазах интеллигенции, аспектами («народ», вдохновивший Пушкина и Гоголя). Как крестьяне, народ являл собой неотесанную массу, слабо интересовавшуюся утонченными

---

[1] См.: *Померанц Г.* Квадрильон: http://www.pomeranz.ru/p/pub_qadrial.htm.

[2] *Померанц Г.* Человек ниоткуда: http://www.pomeranz.ru/p/pub_man_air.htm.

культурными наслаждениями. Он, например, не знал любви, как ее понимает Померанц:

> Трубадуры, миннезингеры — это штука шляхетная, рыцарская и по преимуществу европейская. У нас — одна из вольностей дворянских. Мужицкое отношение к любви недавно напомнил нам А. И. Солженицын: «Женятся для щей, замуж выходят для мяса»[1].

Как образ жизни, «народ» подразумевал состояние до модернизации, с присущим ему привлекательным примитивизмом — «Аркадией», в которую современные люди (первоначально интеллигенция, но теперь гораздо более широкий круг советских людей) иногда «играют»[2]. Померанц считает морально оправданной «романтическую» склонность интеллигенции «играть в Аркадию», но не поддерживает идеологию народников, некогда отправлявшихся к крестьянам и стремившихся превратить свойственную им народную мудрость в политическую платформу[3]. Для Померанца народ — носитель фольклора («пляшущий народные пляски, сказывающий народные сказки, плетущий народные кружева»), но если говорить о его коллективной мудрости, она всегда была ограничена — «хорошее» в народе сводилось к общему для всех, исконному чувству совести, стремлению к «правде-истине-справедливости»[4]. Но, так или иначе, сегодня, в 1960-е, не особо важно, каким был народ, потому что его больше нет.

В эссе «Человек ниоткуда» Померанца интересует не столько досоветская история, сколько его эпоха, 1960-е годы. А в эту эпоху народа уже не существует ни в социологическом, ни в духовном смысле. После нескольких лет форсированной индустриализации и урбанизации от старого русского крестьянства остались «только рожки да ножки»[5].

---

[1] *Померанц Г.* Человек ниоткуда.

[2] Там же.

[3] Подробнее о народниках см.: *Walicki A.* A History of Russian Thought from the Enlightenment to Marxism / Trans. H. Andrews-Rusiecka. Stanford, CA: Stanford University Press, 1979. P. 222–267.

[4] *Померанц Г.* Человек ниоткуда.

[5] Там же.

Рабочие массы же не развились до духовно значимого коллективного субъекта:

Пролетариат городской и сельский заменил народ в политической жизни, но не в духовной жизни общества. После всех попыток Пролеткульта, пролетарского искусства и великой пролетарской культурной революции в Китае от рабочего ничего уже и не ждут в этой области. К нему обращаются только тогда, когда надо посечь очередного интеллигента. И тогда газеты печатают интервью: «Я не читал Пастернака, но...» <...>

Класс, вызванный к жизни первым промышленным переворотом, выросший, как на дрожжах, до 50 процентов населения, создал профсоюзы, советы, забастовки и т. п., без чего нельзя представить себе XX век, создал некоторый дух солидарности в борьбе с притеснением, но ничего положительного, ничего такого, что способно оставить прочный, долговечный, вековечный след. Нет никакого особого пролетарского нутра. То, что было названо пролетариатом, в духовном отношении ничем не отличается от остальной урбанизированной массы. Это просто нижний слой ее, без всяких провиденциальных перспектив. <...>

В первые годы после революции пелись революционные песни, сложенные интеллигентами — народниками и марксистами. Потом пошла в ход блатная лагерная песня, песня вычеркнутых из списков «пролетарской» общественности[1].

Далее Померанц переходит к 1960-м, когда среди высших и низших слоев городского населения происходит творческий «Ренессанс наизнанку»:

А сейчас началось время интеллигентского фольклора. Открылся «животворный родник», из которого хлынули песни, стихи, проза, философские эссе, абстрактная и конкретная живопись.

Герою Синявского мерещится, что весь Союз пишет, что в каждом окошке графоман. <...>

Пишет очень широкий слой — от шофера такси Алешковского до профессора математики И. Грековой-Венцель, но явно преобладают верхи. <...>

[1] Там же.

Если правда, что нет народа без песни, то именно здесь складывается хребет нового народа — или, быть может, нового слоя, несущего в себе занародную правду и занародную песню. <…>

Любопытно, что наши менестрели — какой-то сброд космополитов: полугрузин-полуармянин, еврей, полукореец. Есть, конечно, и чистокровные русские, но решительно без почвенной основы: не дети, а внуки и правнуки крестьянского народа, стоптанного прогрессом в безликую слесарно-бухгалтерскую массу…[1]

«Интеллигентский фольклор» и «Ренессанс наизнанку» Померанца — оксюморонные символы послевоенной современности, где вновь рождается своеобразная постиндустриальная версия «постнарода», но уже в совершенно ином социальном слое. Дети и внуки рабочих и крестьян, люди, которые не могут считать себя пролетариями, которые в западных странах принадлежат к так называемому среднему классу, люди технических специальностей и работники сферы услуг — именно они создают современный городской фольклор. И, что еще важнее, в культурном отношении эти люди намного ближе к старой культурной элите. Прочертить четкую границу между теми, кто формирует, синтезирует и потребляет культуру, больше нельзя. Все эти процессы протекают, по-видимому, внутри одного социального тела. Как называть это тело? Может быть, интеллигенцией, но уже какой-то другой, с другим коллективным воображаемым? Далее в тексте Померанц обращается к этой проблеме. Он полагает, что между всеми прежними определениями интеллигенции есть нечто общее:

…Проводится граница, и то, что лежит по одну сторону ее, объявляется интеллигенцией, а то, что по другую, — нет. Получается примерно такая структура образованных слоев: 1) кадры, вросшие в государственный аппарат и болеющие за интересы этого аппарата, как за самих себя (потому что они и есть государственный аппарат); 2) мещанство, более равнодушное к общим делам и болеющее скорее за свои мелкие делишки, а также за игрушки,

[1] *Померанц Г.* Человек ниоткуда.

> которые ему дают: за «Динамо», за «Спартак», за наших советских космонавтов, за наш национальный престиж (разница между мещанином и «кадром» в оттенках: то, что для одного главное, для другого — второстепенное); 3) интеллигенция, болеющая за то, что не положено, что не подсказано газетой, радио, телевидением[1].

Померанц добавляет:

> Эта статическая модель годится для описания современного положения в России, но совершенно не объясняет таких социальных сдвигов, как в Чехии, когда даже известная часть кадров, даже большинство ЦК становится интеллигентным[2].

Поэтому он предлагает новую модель интеллигенции — «интеллигенции без границ, интеллигенции как излучения, имеющей свой центр, свой максимум интенсивности, но принципиально не имеющей пределов». Центр — это «кучка людей», «способных самостоятельно открывать вновь святыни, ценности культуры». Затем следует «относительно широкий круг людей», составляющих «одушевленную интеллигенцию»; эти люди не формируют культуру напрямую: они «заняты своими профессиональными задачами», но «неспособны заниматься ими без внутренней тревоги и страдания за судьбу человечества, нации, угнетенных, культуры, искусства, религии, истины, справедливости, иногда даже одной какой-то ценности при слабой чувствительности к другим». Наконец, нижний ярус этой пирамиды — широкий слой, обладающий наибольшим политическим весом, — «интеллигенция неодушевленная, в этическом отношении ничем не отличающаяся от мещанства», но более образованная, а потому способная «несколько одушевиться». Поэтому теоретически верхний слой может транслировать свой дискурс нижнему. Даже бюрократические «„кадры“ постепенно пропитываются интеллигентностью и ведут себя, как прочие интеллигентные специалисты»[3].

---

1 Там же.

2 Там же.

3 Там же.

Аргументация Померанца поражает сочетанием логических доводов и веры, равно как и постоянными колебаниями в позиции Субъекта. Говоря о том, что индустриализация уничтожила старую народную культуру, и о несостоятельности Пролеткульта, Померанц вступает на территорию марксистской аргументации. Описанная им культурная ситуация «интеллигентского фольклора» явно обусловлена преобразованиями, которые повлек за собой проект советского просвещения и индустриализации, сформировавший политическое тело, где образованные горожане — не крестьяне или рабочие, а их потомки — теперь производят и потребляют культуру. Эту культуру нельзя назвать пролетарской (по крайней мере в общепринятом смысле); она одновременно перекликается с дореволюционными городскими традициями и вбирает в себя продукты советского просвещения. Померанц доказывает это, в общих словах ссылаясь на творчество авторов-исполнителей и графоманов, выпускающих самиздат, но с тем же успехом он мог бы привести в пример советские анекдоты 1960-х годов, где, среди прочих, действуют Наташа Ростова Льва Толстого и поручик Ржевский Эльдара Рязанова. Опять же, когда Померанц описывает идею интеллигенции как излучения, он, казалось бы, формулирует социальную теорию новой, ориентированной на демократию интеллигентской политики, в рамках которой советские писатели, ученые, критики, инженеры, руководители и «менестрели-космополиты» — то есть уже большинство или по крайней мере весьма многочисленное меньшинство советского населения — объединены схожими образованием и бытовыми условиями, несмотря на советские привилегии для элиты. Все эти люди потенциально составляют единое сообщество, сложившееся вокруг «духа» интеллигенции.

Вместе с тем Померанц с подозрением относится к массовым коллективам и убежден в добродетелях элитарного интеллигентного меньшинства. В одном месте он пишет:

> Христос... никогда не проповедовал массам. Массы тогда, как и сейчас, предпочитали Варавву. Проповедовал небольшим

группам избранного народа, чтобы они стали ядром нового Адама…[1]

«Сейчас» (в 1960-е годы), как и тогда, урбанизированные массы не тождественны народу. То, что некогда звалось «избранным народом», теперь интеллигенция, понимаемая как пророки и подвижники, подобные отцам Церкви[2]. Померанц пытается определять интеллигенцию как излучение, но уверен, что значение имеет только ее центр. Передача «духа» в его модели происходит строго сверху вниз, несмотря на то что все получили образование и «шоферы такси» пишут стихи. Даже когда Померанц говорит, что эту «нормальную» интеллигентскую модель образованного общества приходится корректировать, когда речь идет о тогдашней Чехословакии, он одновременно заявляет, что эта «нормальная» модель статистически «годится для описания современного положения в России» — как будто на российско-советском телевидении и радио нет интеллигентской культуры, как будто советский «аппарат» по-прежнему остается или когда-либо был монолитным, как будто представления о «мещанстве» как о совершенно «бездушных» конформистах, *homo sovieticus,* имеют смысл, как будто все «мелкобуржуазные массы» смотрят по телевизору исключительно «Динамо» и «Спартак», а не, например, Вана Клиберна, или Чуковского, или Шкловского, или записи спектаклей Большого театра и МХАТа, и т. п., как будто нельзя быть интеллигентом и при этом восхищаться Гагариным[3]. Да, в принципе

---

[1] *Померанц Г.* Человек ниоткуда.

[2] Там же.

[3] Там же. Померанц употребляет слово «мещанство» как обвинение, неизменно предъявляемое интеллигенцией тем, кому, по словам Веры Данэм, присущ «образ мыслей среднего класса с его пошлостью, подражательностью, алчностью и склонностью к предрассудкам». Данэм добавляет: «Это понятие подразумевает как духовную скудость, так и защитные механизмы филистерства. <…> Мещанству свойственна блаженная слепота. Оно не знает прошлого. На каждом витке социальной стабилизации оно вновь дает побеги. Оно всегда на виду и не вынашивает тайных замыслов. Ему нечего скрывать. Поэтому оно управляемо. У мещанства нет поводов для терзаний, кроме сугубо личных» (*Dunham V. S.* In Stalin's Time: Middleclass

ценности интеллигенции могут испускать излучение и провоцировать масштабные социальные преобразования, но, несмотря на огромный потенциал всего, о чем говорит Померанц, он настаивает на проведении границы между «одушевленным» меньшинством и «неодушевленным», «мещанским» большинством. Он убежден, что единственные люди в России — а может быть, и в мире, — обладающие творческой и деятельной субъектностью, — это «высокая», традиционная интеллигенция в узком смысле слова, то есть очередная вариация на тему прежней империи поэтов.

В социалистической трактовке Померанца на первый план вышла бы его осторожная чуткость к радикально-демократическому потенциалу, открывшемуся в годы оттепели. Если говорить в терминах советского марксизма, Померанц ощущает, что цели советского просвещения практически достигнуты и вскоре исполнится данное некогда большевиками обещание наделить политическими полномочиями всех, кто достиг культурности, в то время как диктатура партии должна ослабнуть перед лицом нового коллектива. Это коллективное чувство иногда определяет восприятие «интеллигентности» как главной действующей силы в эпоху оттепели у Зубока. У Померанца же, как мы видим, оно может обозначать не просто утонченный круг культурной элиты, но саму мысль, что в этот исторический момент очень многие — потенциально большинство советских граждан, теперь или в ближайшем будущем — могут считать себя интеллигенцией и поэтому могут взять в свои руки дальнейшее строительство социализма во всем Восточном блоке. Так что, вопреки всем своим диссидентским убеждениям, Померанц осторожно

Values in Soviet Fiction. Durham, NC: Duke University Press, 1990. P. 19–20). И Данэм, и Померанц в своих рассуждениях близко подходят к мысли, что и это понятие, и его глубоко чтимый антипод «интеллигенция» — идеологемы, требующие пересмотра вследствие исторических изменений, таких как проект советской культурности, а также индустриализация и урбанизация. Однако и западная славистка, и советский диссидент, пишущие свои тексты примерно в одно и то же время (Данэм в 1974 году, Померанц в 1968-м), уклоняются от постановки проблемы и в конечном счете продолжают пользоваться этими псевдоописательными словами, как если бы они сохраняли свой изначальный смысл.

намечает просоветское будущее мира, где советская интеллигенция прислушивается к его призывам, отказывается от этнонационалистической риторики и действует, как подобает «интеллигенции сверхдержавы» «в центре большой системы». Сверхдержава и система остаются единым целым благодаря идее «гуманного социализма», достаточно «универсального» для этой задачи и за счет сообществ международной «солидарности» среди восточноевропейской интеллигенции[1].

Впрочем, как мы уже видели, Померанца можно и, вероятно, проще читать в *анти*социалистическом ключе, как еще одного сторонника интеллигентского элитизма. Хотя он с воодушевлением называет советскую интеллигенцию потенциальным источником топлива для *нового* народа, вряд ли он готов к последствиям такого положения дел. Вероятно, именно поэтому, когда в его самиздатском эссе дело доходит до формулировки конкретных политических требований, Померанц изъясняется весьма туманно. Он настойчиво утверждает, что интеллигенция, по его мнению, не должна брать власть, потому что это грозит «грехопадением» и возможной диктатурой (Померанц полагает, что именно так случилось с большевиками). Но ему кажется вероятным, что интеллигенция как пророчески избранный «новый народ» убедит нынешнее государственное «руководство» впитать интеллигентскую культурность и придерживаться ценностей интеллигенции, и тогда… а что тогда? Об этом эссе умалчивает. Померанц много говорит о прогрессе, о бесконечном пути «от зверя к Богу», и в какой-то момент даже упоминает свободную печать, ведать которой было бы поручено исключительно интеллигенции, но дальше классических либеральных свобод — слова и художественного самовыражения — его фантазия, по-видимому, не идет. По всей вероятности, Померанц не задумывался, в той или иной форме, о свободном рынке; к тому же, ему (как и Хрущеву) нравится, как США обустроили сельское хозяйство. Что ему совсем *не* нравится, так это явный поворот позднесоветского государства в сторону этнонационалистической риторики и сопутствующее ему употребление слова «народ»

---

[1] *Померанц Г.* Человек ниоткуда.

в значении «подлинной России», страдающей под игом выскочек-космополитов — еврейской элиты. Это главный пункт полемики, которую Померанц пытается навязать Солженицыну. Он полагает, что автор недавно вышедшего в самиздате полемического антилиберального эссе «Образованщина» (см. пятую главу), а также опубликованных произведений «Один день Ивана Денисовича» и «Матренин двор» поддается опасным иллюзиям, думая, что народ, понимаемый как традиционное многострадальное русское крестьянство, по-прежнему существует и жаждет возмездия за совершенные против него преступления. Самому Померанцу очевидно, что такого органического народа не существует, — существует постпролетарская, индустриализованная «масса»; писатели-деревенщики предлагают этой массе с санкции партии и правительства считать себя модернизированным этнонационалистическим народом, но такое популистское самоопределение, как и национальная гордость, рождает заблуждения и ксенофобию.

Сколь ни велик соблазн согласиться с доводами Померанца против обновленного советско-русского этнонационализма, очевидно, что и сам он никак не может расстаться с дорогими ему иллюзиями — что монолитная интеллигенция противостоит монолитному режиму, что существует разделение между теми, кто обладает духом интеллигенции, и теми, кто его лишен, что культурность есть необходимое условие непрерывной передачи традиционных истин относительно того, какова «подлинная культура», кто ее «истинные хозяева» и враги. В эссе «Поэтика ИТР-дискурса» Липовецкий отмечает, что эта же идеология составляла наиболее слабое место советской культурной элиты:

> Вытекающие отсюда эссенциализм и склонность к бинарным оппозициям становятся главными чертами ИТР-дискурса. Спроецированные на сферу культуры, эти черты ведут к ее «эссенциализации», в результате чего культура предстает не как динамичный и противоречивый процесс, а как набор «вечных» ценностей. При таком подходе от культуры ожидают готовых штампованных идей, а не проблематизации ценностей (той «неуютности культуры», о которой говорит Леонид Баткин и, на свой лад, Джанни

> Ваттимо), неколебимой верности давно усвоенным урокам, а не творческого дискомфорта, благоговейной защиты существующей иерархии, а не бунта[1].

По мысли Липовецкого, корни этой идеологии — в официальном советском «идеологическом эссенциализме». На мой взгляд, эта идеология уже вшита в *до*советский интеллигентский дискурсивный Субъект. Если уж на то пошло, то именно дискурс советского просвещения придает теории Померанца некоторый искупительный потенциал, который можно извлечь при несколько насильственном прочтении. Однако если мы не будем применять насилие, если истолкуем рассуждения Померанца буквально, тогда получится, что даже там, где он как будто говорит нечто новое — об интеллигенции как излучении, — он на самом деле пережевывает очень старую дореволюционную модель политики, основанной на культуре. И в этом он не одинок. Юрий Лотман, знаменитый основатель Тартуской семиотической школы и, вероятно, главный советский ученый-гуманитарий своего поколения, пишущий почти одновременно с Померанцем, обнаруживает именно такую модель излучения в основе пушкинской эпохи, то есть эпохи самого первого политического проекта имперской интеллигенции.

В известном эссе «Декабрист в повседневной жизни» Лотман утверждает, что благодаря семиотической передаче своей модели культурности декабристы изменили русское общество, хотя восстание 14 декабря 1825 года и закончилось провалом. Это удалось им потому, что они создали целостный облик высокоморального гражданина и затем посредством семиотики распространили эту «школу гражданственности» на социальную группу, далеко выходящую за пределы Северного и Южного обществ[2]. В самой эмоционально напряженной части эссе Лотман говорит о поведении декабристов

---

[1] *Lipovetsky M.* The Poetics of ITR Discourse. P. 118.

[2] *Лотман Ю.* Декабрист в повседневной жизни: бытовое поведение как историко-филологическая категория // Литературное наследие декабристов / Ред. В. Г. Базанов, В. Э. Вацуро. Л.: Наука, 1975. С. 29.

в сибирской ссылке и отмечает: все эти бывшие князья были так хорошо воспитаны, что умели непринужденно беседовать с крестьянами на базаре, не заставляя последних ощущать свое более низкое положение, ведь

> подлинно хорошее воспитание культурной части русского дворянства означало простоту в обращении и то отсутствие чувства социальной неполноценности и ущемленности, которые психологически обосновывали базаровские замашки разночинца[1].

Далее Лотман еще более категорично добавляет:

> Эта способность быть без наигранности, органически и естественно «своим» и в светском салоне, и с крестьянами на базаре, и с детьми составляет культурную специфику бытового поведения декабриста, родственную поэзии Пушкина и составляющую одно из вершинных проявлений русской культуры[2].

Наконец, он затрагивает воспоминания Льва Толстого об отношении к декабристам:

> ...Если вопрос о роли декабристской идеологической традиции применительно к Л. Н. Толстому представляется сложным и нуждающимся в ряде корректив, то непосредственно человеческая преемственность, традиция историко-психологического типа всего комплекса культурного поведения здесь очевидна. <...> Трактовка Толстого очень интересна; мысль его постоянно привлечена к людям 14 декабря, но именно в первую очередь — людям, которые ему ближе и роднее, чем идеи декабризма[3].

Урок декабризма для Лотмана примерно тот же, что урок Пражской весны для Померанца: ему не слишком интересны ни политическая платформа декабризма, ни рассуждения декабристов о социальной реальности, ни их способность сформировать политический коллектив. Гораздо важнее

1 *Лотман Ю.* Декабрист в повседневной жизни. С. 72.

2 Там же.

3 Там же.

способность дворян-революционеров транслировать свою интеллигентность более широкому кругу людей и ослеплять их своей культурной утонченностью и неопределенным чувством «гражданственности». Это расценивается как одно из достижений 1820-х годов, равнозначнос поэзии Пушкина. В то же время Лотман пренебрежительно отзывается о «базаровских замашках разночинца». Столь открыто выражая презрение к вымышленному тургеневскому нигилисту-шестидесятнику, Лотман косвенно порицает бытовое поведение большевика — а в конечном счете, утверждает историческое и культурное превосходство политически *не*эффективных декабристов, дворян в изгнании, над намного более политически эффективными, но стоящими ниже по культурному уровню радикалами XIX века, часть которых дожила до революции 1917 года и увидела плоды своих замыслов. Что касается упоминания Лотманом Толстого, именно здесь историческая отсылка к позднесоветской эпохе особенно очевидна. Ведь исторически Толстой занимает положение, сходное с положением самого Лотмана. Писатель родился *после* декабрьского восстания, в 1828 году (а Лотман в 1922-м), а встретил бывших декабристов только в 1850-е годы, когда они получили помилование. После тридцати лет сибирской ссылки и почти полной оторванности от жизни русского общества (аналогичных тридцати годам правления Сталина, отделяющим мир имперской интеллигенции от современников Лотмана) политические взгляды почти всех вернувшихся были далеки от реалий того времени. И все же Толстой мог унаследовать если не их идеи, то их поведение. История ушла вперед, но декабристская культурность не утратила своей неизменной актуальности — таков урок, почерпнутый Лотманом у Толстого.

Как отметила Людмила Тригос, сам факт, что Лотман считает главным наследием декабризма культурность, а не вклад в последующее столетие революционной практики, как предполагал официальный советский марксистский дискурс, выдает в нем инакомыслящего либерала[1]. Мне кажется важным дополнить это наблюдение, уточнив Субъект этого

---

[1] См.: *Trigos L.* The Decembrist Myth in Russian Culture. New York: Palgrave Macmillan, 2009. P. 141–160.

инакомыслия — он может быть описан как досоветский интеллигентский Субъект культурности, или, может быть, представитель империи поэтов, или носитель хороших манер, или, в лучшем случае, речь идет о Субъекте лично принципиальном и порядочном, но не о Субъекте, оперирующем внятным массовым политическим дискурсом и практиками. Суть в данном случае не в том, чтобы «изменить мир», как говорил Маркс (к слову, и Померанцу одиннадцатый тезис Маркса не нравился), а в том, чтобы просто жить в нем, как подобает интеллигенту, чье социальное превосходство несомненно[1]. Можно разве что надеяться, что в конце концов присущий интеллигенции дух благородства просочится сквозь стены режима и убедит находящихся по ту сторону аппаратчиков разрешить свободную прессу, нефигуративное искусство или авторское кино.

Между тем, Лотман намеренно не останавливается на том, что ему хорошо известно: на существовании альтернативного коллективного проекта имперской интеллигенции, то есть социалистического проекта, который в публичной сфере некогда отстаивал зарождающийся и растущий слой образованных людей из небогатых, недворянских, словом, в том или ином смысле непривилегированных семей — так называемые «разночинцы», радикально изменившие социальный состав и политические настроения имперской интеллигенции. Лотман отвергает социалистический проект разночинцев как чуждый культурности, и Базаров, конечно, как нельзя лучше подходит на роль пугала. Само собой, Лотман знает, что среди разночинцев немало людей, внесших в русскую культуру куда больший вклад, чем декабристы на сибирском базаре. Возможно, Лотману кажется, что нет необходимости рассказывать эту историю, поскольку ее присвоила советская власть. Однако именно из-за такого манихейского дискурсивного противостояния окостенелому советскому государству контрреволюционный, антисоциалистический интеллигентский Субъект дискурса о досоветском прошлом рисуется особенно отчетливо.

[1] *Померанц Г.* Человек ниоткуда.

2. ИСТОРИЯ НЕ ЗЛОПАМЯТНА

ПРАВАЯ ВАРИАЦИЯ НА ТЕМУ О НЕОИМПЕРСКОМ ИНТЕЛЛИГЕНТСКОМ СУБЪЕКТЕ

История памятлива, но не злопамятна.
Старый большевик Петров в фильме «Перед судом истории»

Разве вы провозгласили коммунизм для того, чтобы летать на Луну?
Василий Шульгин Владимиру Ленину во сне 1959 года

Патриотическая интеллигентность

Примерно в то же время, когда Ахматова писала «Слово о Пушкине», другой ее современник, семидесятилетний Василий Шульгин (1878–1976) — сначала крайне правый монархист и депутат Государственной думы, затем идеолог Белого движения, затем видная фигура эмиграции, затем неприметный житель Сербии, затем советский политзаключенный и, наконец, старик, после амнистии 1956 года живущий во Владимире, — записал в дневник следующий сон:

> Я представил какой-то театр, совершенно пустой (в смысле публики), а на сцене расположился суд. Слева от суда — прокурор, справа — место защитника, но защитника нет. <…>
>
> Будто бы входит Ленин. Я его спрашиваю: «У вас есть защитник?» Он говорит: «Нет». Я говорю: «Так нельзя, судить без защитника. Хотите, я вас буду защищать?» А он говорит: «Защищайте!»
>
> В воздухе висят весы… Весы правосудия. Говорит прокурор:
>
> — Ленин учредил ЧК <…> Сколько крови пролила эта так называемая ЧК…

<…>

— Затем убили царя, царицу, всю семью, династию… Всех убили, кто не успел сбежать за границу…

И крови в чаше обвинения прибавляется так, что она начинает течь через край. <…>

Прокурор кончил. Председатель говорит:

— Слово защитнику.

Моя речь состояла всего из двух слов: «Брест. Нэп».

<…>

— Смотрите, прокурор, смотрите, судьи! Чаши добра и зла уравновесились. Они стоят на одном уровне.

Ленин виновен? — Виновен. Ленин не виновен? — Не виновен.

Он оправдан?

Не оправдан. Но и не обвинен. Он пойдет на суд Божий, и только Бог, Который светит добрым и злым, вынесет ему Свой приговор[1].

Сон Шульгина — неотъемлемая часть его попытки найти язык для разговора с советской властью: Шульгин полагал, что, пройдя уникальный жизненный путь, он может дать тем, кто руководит его страной, ценный совет[2]. Как отмечал Шульгин в другом месте, советские «стражи бутылки» с ядерным «джинном» вызывали у него уважение, поскольку даже «самая плохая власть лучше анархии», к тому же «во второй половине XX века партия многое делает правильно»[3]. Что касается советской власти, трудно сказать, часто ли ей снился Шульгин (хотя некоторым ее представителям, может, и снился), но она точно не имела ничего против разговора с ним[4]. Насколько мне известно, занимавшие высокие посты

[1] Цит. по: *Лисовой Н.Н.* Последний очевидец // Шульгин В.В. Последний очевидец: мемуары, очерки, сны / Сост. Н.Н. Лисовой. М.: ОЛМА-ПРЕСС, 2002. С. 19.

[2] См.: *Колесников В.* Владимирский узник // Владимирские дни и годы В.В. Шульгина / Сост. М. Коншин. Владимир: Калейдоскоп, 2007. С. 37.

[3] *Шульгин В.В.* Опыт Столыпина // Шульгин В.В. Последний очевидец. С. 540–541.

[4] О вызревании разнообразных версий русского национализма в рядах кадров КПСС в позднесоветский период, порой с явным интересом к промонархистскому, неоимперскому дискурсу, см.: *Митрохин Н.* Русская партия.

«стражи бутылки» никогда не встречались со стариком лично, зато с ним встречались на удивление многие советские аппаратчики и представители культурной элиты — от сотрудников КГБ в 1950-е годы до режиссера Фридриха Эрмлера и всех, кто участвовал в съемках фильма «Перед судом истории» (1965), не говоря уже о ключевых фигурах позднесоветского русского национализма, таких как художник Илья Глазунов и писатель Владимир Солоухин. Даже Мстислав Ростропович, виолончелист с мировым именем, был знаком с Шульгиным и обещал на столетний юбилей сыграть для него частный концерт; правда, «последний очевидец» имперской России, к сожалению, не дожил двух лет до своего столетия[1].

Что бывший враг советской власти имел сказать третьему поколению советской элиты? Сам Шульгин считал, что хочет поделиться некоторыми политическими истинами — касающимися главным образом необходимости повторить «Брест» и «нэп», то есть оставить Восточную Европу и отказаться от плановой социалистической экономики. До некоторой степени к тем же выводам к тому времени уже пришли советское руководство и многие диссиденты. Как мне представляется, Шульгин не был особенно уникальным или красноречивым выразителем этой идеи, поэтому она не объясняет, почему он приобрел скромную известность в определенных кругах[2]. Думаю, собеседников интересовала в Шульгине его *личность* — в той мере, в какой он олицетворял основания потенциального позднесоветского консервативного ответа на преобладающий дискурс либеральной интеллигенции. Этот

---

1 См. составленную Н. Лисовым книгу последних работ Шульгина. О том, как Глазунов вместе с Солоухиным встречался с Шульгиным, см.: *Глазунов И.* Мои встречи с Шульгиным // Владимирские дни. С. 22. Об обещании Ростроповича сыграть для Шульгина частный концерт на столетний юбилей см.: *Коншин М.* Своим взглядам он не изменил // Владимирские дни. С. 33.

2 См., например: *Солженицын А.* Письмо вождям Советского Союза // Солженицын А. Публицистика: В 3 т. Т. 1. Ярославль: Верхневолжское кн. изд-во, 1995. С. 148–186; а также: *Амальрик А.* Просуществует ли Советский Союз до 1984 года? Амстердам: Фонд имени Герцена, 1969. Что касается правительства, то реформы Косыгина представляли собой попытку походя внедрить в советскую экономику мотив прибыли. См.: *Feygin Y.* Building a Ruin.

ответ можно воссоздать по собственным словам Шульгина, но особенно по их восприятию, которое я анализирую, двигаясь от записей приставленных к Шульгину агентов КГБ к фильму Эрмлера о нем, а затем к советскому мини-сериалу 1967 года «Операция „Трест“». Все эти тексты выражают смысл консервативной интеллигентности, воплощенной в фигуре Шульгина, — а именно: мысль, что можно претендовать на статус интеллигента, поддерживая авторитарный политический проект. Такая переоценка становится возможной потому, что процесс ухода либерального дискурса от ценностей социализма и веры в исторический прогресс завершается консерватором. Складный нарратив истории интеллигенции обездействован, что позволяет такому человеку, как Шульгин, в 1960-х годах слыть интеллигентом.

* * *

Если исходить из собственных слов Шульгина, его сон о Ленине служит поставленной Шульгиным цели принести пользу своим советским собеседникам, обездействовав собственные исторические суждения — совершив намеренный, кто-то сказал бы — циничный (а сам Шульгин сказал бы — «мистический»[1]), акт абстрактного отказа. Это отражено в метафоре суда, фигурирующей в его сне: Шульгин, юрист по образованию, готов «защищать» Ленина, добившись ситуации, когда присяжные не могут прийти к единому мнению — «не оправдан, но и не обвинен». От суждений о ходе истории намеренно воздерживаются и его собеседники. Агент КГБ Шевченко, приставленный к Шульгину, в январе 1991 года вспоминал, как ему поручили «сопровождать» Шульгина во время поездок последнего в 1960-е и 1970-е годы. Шевченко утверждал, что во время этих поездок обнаружил «объединяющее начало», составлявшее основу его общности с подопечным. Оказывается, Шульгин *всегда* был «истинным патриотом России», хотя и заблуждался:

1 «Я не коммунист, я мистик». См.: *Браун Н., Желтов В.* Личный враг Ленина // Владимирские дни. С. 10.

> ...Судьбе было угодно, чтобы именно Шульгин принял отречение от престола императора Николая II. Поэтому, исходя из своих убеждений, Октябрьскую революцию Шульгин не воспринял, как не восприняло ее казачество, восставшее почти поголовно, часть офицеров, с которых сорвали погоны, и часть интеллигенции, не стерпевшая позора Брестского мира[1].

Маневр Шевченко здесь напоминает адвокатскую уловку самого Шульгина — он не оправдывает Белое движение, но призывает отложить советский историографический учет. «Восстание» белых перестает быть частью большого советского нарратива, где старорежимная буржуазия проиграла революционному пролетариату. Те, кто был «неправ» в 1917 году, просто пришли в патриотическое негодование из-за капитуляции перед немцами.

Агент КГБ счел, перефразируя знакомую сталинскую формулу, что убежденный правый антикоммунист был «патриотичен для своего времени»[2]. Как стал возможен столь явный ревизионизм? Когда Шульгин показывает, что присяжные не могут прийти к согласию относительно приговора Ленину, ему важнее всего, чтобы советская авторитарная власть продолжила разговор с ним. Как заявляет Шульгин, он «последовательный контрреволюционер», а значит, все исторические суждения должны подчиняться реакционной тактике здесь и сейчас, пока советское государство стабильно и контролирует ситуацию[3]. Поэтому, что бы Шульгин ни думал по поводу неистовства большевиков в 1917 году, сейчас это не верно и не ошибочно — скорее неопределенно. Однако, с точки зрения Шевченко, писать панегирик старому

---

[1] *Шевченко В.* В.В. Шульгин и его «Письма к русским эмигрантам» // Владимирские дни. С. 46–48.

[2] Об использовании историками сталинской эпохи формулы «прогрессивный для своего времени» для обеления наследия императоров-автократов, таких как Петр I, см.: *Brandenberger D., Platt K.M.F.* Epic Revisionism.

[3] Определение «последовательный контрреволюционер» принадлежит самому Шульгину, продиктовано им Екатерине Коншиной и упомянуто в: *Гуринович В.* Личное дело заключенного Шульгина // Владимирские дни. С. 82.

монархисту куда сложнее. Конечно, у агента та же стратегическая мотивация, что и у его подопечного. Если говорить шире, именно циничная антилиберальная тактика по большому счету и побудила высшие эшелоны советских спецслужб поддерживать в печати русских националистов в позднесоветскую эпоху. Проблема в том, что представители советского государства не могли позволить себе роскошь открыто участвовать в реакционных кульбитах «мистиков» вроде Шульгина. В конце концов, у СССР был великий революционный нарратив, и при всем желании спасти Шульгина этот нарратив накладывал свои ограничения. Борьбу с такими ограничениями можно наблюдать в документальном фильме Фридриха Эрмлера о Шульгине «Перед судом истории», снятом в 1965 году[1]. Фильм в конечном счете успешно снят, несмотря на ограничения, потому что в случае Шульгина режиссеру важно было показать не столько идею об обездействовании советского исторического нарратива о Белом движении, сколько переиначить социальный образ интеллигенции на консервативный лад. Шульгин, известный монархическими взглядами, не стесняющийся своих фашистских симпатий, убежденный антисемит, не должен был принадлежать к интеллигенции и, конечно, не принадлежал к ней в 1910-е годы, — зато в 1960-е годы он вхож в эту группу в качестве «патриотически настроенного интеллигента», потому что сами либералы пересмотрели это социальное понятие.

Выход фильма «Перед судом истории» на экран не прошел удачно. Документальная картина о Шульгине, снятая Эрмлером, бывшим чекистом и многократным лауреатом Сталинской премии, была изъята из проката уже после нескольких показов, поскольку, как предположили сочувствовавшие Шульгину русские националисты, «суд Истории» над старым монархистом не удался[2]. На первый взгляд, это обоснованное

---

[1] «Перед судом истории» (1964), реж. Фридрих Эрмлер (Ленинград, Ленфильм, 1965): https://www.youtube.com/watch?v=6EvbmdbfiCk.

[2] См.: *Браун Н., Желтов В.* Личный враг Ленина // Владимирские дни. С. 17; см. также: *Колесников В.* Владимирский узник // Владимирские дни. С. 37.

предположение. Предполагалось, что явный сюжет фильма таков: Шульгин и безымянный Историк бродят по улицам дореволюционного Петербурга, а потом беседуют об эпохе Государственной думы, об отречении Николая II (прошедшем при непосредственном участии Шульгина) и о хаосе революционного 1917 года. Во втором акте Историк покажет, сколь безосновательны доводы Шульгина в поддержку Белого движения в эмиграции. В третьем акте Шульгин и Историк согласятся, что не стоит ворошить прошлое, и объединятся в поддержке советской власти на XXII съезде КПСС. Договор о дружбе будет скреплен «старым большевиком Петровым», который сначала ошеломит Шульгина недавними достижениями советской власти (в фильме они воплощены в кадрах, изображающих Гагарина, и панорамных видах современной московской архитектуры), а затем объявит, что «история памятлива, но не злопамятна»[1].

Если первый акт «Перед судом истории» проходит достаточно гладко, во втором аргументация трещит по швам, и к началу XXII съезда неспособность Историка припереть Шульгина к стенке уже не скрывается, а подчеркивается. Сознательно или нет, но режиссер ясно дает понять, что поймать Шульгина трудно, так как его собеседник попросту не в состоянии связно говорить о тридцати годах правления Сталина. Поэтому, когда Шульгин упрямо заявляет, что Белое движение не дискредитировало себя и что он не совершил ошибку, в 1920-е годы поддерживая Муссолини, Историк явно взбешен, но, по-видимому, не способен сформулировать свои возражения словесно. Его доводы носят эмоционально-ассоциативный характер: он демонстрирует фашистские документальные хроники, где есть и Муссолини, и Гитлер, и поддерживавшая нацистов Русская освободительная армия Власова, и кадры разрушительных последствий Второй

[1] «Перед судом истории», 1:35:45. Шульгин действительно присутствовал в качестве гостя на XXII съезде, где действительно выступал Федор Николаевич Петров (на тот момент редактор многотомной «Истории Коммунистической партии Советского Союза»). Однако для фильма разговор с Петровым в зале Дворца съездов снят несколькими годами позже, в 1965 году.

мировой. Перед нами внерациональные аргументы, призванные убедить зрителей, что Белая идея запятнала себя подобным сотрудничеством, но в этой «доказательной» хронике явно не хватает кадров с «другой» стороны, например сталинских показательных процессов. Разумеется, Шульгину не дозволено указывать на это открыто, но именно на это он намекает, когда выражение его лица резко меняется и он говорит, что теперь, «когда белый голубь мира стал кружить над Россией», он поддерживает советскую власть. Лицо Историка совершенно неожиданно озаряется радостной улыбкой, и он восклицает: «Рад, очень рад, Василий Витальевич! Хотел бы только сказать, что эта идея утвердилась в России задолго до того, как вы ее признали. Она провозглашена в ленинском Декрете о мире на следующий день после совершения революции, то есть в те дни, когда родилась новая, Советская Россия — Советский Союз, союз тружеников, осуществляющих великие идеи Ленина, идеи XX съезда Ленинской партии, идеи XXII, гостем которого были вы»[1]. Внезапное воодушевление Шульгина и Историка делает умолчание о тридцати годах советской власти между мирной программой Ленина и XX и XXII съездами ощутимым почти до комизма. После столь находчивого ответа невозможно последовательно рассуждать о какой бы то ни было исторической вине. Эстетизированное восхваление XXII съезда в финале фильма, сопровождаемое образами-фетишами — космическими кораблями, самолетами, Дворцами съездов и огромным барельефом Ленина за спиной старого большевика Петрова, — лишь в очередной раз убеждает в этом зрителей.

Я обошел вопрос замысла фильма, потому что, если присмотреться, нельзя с уверенностью утверждать, что режиссер хотел выстроить большой связный нарратив — предполагаемый «суд истории» — вокруг фигуры Шульгина. Если бы это было так, он не уделял бы столько внимания характеристике своего персонажа. Фильм, несомненно, получился бы куда более связным, будь в нем поменьше Шульгина и побольше

[1] «Перед судом истории», 1:29:15–1:30:06.

советских деятелей, которые бы излагали необходимые доводы. Хотя в конце фильма бывший враг смотрит прямо в камеру и предлагает бывшим соотечественникам, живущим на Западе, отступиться от прежних идей, проведенные с ним полтора часа едва ли нужны просто ради этого тактического выпада против стареющих эмигрантов. Шульгин так долго остается в кадре, потому что тех, кто его снимает, завораживает его *личность* — в противовес доводам. Думаю даже, Шульгин интересовал Эрмлера настолько, что режиссер охотно рискнул бы провалить «суд истории», лишь бы подольше показывать этого милого «дедулю»[1]. И, думаю, он считал, что рискнуть стоит, потому что Шульгин олицетворял тактический удар по *реальным* противникам официального позднесоветского дискурса: через пятьдесят лет после 1917 года этими противниками были не столько восьмидесятилетние русские монархисты за границей, сколько оппозиционно настроенная либеральная интеллигенция внутри страны.

В фильме «Перед судом истории» Шульгин бьет по советским либералам, потому что предстает как человек, способный воплотить тот же культурный капитал, на котором зиждется их положение, но, в отличие от них, показывает, что можно быть культурным и при этом сотрудничать с авторитарным государством. Вот почему мизансцены в фильме последовательно выстраиваются так, чтобы выставить Шульгина в привлекательном интеллигентном свете: мы видим приятного старика благородной наружности, который бродит по улицам, площадям и дворцам имперского Петербурга в костюме по моде 1910-х годов, со стоячим белым воротником и черным галстуком, и щеголяет утонченными старорежимными манерами и знанием французского перед группой симпатичных школьниц. Позиционирование Шульгина как интеллигента, несомненно, удивило бы бóльшую часть его современников, имперской интеллигенции конца века,

[1] Об участии Эрмлера в съемках и его отношениях с Шульгиным см.: *Головской В.* Фильм «Перед судом истории», или Об одном киноэпизоде в жизни В. В. Шульгина // Журнал Вестник Онлайн. 2003. № 337: https://csdfmuseum.ru/articles/1157-фильм-перед-судом-истории-или-об-одном-киноэпизоде-в-жизни-в-в-шульгина.

обычно не принимавшей в свои ряды сторонников Петра Столыпина, глав Совета министров, черносотенцев и авторов трактатов о евреях с многообещающими названиями вроде «Что нам в них не нравится»[1]. Представление дореволюционной интеллигенции о культурности на рубеже веков почти всегда подразумевало тесную связь между образованностью и левой социально-освободительной миссией, сколь широко бы она ни понималась. Либералам 1960–1970-х годов, особенно таким фигурам, как Лотман, считавший декабристов основоположниками русской культурности, эта связь до некоторой степени все еще была очевидна, и вместе с тем именно у Лотмана мы сталкиваемся и с нескрываемым презрением к грубому базаровскому взгляду на социальное освобождение. В его трудах, как и в работах других, заметно, что позднесоветская интеллигенция с осторожностью относится к политическим убеждениям, и, даже когда эти убеждения (как в случае декабристов) очевидны, утонченность важнее политики. Поэтому куда заманчивее стать истинным носителем того, что считается подлинной культурностью, — в противовес базаровщине выскочек-радикалов. В результате дискурс советской либеральной интеллигенции валоризирует то, что Владислав Зубок называет интеллигентностью, органичными носителями которой стали «те, кто пережил террор в вузах и других культурных учреждениях», «профессора, парадоксальным образом не разделявшие коммунистических идеалов»:

> Они, воспитанные в традициях либерализма и гуманизма XIX столетия, не могли не передать студентам своих манер, привычек, этических стандартов и эстетических установок — но свои политические взгляды держали при себе[2].

В описании Зубока важна идея «выживших» и их безусловных наследников, равно как и акцент на «манерах, привычках,

---

[1] См.: *Шульгин В.* «Что нам в них не нравится?»: об антисемитизме в России. Париж: Russia minor, 1930.

[2] *Zubok V.* Zhivago's Children. P. 26.

этических установках» — расплывчатом перечне понятий, в совокупности характеризующих некий туманный стиль жизни, подобающей элите старого режима. Безусловно, Зубок справедливо подчеркивает, что в сознании советских либералов этот стиль жизни по-прежнему ассоциируется с «традициями либерализма и гуманизма». Однако это сочетание не должно казаться столь самоочевидным. С точки зрения бывших или действующих чекистов, таких как Шевченко и Эрмлер, сила Шульгина как раз в том, что он опровергает эту самоочевидность, поэтому они и другие аппаратчики получают право причислять к интеллигенции *себя*, именно как «достойную элиту», что подрывает либеральную монополию на эту идею.

В фильме Сергея Колосова «Операция „Трест"» (1967) видно, как складывается образ этой «чекистской интеллигенции». В отличие от картины Эрмлера, показы которой быстро свернули, четырехсерийная «Операция „Трест"» стала успешным мини-сериалом, где присутствовали кадры с Шульгиным (изначально снятые Эрмлером для своего фильма), так что этот фильм оказался единственным доступным культурным продуктом, посредством которого широкая позднесоветская публика могла познакомиться со старым монархистом[1]. «Трест», снятый по документальному роману Льва Никулина «Мертвая зыбь» (1965), который, в свою очередь, написан на основе засекреченных документов ОГПУ, рассказывает почти полностью достоверную историю Александра Якушева (1876–1937), бывшего представителя служилого дворянства, работавшего на заре советского государства в Наркомате путей сообщения под руководством Феликса Дзержинского и одновременно состоявшего в тайной монархистско-реваншистской организации. После вмешательства ОГПУ Якушев решил оставить прежнюю деятельность и помочь советской власти бороться с антисоветскими заговорами. Для этого

[1] Тот факт, что некоторые из них действительно узнали о Шульгине благодаря «Тресту», подтверждается свидетельством очевидца о советских школьниках, которые напевали звучащий в фильме мотив Белой армии, когда в 1969 году Шульгина вели мимо них к зданию суда в Ленинграде. См.: *Браун Н., Желтов В.* Личный враг Ленина // Владимирские дни. С. 16.

Якушев и группа чекистов во главе с Артуром Артузовым (его играст Армен Джигарханян) создали подпольное политическое объединение под названием «Трест». Затем Якушев с официальными советскими документами поехал за границу, чтобы поднять престиж «Треста» среди эмигрантов. Так «Тресту» на протяжении нескольких лет удавалось перехватывать и блокировать потенциальные антисоветские заговоры, исходящие от генерала Кутепова во Франции и барона Врангеля в Югославии. Показав описанные выше события, полные впечатляющих сцен, иллюстрирующих всю рискованность затеи Артузова и Якушева, Колосов завершает минисериал драматичной перестрелкой: главная отрицательная героиня фильма, Мария Захарченко-Шульц, якобы племянница Кутепова, узнаёт о предательстве Якушева, планирует подорвать штаб-квартиру чекистов на Лубянке, но осуществить этот план ей не удается, террористку преследуют до финской границы, где, когда она уже в шаге от спасения, ее застреливает сам Артузов.

На первый взгляд, «Операция „Трест“» — ортодоксальная советская картина, где хорошие красные противостоят плохим белым и побеждают во имя правого дела советской власти. Однако, как и в случае с Шульгиным, в фильме Колосова советская власть заручается поддержкой союзника-монархиста не с помощью марксистско-ленинских доводов. Их сотрудничество состоялось потому, что Якушева и приставленного к нему агента роднит обоюдное ощущение патриотической интеллигентности. Исследователи уже отмечали, что в конце 1960-х в советском кино наблюдается тенденция не изображать белых поголовно как карикатурных злодеев[1]. Она, без сомнения, заметна и в «Тресте», но здесь я бы добавил, что

[1] *Федоров А.* Эволюция образа Белого движения в отечественном и зарубежном игровом кинематографе звукового периода. М.: МОО «Информация для всех», 2015. С. 30. Создатели «Треста» приложили много усилий, чтобы их художественный фильм выглядел правдоподобно, в частности привлекли Шульгина как своего рода консультанта, поскольку в 1920-е годы он сам попал в сети, расставленные Артузовым и Якушевым, и лично знал большинство участников этих событий. См.: *Касаткина Л., Колосов С.* Судьба на двоих: воспоминания в диалогах. М.: Молодая гвардия, 2005. С. 251–254.

в фильме важнее другое: красные в нем тоже уже не настоящие «красные» — и это относится прежде всего к чекистам. Артузов и его подчиненные в «Тресте» выглядят хорошо образованными, эрудированными и умеющими излагать свои мысли людьми. Из мемуаров Колосова мы знаем, что это отнюдь не очевидное решение, оно потребовало существенной переработки текста Никулина. Инициаторами переработки стали сами чекисты, выступавшие консультантами Колосова:

> Не курили наши сотрудники в 21-м году махорку, не рвали для этого газеты, не крутили самокруток. <…> Откуда же махорка? От стандартного, книжного представления о чекистах того времени. Махорка — примета фильмов о Гражданской войне, с землянками и бородачами-фронтовиками. <…> Артур Христианович [Артузов] с детских лет занимался музыкой со своей матерью и в зрелые годы великолепно играл на фортепьяно и еще замечательно пел, у него был красивый голос… Он и рисовал отлично, и ваянием занимался, свободно владел французским, английским и немецким языками, и вдобавок ко всему был великолепным спортсменом — лыжником, конькобежцем-фигуристом, наездником <…> Артузов же не фабричный рабочий, а инженер-металлург с петербургским образованием. Он никакой не подпольщик, в партии только с 1917 года, он так не мог разговаривать. Этот язык переползет из книги в фильм. Получится вранье, а не История[1].

Иными словами, Артузов, видный чекистский шпион, был интеллигентом не хуже дворянина Якушева, и на социальном уровне оба они ничем не отличаются от своих белых противников — то есть в 1960-е годы после усердных попыток уничтожить дореволюционную интеллигенцию, растянувшихся на несколько десятилетий, после расстрела *всех* главных персонажей «Треста» во время сталинских чисток чекисты решили, что вообще-то они были интеллигентами с самого начала[2]. Согласно их новым представлениям

[1] *Касаткина Л., Колосов С.* Судьба на двоих. С. 238–239.

[2] В фильме, разумеется, нельзя было сказать об этих убийствах прямо, но его поэтический финал явно на них намекает: Якушев идет по лесу, который рубят на стройматериалы, а потом присоединяется к Артузову

об «Истории», советский чекист теперь выглядит не как активист-пролетарий, а как утонченный интеллектуал. Получается, что чекист стал своего рода Шульгиным — или, по крайней мере, он достаточно близок к последнему, так что границу между добром и злом следует искать где-то в другом месте.

Теперь выдающиеся представители дореволюционного общества, со всей их отчетливой интеллигентностью, не просто обречены на забвение в силу классового происхождения и неискоренимых антикоммунистических взглядов. Оказывается, на стороне советского государства всегда существовали такие люди. Как и Шульгин, Якушев и другие центральные персонажи «Треста» в конечном счете решают поддерживать советскую власть, причем предполагается, что ЧК с самого начала состояла из скульпторов, художников и инженеров, играющих на фортепьяно. Вместе с тем нет никаких видимых признаков, что Якушев или Артузов стали марксистами. Они скорее явно патриоты-националисты, противопоставленные Кутепову и Врангелю, которые в фильме стремятся посеять хаос в Советской России с помощью иностранных сил. Чувство патриотического долга, движущее руководителями «Треста», настолько оторвано от какого бы то ни было интереса к советской идеологии, что даже в середине фильма бывший дворянин Якушев, вот уже несколько лет являющийся соавтором заговора против белых, не вполне уверен, монархист ли он еще или уже нет: «Что, вы мне объясняете, что она [Захарченко] монархистка, да? Что я, монархистов не видел? Я сам монархист… ну, бывший, конечно»[1]. Это заявление не так уж сильно отличается

на берегу реки. Они обмениваются тяжелым молчаливым взглядом, а камера тем временем поднимается, снимая их с верхнего плана, сидящих посреди огромного пространства, заполненного поваленными, связанными для погрузки деревьями, — буквальная иллюстрация русской пословицы: «Лес рубят, щепки летят». Затем кадр плавно перетекает в панораму современного (1960-х годов) советского города, тоже снятую с верхнего плана. Завершается фильм изображением монумента 1964 года «Покорителям космоса» — таким же внерациональным, самодовлеющим фетишем советской современности, как у Эрмлера в фильме «Перед судом истории».

1 «Операция „Трест“». Серия 3, 30:00.

от шульгинского: «Я не коммунист, я мистик»[1]. Между тем архетипы чекистов-интеллигентов из «Треста» — прямые предшественники Макса Отто фон Штирлица / полковника Максима Исаева из «Семнадцати мгновений весны» (1973) Татьяны Лиозновой. Штирлиц/Исаев — самый известный вымышленный разведчик позднесоветской эпохи, легко вживающийся в образ обходительно аристократичного немца-нациста, причем играет его советский актер, прославившийся ролью князя Андрея в «Войне и мире» Сергея Бондарчука (Вячеслав Тихонов). Правда, в какой-то момент наряд немецкого аристократа так душит Штирлица/Исаева, что он опускает на своей вилле все шторы (чтобы никто не заметил) и печет картошку на открытом огне в камине, чтобы хоть ненадолго почувствовать себя русским. Однако если не считать этой минутной слабости, аристократические манеры идеально подходят легендарному советскому герою — для него они столь же органичны, как для Якушева, Артузова и Шульгина, а главное, они, несомненно, составляют часть обаяния Штирлица в глазах позднесоветской массовой аудитории.

Русский ренессанс и советский народ

Появление идеи чекистской интеллигенции в позднесоветской медийной сфере, а в еще большей степени — в частных и полупубличных социальных пространствах советских русских консерваторов было тактикой противодействия, косвенно показывавшей, в какой мере это дискурсивное сражение велось на территории либеральной интеллигенции. Коль скоро Шульгина представляли как патриотический аналог Ахматовой, значит, само *представление* о роли кого-то вроде Ахматовой как части традиционной элиты признавалось не только Шульгиным, но и, что еще важнее, его почитателями среди чекистов. Разумеется, этого нельзя сказать о чекистах 1920–1930-х годов, предпочитавших, чтобы в советской массовой культуре их изображали в кожанках

---

[1] См. примеч. на с. 68.

и с самокрутками. В конце концов, тогда они, выполняя свою репрессивную миссию, служили интересам народа — по крайней мере так гласила версия органов госбезопасности, вариация на тему легенды о крестьянской няне Пушкина (и, вероятно, столь же правдоподобная).

Если сформулировать иначе, первоначально авторитарный дискурс об избранных большевиками методах управления позиционировался как необходимая для освобождения народа мера, равно как и авторитарный большевистский дискурс о советской культурности. Но, как я уже писал в первой главе в связи с фигурой Ахматовой, из либерального анализа идеологического устройства общества, сложившегося в сталинскую эпоху, видно, что носители советской власти и советской культурности понимали эти идеи не в революционном, а в общепринятом, традиционном ключе (приоритет порядка, иерархии и вертикальной структуры власти, с обязательной сменой всех, кто раньше занимал высокие должности). Потом, когда наступила оттепель, интеллигенция потребовала, чтобы все отбросили свои претензии и просто признали общеизвестную истину: только интеллигенция как Субъект ведает культурой и вечно борется с репрессивным государством за бóльшую свободу самовыражения. Привлекательность дискурса патриотической интеллигенции состоит в том, что он подхватывает запрос либеральной интеллигенции на возвращение к норме, но несколько видоизменяет его, включая в эту перспективу веру в традиционное *анти*либеральное государство: ему ни к чему делать вид, что оно правит во имя революционной свободы, — умения удержать власть достаточно для ее обоснования. Чекисты с тем же успехом могут быть и бывшими монархистами; единственная разница между первыми и вторыми в том, что первые сейчас у власти, тогда как вторые ее потеряли, а значит, обновленное, советское государство более законно. Более того, в силу присущего теперь либералам эстетизированного понимания интеллигентности как не столько приверженности идеалам общественного устройства, сколько некоей благородной манеры поведения, чекисты, в отличие от антилиберальных монархистов прошлого, могут претендовать и на культурную легитимность.

А как же народ, второй элемент прежней имперской социальной диады? Опять же, правый дискурс последовательно радикализирует позицию советских либералов в отношении этой идеологемы. Как я уже говорил, Померанц, тонко рассуждая о позднесоветской современности, не был вполне готов воспринимать народ демократически. Однако Померанц, Лотман и другие все же утверждали, продолжая давнюю традицию интеллигентского дискурса, что культурность должна сохранять связь с *каким-то* демократическим проектом, хотя бы для тех, кто достоин политического представительства. Для них эта традиция опиралась на классические либеральные представления о культурных истоках интеллигенции, и для Лотмана таким исходным идеальным историческим субъектом были декабристы. В теории, как полагал Лотман, это было не совсем закрытое сообщество — люди, благодаря близости к декабристам двигавшиеся к совершенству, могли принять участие в их масштабном проекте стремления к коллективной власти, способной противостоять государству. Но что, если эти истоки либеральной интеллигенции тоже можно скорректировать, адаптировав их к конкурирующему проекту отчетливо недемократических интеллигентских ценностей, к проекту отказа от любой коллективной политической борьбы, будь то народа или утонченной элиты? Именно на это направлена позднесоветская консервативная риторика вокруг так называемого русского ренессанса, выработанная Вадимом Кожиновым, Владимиром Солоухиным и Ильей Глазуновым с особого разрешения чекистской интеллигенции, контролировавшей их работу.

В 1960-е годы в массовых советских изданиях наметилось два претендента на ведущую роль в русском ренессансе: Н. В. Гоголь и В. М. Васнецов/мирискусники. Оба этих «патриотических» открытия всколыхнули советское общество, но если первого претендента партия официально не одобрила, то второй стал мейнстримом, обретя миллионы советских почитателей и сыграв немалую роль в формировании имперского ретро в постсоветской России[1]. Что касается Гоголя, по этому поводу в 1968 году высказался Вадим Кожинов в серии статей для журнала «Вопросы литературы». В первой из них, «К методологии истории русской литературы (о реализме 30-х годов XIX века)», он сосредоточился на периоде между 1825 и 1842 годами и заявил, что советские специалисты по XIX веку несправедливо описывали эпоху после неудавшегося восстания декабристов как упадок культуры только из-за репрессивной политики Николая I[2]. В качестве аргумента, опровергающего это (воображаемое) заблуждение, Кожинов ссылается на «Философические письма» Петра Чаадаева и «Мертвые души» Гоголя, написанные и распространявшиеся в этот период. По словам Кожинова, 1830-е годы были «удивительным временем наружного рабства и внутреннего освобождения», эпохой, позволившей Чаадаеву сформулировать необходимость самобытности как главную русскую идею. Кожинов полагает, что эта мысль положила начало «мировому значению» русской культуры[3]. Между тем Гоголь якобы выполнил поставленную Чаадаевым задачу, написав «Мертвые души» — это «не сатира, это искусство, близкое искусству „ренессансного" типа», потому что в своей поэме Гоголь «раскрывает [Русь] в ее неразложимой цельности»[4]. Далее Кожинов характеризует «ренессансную» природу Гоголя, отрицая его едкую социальную сатиру. Он утверждает, что «Мертвые души», как и «Дон Кихот» Сервантеса, не высмеивают и не обличают заурядную тупость помещичьего класса. Сам факт, что отрицательные, казалось бы, персонажи, такие как Собакевич и Чичиков, говорят о крепостных и о России в самых поэтических выражениях, свидетельствует о том, что эти герои

1 Об официальной реакции партии на статьи Кожинова см.: *Дементьев А.* Сомнительная методология // Вопросы литературы. 1968. № 12. С. 69–90. О невероятном успехе картин Глазунова у публики в 1970-е годы см.: Художник и Россия / Сост. О. Галин. Дюссельдорф: Град Китеж, 1980.

2 *Кожинов В.* К методологии истории русской литературы (о реализме 30-х годов XIX века) // Вопросы литературы. 1968. № 5. С. 60–82.

3 Там же. С. 65, 68.

4 Там же. С. 77.

не отрицаются, не «разоблачаются»... Это глубоко специфические образы, которые вовсе не должны быть в каком-либо смысле «положительными» или «отрицательными», как не являются таковыми образы Рабле, Сервантеса, Шекспира.

Кожинов заключает:

Превращать Гоголя в «отрицателя» значит как раз совершать недопустимое — разлагать его творчество и обособлять отдельные мотивы, которые вне целого просто теряют свой смысл[1].

О Васнецове и мирискусниках в 1965–1966 годах на страницах «Молодой гвардии», журнала «группы Павлова», одновременно заговорили художник Илья Глазунов и писатель Владимир Солоухин. Сначала вышел текст Глазунова «Дорога к тебе», двухсотстраничное произведение без четкой структуры — отчасти мемуары, отчасти патриотический путеводитель, отчасти трактат о развитии вкуса. Ближе к концу «Дороги» Глазунов особенно восторгается Васнецовым:

«Кащей бессмертный», «Баба-Яга», «Царевна-лягушка», «Бой Ивана-царевича с трехглавым змеем»... Страшен змей, клокочет буря, все небо в кровавом зареве, одну голову отрубишь — вырастает другая... А «Спящая царевна»! Какая прелестная трогательная сказка! <...> Васнецов был первым в России художником, который, отвернувшись от классической мифологии, от нравоучительного анекдота в красках, вплотную подошел к воплощению красоты народного духа и народной фантазии, выраженной в мире русской сказки. <...> Как справедливо писал Бенуа, сказочная живопись Васнецова в наше время может показаться бутафорской, нарочито маскарадной, стилизованной, лишенной подлинной фантастичности и красоты художественного стиля, без которого нет большого искусства, — тем не менее Васнецов пробудил к жизни забытый мир народной души. С его декораций к «Снегурочке» Островского начинается новая эпоха русского искусства, которую можно назвать русским национальным Возрождением. В этом

[1] Там же. С. 78.

> и непреходящая общественная ценность картин В. М. Васнецова, по стопам которого пошла группа молодых русских художников, влюбленных в идеалы национальной красоты[1].

Несмотря на различия в эстетике Гоголя, о котором пишет Кожинов, и Васнецова, которым восхищается Глазунов (Гоголь — сатирик, а Васнецов нет), использование обоими критиками термина «Ренессанс/Возрождение» указывает на патриотическое умение не замечать или преодолевать социальный конфликт ради любования пестротой русского общества и радостного интеллектуального изумления перед ним. Особенно четко такое восприятие прослеживается в «Письмах из Русского музея» (1966) Владимира Солоухина. В первый раз Солоухин обозначает его, говоря о картинах Венецианова 1820–1840-х годов, писавшего своих крепостных: «И это рабы? Рабыни? Рабыни с осанкой и взглядом цариц!» Российский император Александр I, со своей стороны, исполняет патриотический долг, покупая картины Венецианова:

> Он решил организовать в Эрмитаже галерею художеств из произведений русской школы. <…> Так впервые под одной блистательной кровлей вместе с Венерами, Гераклами, фламандцами и испанцами оказались крестьяне и крестьянки из тверской деревеньки Тронихи[2].

Иными словами, Солоухин восхищается Венециановым за то, что этот художник, по его мнению, первым воплотил величественную, гармоничную картину общества, где нет эстетической разницы между рабынями и царицами, где доброму царю нравится любоваться прекрасными изображениями своих «олимпийских» подданных-крестьян. Такое восприятие, конечно, резко противоречит «официальной» советской истории дореволюционного искусства, где акцент сделан на представителях критического реализма — художниках, писавших, по словам Солоухина, скучные «жанровые»

---

[1] *Глазунов И.* Дорога к тебе // Молодая гвардия. 1966. № 6. С. 265.

[2] *Солоухин В.* Письма из Русского музея. С. 68.

и «фельетонные» картины, где «уж если свадьба, то или приход на сельскую свадьбу колдуна, или неравный брак»:

> Можно подумать, что благополучных свадеб и равных браков не совершалось вовсе. Мы уж не могли разговаривать друг с другом без того, чтобы не ущипнуть[1].

В заключительной части «Писем», размышляя о Васнецове, Сурикове и Федотове, Солоухин развивает свою мысль. Работы всех этих художников дороги ему, потому что отражают гармоничную пестроту русского имперского общества:

> Россия незадолго перед катаклизмом была многогранна и многообразна. Существовала Россия чиновников… Россия бунтующая… Россия землепроходцев… Россия науки… Россия искусства: сотни имен. Была Россия студенческая и офицерская, морская и таежная, пляшущая и пьющая, пашущая и бродяжья. Но была еще Россия молящаяся[2].

Солоухин выстраивает миф о гармоничном дореволюционном мире, где все — и интеллектуалы, и пьяницы, и мятежники — находятся на своем месте. Перед нами картина динамичного порядка прошлого, нарисованная яркими красками с эмоциональным расчетом, который исключает саму возможность критического социального анализа и представляет такой способ рассуждать о прошлом несостоятельным и прямо-таки смехотворным. Более того, именно склонность интеллигенции к критике — «наша» неспособность «разговаривать друг с другом без того, чтобы не ущипнуть» — и привела к «катаклизму» революции.

Что бы ответили на это критики, вечно стремящиеся «ущипнуть»? Они могли бы, например, указать на огромный количественный и качественный разрыв между десятками миллионов людей, составлявших «пляшущую и пьющую,

---

[1] Там же. С. 69. В своих оценках Солоухин сходен с Глазуновым, считающим живопись передвижников искусством «вульгарного социологизма». См.: *Глазунов И.* Дорога к тебе // Молодая гвардия. 1965. № 10. С. 132.

[2] *Солоухин В.* Письма из Русского музея. С. 74.

пашущую» Россию, и «сотнями имен», прославивших российскую «науку и искусство» до революции, когда подавляющее большинство населения было неграмотным. Солоухин и Глазунов намеренно обходят эту диспропорцию, в качестве риторического приема прибегая к перечислению социальных типов, вместо того чтобы взвешенно описать баланс сил с социально-исторической точки зрения. Но кто упрекнет их в этом? В конце концов, этот некритичный подход консерваторов всего лишь радикализирует полунамеренный отказ либеральной интеллигенции от исторического осмысления своего положения в «постнародном» постиндустриальном советском обществе. Померанц до некоторой степени сознает, что огромная массовая аудитория у интеллигентского дискурса появилась благодаря советскому социалистическому проекту, но он слишком очарован «декабристской» русской либеральной традицией, чтобы признать роль советского социализма в формировании того нового коллектива, в котором он действует. Солоухин и Глазунов проделывают аналогичный трюк на более позднем дореволюционном историческом материале. Они рисуют дореволюционное политическое тело Российской империи так, как будто в нем всегда обитали исключительно образованные чиновники и инженеры. В трилогии «Красное колесо», написанной в 1970–1980-е годы (см. пятую главу), Солженицын идет еще дальше, населяя свой роман предпринимателями, руководителями, интеллигентными военными и студентами, намеренно замалчивая или отрицая, что он говорит о ничтожно малой части населения России, от которой большинство его аудитории — поздне- и постсоветских инженеров и технических работников — едва ли могут вести свою родословную.

Консерваторы берут неловкость, которую либералы испытывают из-за того, что их коллектив сформирован советской прогрессистской историей, и доводят ее до прямого отрицания, утверждая, что нет никакой необходимости, чтобы эта история сформировала этот коллектив. Многочисленные советские ученые и инженеры 1960-х годов могут теперь считать, что как группа они существовали *всегда*. Таким образом, советский социалистический проект прошел путь от интеллектуального дискомфорта до полной ненадобности, а вместо него появляется «Россия, которую мы потеряли» — миф о государственном устройстве прошлого, не требовавшем радикального пересмотра, и миф, что сегодня политическая активность должна диктоваться в первую очередь страхом радикального пересмотра. И даже если либеральная интеллигенция не удержится и поставит советским правым на вид их явное сотрудничество с авторитарным государством, правые всегда могут указать на Россию до революции и сказать: «Хорошо, но вы же *согласны* с нами в том, что вас тоже пугает революция. Мы, как и вы, думаем, что в ней не было необходимости, что ничего существенного она не достигла. Единственная разница между нами в том, что мы, как любил выражаться Шульгин, более последовательные контрреволюционеры».

3. СМЕЕШЬ ВЫЙТИ НА ПЛОЩАДЬ?

СОВЕТСКИЙ ГУМАНИЗМ И НЕОДЕКАБРИСТСКИЙ ПРОТЕСТ ДЛЯ КЛАССА ИТР

Хорошо, что Александр не считал себя тираном
и на свой счет не принял.

Натан Эйдельман. Апостол Сергей

Полковники и прапорщики

22–23 августа 1968 года Александр Галич написал «Петербургский романс», как будто о декабристах, но явно откликающийся на текущие события. В этом стихотворении уже немолодой лирический герой — «полковник я, а не прапор» — сначала вспоминает «безусых мальчишек», которым хватило «безумия» выйти на Сенатскую площадь 14 декабря 1825 года, и упрекает их за горячечные мечты: «Отчизна! Тираны! Заря свободы!» Затем он вспоминает, что и сам когда-то восклицал: «Тираны!», и размышляет, не предал ли свои юношеские идеалы. Заканчивает он уже в настоящем времени, говоря в первом лице множественного числа и во втором лице единственного:

И все так же, не проще,
Век наш пробует нас —
Можешь выйти на площадь,
Смеешь выйти на площадь,
Можешь выйти на площадь,
Смеешь выйти на площадь
В тот назначенный час?!

Где стоят по квадрату
В ожиданьи полки —
От Синода к Сенату,
Как четыре строки?![1]

Эзопов язык песни Галича легко считывается: он отсылает к реакции советских диссидентов на подавление Пражской весны — кто посмеет «выйти на площадь», чтобы протестовать против советского вторжения в Чехословакию? Этот текст стал стимулом или фоном для нескольких смельчаков, действительно вышедших на Красную площадь 25 августа с плакатом: «За вашу и нашу свободу»[2]. Я не собираюсь оспаривать ни их бесстрашие, ни бесстрашие самого Галича. Однако неодекабристская протестная риторика его стихотворения отозвалась далеко за пределами диссидентского круга. Как прозвучавший в нем призыв «выйти на площадь» циркулировал в позднесоветском социальном пространстве, достигнув гораздо более широкой позднесоветской аудитории, потреблявшей массовую версию дискурса либеральной интеллигенции? Как такая циркуляция меняла представления об интеллигенции, заложенные в текстах Галича и других авторов? Иначе говоря, как мог принадлежащий к элите антисоциалистический Субъект досоветского прошлого — Субъект, явно присутствующий в декабристском стихотворении Галича, — интерпеллировать (окликать) широкую аудиторию, сложившуюся в результате политики советского просвещения и очень часто узнававшую о либеральных писателях и художниках только благодаря общедоступным советским каналам?

[1] *Галич А.* Смеешь выйти на площадь?.. // Галич А. Облака плывут, облака: Песни, стихотворения / Сост. А. Костромин. М.: Эксмо, 1999. С. 235–238.

[2] *Аронов М. [Яков Корман]* Александр Галич: полная биография. М.: Новое литературное обозрение, 2012. С. 310–312. Диссидентом стал и сам автор. Галич, с 1940-х годов пользовавшийся относительным успехом в сфере официального советского искусства как драматург и сценарист, не побоялся рискнуть привилегиями своего статуса, начав исполнять свои песни с политическим подтекстом в неформальных собраниях. В 1960-е годы он все больше привлекал внимание КГБ, и по мере обострения конфликта между Галичем и властями правительство лишило его всех привилегий, запретило его песни и тексты, в 1972 году выслало его за границу.

Какого рода массовый политический дискурс сформировался в результате этого общения неоимперского интеллигентского Субъекта с потенциально вовлеченными в него массами при посредстве советского государства?

* * *

Начнем с подробного анализа исторической аналогии с декабристами, проведенной Галичем. Его «прапоры» рискуют всем в безнадежной борьбе с государственным колоссом, пока полковники наблюдают, ничего не предпринимая, — они, как скажет позже Солженицын, «тайно в кармане» показывают властям «шиш»[1]. Однако в стихотворении не упомянуты прапорщики или полковники, активно *преданные* режиму. В рамках стихотворения такие люди просто немыслимы. В мире стихотворения каждый слышит призыв «на площадь», а нравственная дилемма строится вокруг цены пассивности. Универсальный императив «что-то делать» и становится критерием для моральной оценки персонажей Галича. Этот императив приобретает тем больший вес, что в данном конкретном коллективе пассивный конформизм слишком легко рассматривать как лоялизм. Ведь прапорщики и полковники Галича получили свои офицерские звания именно от того тиранического правительства, против которого они теперь должны выступить. Наконец, сравнение с декабристами, судьба которых читателю уже известна, говорит о неизбежности поражения — но привлекательного и вознаграждаемого в нравственном отношении. Безнадежный бунт меньшинства может стать боевым крещением, пройдя через которое, конформистская, раболепная элита превратится в элиту достойную — в тех, кого Солженицын назовет «праведниками» в противоположность «образованщине»[2]. Или, если говорить

---

[1] *Солженицын А.* Образованщина // Солженицын А. Публицистика: В 3 т. Т. 1. М.: Верхневолжское кн. изд-во, 1995. С. 111.

[2] Там же. Сам Солженицын критиковал декабристов за то, что, подстрекая революционеров, они в конечном счете спровоцировали установление советской власти (см.: *Trigos L. A.* The Decembrist Myth in Russian Culture. P. 148–149). Однако Солженицын разделяет мысль своих либеральных оппонентов, что аристократия по рождению и социальным обстоятельствам должна уступить место аристократии по духу.

в категориях аристократизма, стать декабристом — значит предъявить права на романтическое представление о дворянстве, которое заслуживает своего благородного статуса, потому что стоит выше других в нравственном отношении.

На первый взгляд, среднего пути между тем, чтобы остаться дома, и тем, чтобы «выйти на площадь», в стихотворении Галича нет. Но сам пафос заданного Галичем вопроса — «Смеешь выйти на площадь?» — предполагает, что существует и другой ответ, помимо простого «да». Конечно, советские диссиденты более или менее буквально выходили на площадь, но вряд ли они были единственными адресатами Галича. На тот момент Галич — популярный, хотя и полузапрещенный автор-исполнитель, 1960-е годы — пик его славы в так называемом движении КСП (Клуба самодеятельной песни). При относительной известности Галича его стихотворение также подразумевает, что *многие* полковники и прапорщики слышат тот же вопрос, слышат его моральный императив, но перед ними необязательно встает реальный выбор: выйти или отсиживаться. В первой главе мы уже говорили об осмыслении этого потенциального коллектива как политического актора.

Для таких мыслителей, как Померанц и Лотман, интеллигентность служит средством формирования оппозиционного сообщества, в конечном счете способного произвести антиавторитарные изменения. Сами изменения совершаются в результате влияния интеллигентного сообщества, но все происходит каким-то косвенным, пассивным образом. Именно подобная идеология элитарного транзита прослеживается в лотмановской трактовке декабризма, в его эссе «Декабрист в повседневной жизни». Как отметила Людмила Тригос, Лотман сознательно, из «полудиссидентской» подозрительности ко всему советскому отказывается от характеристики декабристов как «дворян-революционеров», которые «разбудили Герцена», который разбудил народников, которые разбудили большевиков[1]. Интерпретация Ленина не нравится Лотману, потому что она подчиняет декабристское

1 См.: *Ленин В.* Памяти Герцена. М.: Политиздат, 1980: https://www.marxists.org/russkij/lenin/works/in_mem_h.htm; *Trigos L. A.* Decembrist Myth. P. 153–157.

движение появившимся позже неотесанным радикальным социалистам «с базаровскими замашками», чье стремление к революционному насилию привело к еще худшей большевистской диктатуре. Разумеется, автор «Декабриста в повседневной жизни» не может открыто отрицать, что декабристы *действительно* предвосхитили такую форму насильственной смены режима, но он спасает «дворян-революционеров» от самих себя, усматривая их наследие не столько в революции, сколько в более возвышенном проекте воспитания личной антиавторитарной позиции как нового культурного идеала. Главный вклад декабристов, как утверждает Лотман, не в первом шаге к революции, сделанном ими в 1825 году, а в «школе гражданственности», существовавшей до и после восстания и учившей остальную элиту быть порядочными людьми. Поэтому Лотман так превозносит князя Волконского, который просто, но с достоинством держится на сибирском базаре. Но в таком случае все высшее общество, даже если оно самыми тесными узами связано с властью самодержца, может измениться к лучшему, кое-чему поучившись у Волконского. Предположим, другие дворяне могут начать относиться ко всем российским подданным, будь то при дворе или на базаре, как к гражданам, в равной мере заслуживающим вежливого обращения и правовых норм, — то есть люди, имеющие политические права благодаря своему социальному статусу, могут быть немного декабристами, не отказываясь при этом от царских привилегий, от которых вынужден был отказаться Волконский, когда «вышел на площадь».

Безупречные «личности» декабристов — это слово многократно воспевается в эссе «Декабрист в повседневной жизни» — положили начало культурно-просветительскому проекту русской интеллигенции. Это произошло вопреки тому, что такие личности родились в среде потомственного дворянства, которое владело крепостными и получало чины от царя. Само собой, уникальность их личностей к тому же не позволяет допустить, чтобы декабризм послужил первопричиной русского революционного движения, а значит, и советской тирании. Вместо того чтобы нести косвенную ответственность за одиозный советский режим, декабризм становится отправной точкой для культуры русской интеллигенции, по определению легитимной, так как она по определению «хорошо воспитана». Вот почему Лотман проводит границу между декабристами и грубыми разночинцами «с базаровскими замашками». И все равно эссе Лотмана завершается примерами «хорошего воспитания» среди *ссыльных* декабристов, а не всех остальных людей дворянского происхождения, близких к их кругу и испытавших, как утверждается, воздействие декабристской «школы гражданственности», хотя для этого им не пришлось поступиться ни статусом, ни богатством. Это наводит на мысль, что искусство «повседневной жизни» не *полностью* заменяет нравственное испытание огнем. Моральный императив Галича здесь не отодвигается в сторону; акцент на личности предвосхищает будущую более открытую борьбу за свободу. Интеллигентская культурность в конечном счете спасет Россию от тирании. В этом будущем всех, кто жил безупречно, а значит, своим поведением приближал конец режима, задним числом оправдают, но в какой-то момент «выйти на площадь» все же придется.

Нетрудно догадаться, как это связано с дискурсом о позднесоветской интеллигентности как форме антисоветской оппозиции, особенно после 1968 года. Представитель интеллигенции, наблюдавший расправу Брежнева над диссидентами после подавления Пражской весны, не обязан участвовать в отчаянном, бессмысленном протесте, чтобы доказать свое «хорошее воспитание», — он может избрать более продуктивное долговременное противодействие, оставаясь безукоризненной, утонченной личностью. В конце концов этот долговременный проект принесет плоды. Как я уже говорил в первой главе, в разгар 1968 года такие мыслители, как Григорий Померанц, были уверены, что урожая ждать недолго. После краха, наступившего в этот переломный исторический момент, оказалось, что наступление либеральной победы, видимо, затянется. Но в целом программа позднесоветской либеральной идеологии не изменилась: искусство духовно утонченной частной повседневной жизни — то есть «декабризм без декабря» — в конечном счете приведет ненавистный режим к концу.

Акцент на антисоветском воспитании человеческой личности — своеобразная реакция на проблему, связанную с тем, что сама социально-экономическая возможность якобы антисоветского воспитания обусловлена советской властью. Такая реакция не столько решает проблему, сколько и в какой-то степени признает ее, и вытесняет из сознания (по аналогии с высказыванием, знакомым психоаналитику: «Да, я знаю, но все же…»). Это «запирательство» от истории общества между временем декабристов и позднесоветской эпохой происходит на двух уровнях.

1. Явный тезис дискурса об интеллигентности заключается в том, что повседневная частная жизнь может иметь политический смысл, даже — а может быть, особенно — если человек всячески отрицает такую возможность в разговоре с внешними наблюдателями. Так, «обычные» люди, жившие в позднесоветскую эпоху, говорят Алексею Юрчаку, что они совершенно не думали о том, чтобы «выйти на площадь», и что Сахаров для них «не существовал»[1]. Однако при этом, как отметили в ответ на работу Юрчака Бен Натанс и Кевин Платт, его информанты склонны к такому отрицанию, потому что им приходится «делать вид, будто» их проект частной жизни в соответствии с гуманистическими принципами «лишен более широкого политического смысла»[2]. Декабристский дискурс в интерпретации Лотмана отвечает этому подразумеваемому, но вытесненному «более широкому политическому смыслу» — подтачиванию авторитаризма. Вот почему Субъект этого дискурса не винит себя в малодушном конформизме, как винит себя полковник у Галича или как Солженицын винит многих своих современников-шестидесятников. Позднесоветский Субъект, подразумеваемый Лотманом и описанный Юрчаком, слышит призыв диссидентов «выйти на площадь» и не считает,

[1] *Юрчак А.* Это было навсегда, пока не кончилось. Последнее советское поколение. М.: Новое литературное обозрение, 2014. С. 219; *Ries N.* Russian Talk: Culture and Conversation During Perestroika. Ithaca, NY: Cornell University Press, 1997. P. 82.

[2] *Platt K. M. F., Nathans B.* Socialist in Form, Indeterminate in Content: The Ins and Outs of Late Soviet Culture // Ab Imperio. 2011. № 2. P. 321.

что игнорирует его. Но, овладев искусством быть личностью, можно считать себя частью коллектива, по умолчанию не причастного к «режиму». Можно сделать своим образом жизни «вненаходимость» (то есть занять позицию «вне» или «выше» официальной дискурсивной структуры, накладываемой режимом на социальное пространство, которым он управляет)[1], но подразумевается, что такая эмоционально насыщенная, отстраненная жизнь — тоже форма «выхода на площадь», только неявного, рассчитанного на «своих», тех, кто в курсе дела и принадлежит к «нашему» неформальному сообществу[2].

2. Косвенно неодекабристский Субъект отказывается признавать факт конформизма, заключенный в ощущении собственной гуманистической оппозиции по отношению к линии партии. Такое отрицание, в свою очередь, влечет за собой отрицание, что человек осознает, сколь широк может оказаться круг тех, кто «в курсе». Информанты Юрчака в целом воспринимают гуманизм как нечто столь органически антисоветское — и тем более это верно применительно к декабризму в песне Галича и в эссе Лотмана. Но ведь это ощущение антисоветской самоочевидности формируется в рамках полностью мейнстримной позднесоветской культуры, в которой память о декабристском движении в целом и о его гуманистическом посыле в частности давно являлась общим местом. Все советские граждане знали о декабристах из обычных советских школ, где учились десятки миллионов людей, и из официальных массовых изданий досоветского канона, выходивших многомиллионными тиражами и год за годом скупаемых вскоре

---

[1] *Юрчак А.* Это было навсегда, пока не кончилось. С. 255. Как отмечает Тригос, такие авторы, как Н. Эйдельман, часто думали о своих произведениях, посвященных XIX веку, примерно в том же эскапистском духе, о котором говорит Юрчак; аналогичным образом, Дмитрий Быков [внесен в реестр иностранных агентов] утверждает, что обращение Окуджавы к исторической прозе было «способом сохранить душу и творческую способность во времена, когда „звуки прекратились“», то есть когда оттепель сменилась новыми «заморозками» (см.: *Trigos L. A.* Decembrist Myth. P. 145; *Быков Д. Л.* Булат Окуджава. М.: Молодая гвардия, 2009. С. 31).

[2] *Юрчак А.* Это было навсегда… С. 212.

после выхода[1]. Более того, как показали Полли Джонс и другие исследователи, в позднесоветскую эпоху государство тоже старательно поддерживало гуманизм, который фактически стал постсталинской массовой доктриной партии. Анализируя серию «Пламенные революционеры», выходившую в Политиздате, который выпускал книги, строго соответствовавшие партийной линии, и находился под непосредственным контролем ЦК КПСС, Джонс отмечает доктринальный сдвиг в постсталинскую эпоху.

Политиздат, этот цербер официального советского дискурса, обеспокоенный закоснелой ортодоксальной риторикой и неумением «принимать во внимание потребности читателей»[2], приступил к десталинизации уже через несколько месяцев после смерти Сталина в 1953 году, поставив цель привлечь массовую аудиторию, которая бы сплотилась вокруг революционеров прошлого. Джонс поясняет:

> В условиях, когда партия неоднократно высказывала пожелание, чтобы политическая литература была менее сухой и больше воздействовала на эмоции, не говоря уже об акценте на психологической и моральной глубине, которой ожидал от своих граждан развитой социализм, тонкие биографические портреты ценились как никогда. Личность стала важнейшим критерием, определявшим восприятие текстов этой серии и влиявшим на развитие моделей повествования. Тексты, не показывавшие уникальную личность, обедняли насыщенную эмоциональную и духовную жизнь своих героев, а кроме того, отталкивали читателей, то есть не выполняли свою функцию как пропаганда (и как литература)[3].

[1] Отчасти это результат культурных кампаний раннесоветской эпохи, когда большевики обратились к проекту массовой культурности, реальное содержание которого представляло собой смесь революционных марксистских формулировок и общих мест риторики либеральной гуманистической интеллигенции начала XX века. Тригос утверждает, что характерное для раннесоветского периода обращение к эпохе декабристов опиралось как раз на гуманистическую линию культурности (см.: *Trigos L. A.* Decembrist Myth. P. 69–94). Больше о советской политике по распространению культурности см.: *Кларк К.* Москва, Четвертый Рим.

[2] *Jones P.* Revolution Rekindled: The Writers and Readers of Late Soviet Biography. Oxford: Oxford University Press, 2019. P. 36.

[3] Ibid. P. 102.

Руководители Политиздата, как демонстрирует Джонс, пытались вовлечь массы в позднесоветский проект, заставив их проникнуться мыслью, что советское государство является долгосрочным проектом образцовых исторических личностей — честных революционеров прошлого. Они полагали, что убедить в этом людей в послевоенные десятилетия можно, потому что образованность, доступная некогда только представителям элиты, теперь, в социалистическом государстве, доступна всем (может, и не всем с социологической точки зрения, но всем с точки зрения «советской революционной действительности», как говорилось на языке соцреализма). Именно поэтому Политиздат и другие позднесоветские организации решили сделать ставку на произведения о декабристах, в частности книги Эйдельмана и Окуджавы. Сегодня многие либеральные интеллигенты с любовью вспоминают обоих писателей как полудиссидентских «белых ворон», которые каким-то образом исхитрились пробраться в партийное святая святых и сказать свою направленную против режима правду изнутри, так что его стражи даже ничего не заметили[1]. Но, как справедливо пишет Джонс, они прекрасно все замечали. Можно даже сказать, что, так же как собеседники Юрчака, считавшие себя либералами, вытесняли свою оппозиционность по отношению к режиму, живя при этом в соответствии с коллективными оппозиционными ценностями, так и режим вытеснял то, что знает об оппозиционности либералов, давая им слово, потому что либеральная риторика была созвучна постсталинскому повороту к идее личности. Ведь если говорить о советской доктрине, личность была не только по определению антисоветской либеральной ценностью, но и ценностью социалистической — начиная с просветителей XVIII века, предшественников радикально настроенной имперской интеллигенции, и тем более после смерти Сталина[2].

---

[1] *Новохатко В.* Белые вороны Политиздата // Знамя. 2013. № 5: http://znamlit.ru/publication.php?id=5245.

[2] Как отметил Ричард Уортон, с момента, когда дискурс западного Просвещения о независимости человека в конце XVIII столетия проник в Россию и стал определять смысл русского слова «личность», само это

Гуманизм как зона неразличения

Если говорить о гуманизме в целом и декабризме в частности, между режимом и внешне противостоявшим ему дискурсом либеральной оппозиции существовала *зона неразличения*, которую можно выявить в таких артефактах, как популярные книги о декабристах Эйдельмана и Лотмана. Начнем с небольшого, но выразительного текста — «Серно» Эйдельмана, рассказа о Николае Серно-Соловьевиче, написанного в 1966 году. Этот рассказ, впервые опубликованный в юношеском журнале «Знание — сила» и позже входивший во многие авторские сборники, повествует о революционере 1860-х годов, а *не* о декабристе. Однако у Эйдельмана Серно далек от стереотипного советского представления о революционере и скорее напоминает образ, нарисованный в эссе Лотмана. Сначала Эйдельман дает портрет Серно:

понятие прочно ассоциировалось с идеалом общественного служения и «противопоставлялось западному представлению о личных интересах» (*Wortman R.* The Power of Language and Rhetoric in Russian Political History: Charismatic Words from the 18th to the 21st Centuries. London: Bloomsbury, 2017. P. 50). Марк Раев полагал, что сочетание веры в личности и в служение обществу уже заключало в себе радикальный политический заряд, потому что привело многих, кто разделял эту веру в России, в том числе масонов екатерининской эпохи, к осознанию, что все люди за пределами их узкого аристократического, образованного круга, в том числе их крепостные, в той же мере наделены человеческим достоинством, что и они сами, а значит, надо «создавать новую социальную реальность и новый тип человека» (*Raeff M.* Origins of the Russian Intelligentsia: The Eighteenth-Century Nobility. New York: Harcourt Brace Jovanovich, 1966. P. 154). Анатолий Пинский отмечает, что этот общественный проект преобразования России путем гуманистического воспитания как можно большей части ее населения разворачивался в трудах радикальных мыслителей XIX века, таких как Белинский и Герцен, и получил продолжение в советском социалистическом дискурсе, предполагавшем, что «все советские граждане в конечном счете станут сознательными, а вождь и партия, некогда руководившие ими на этом пути, скроются за горизонтом». После смерти Сталина убежденные коммунисты эпохи оттепели полагали, что этот процесс завершился: «…партийный авангард успешно воспитал рядовых коммунистов и граждан, не меньше элиты способных обрести истину; иными словами, многие советские люди прошли если не всю революционную дистанцию, то значительную ее часть» (*Pinsky A.* The Origins of Post-Stalin Individuality: Aleksandr Tvardovskii and the Evolution of 1930s Soviet Romanticism // Russian Review. 2017. № 76. P. 460).

> ...Очень высокий, спокойный, но притом какой-то легкий, поджарый. Лицо с чертами крупными и глазами умными, справедливыми. Пожалуй, что-то от Рахметова, от Базарова. Но только у тех глаза, наверное, пожестче[1].

Затем Эйдельман поясняет, что Серно — романтик, что в душе он шиллеровский маркиз Поза, которого «мучают некоторые вопросы, которые иным подпольщикам и в голову не придут». Он чувствует, что, если человек «честен и смел, ему будет несколько стыдно, что вот — прятаться приходится... Серно хочет показать, что он и ему подобные — не боятся. Он не рисуется своим риском. Просто думает, что так будет честно и полезно»[2]. Риск, который берет на себя Серно, состоит в том, что он решает напечатать брошюру с критикой аграрной политики правительства и подписать ее своим именем. Затем он становится российским посредником Александра Герцена, живущего в изгнании в Лондоне и издающего оппозиционный журнал «Колокол». Наконец, в 1862 году Серно арестовывают, но даже после ареста он продолжает писать политические памфлеты, обращенные к царю, в надежде его переубедить. Серно пытается защищаться и юридическим путем:

> Из 32-х заключенных один Серно знает свои права и требует, чтобы ему дали эту записку [обобщающую записку о деле]. Ему дают. Другие узники, с детства привыкшие, что власти можно все, а подданным — ничего, даже и не подозревают, что им тоже можно ознакомиться со всем делом[3].

Серно высылают в Сибирь, где он вскоре умирает при неясных обстоятельствах, но Эйдельману важен не столько финал, сколько присущее Серно искусство жить. Своим

---

[1] *Эйдельман Н.* Серно // Знание — сила. 1966. № 3. С. 30. Этот рассказ был позднее перепечатан в книге: *Эйдельман Н.* Твой XIX век. М.: Детская литература, 1980. С. 238–254.

[2] Там же. С. 31.

[3] Там же. С. 32.

смелым, интеллигентным, честным и романтическим поведением Серно показывает, что «главное — быть и остаться человеком!»[1]

Является ли «Серно» образцовым советским текстом о личности революционера, или же он только маскируется под такое письмо, а на самом деле это либеральный текст, рассчитанный на воодушевленных советских диссидентов, знающих, как правильно читать книги, — или же ни то ни другое? Члены подпольного либерально-диссидентского Клуба Рылеева и создатели его самодеятельного студенческого журнала «Русское слово» в 1966 году пришли к выводу, что перед ними образец эзопова языка. Рылеевцы назвали свой клуб в честь казненного поэта-декабриста, а для журнала позаимствовали название у радикального издания 1860-х годов (эти читатели Эйдельмана явно тоже хотели закрыть глаза на разницу в борьбе с режимом в 1820-е и в 1860-е годы). КГБ быстро прикрыл клуб, но его организаторы успели переправить номер своего журнала на Запад, где он вышел в составе антисоветского эмигрантского толстого журнала «Грани»[2]. В этот единственный выпуск они включили множество собственных, откровенно вторичных, неодекабристских стихов и существенно сокращенную версию «Серно», куда редакторы-студенты внесли одно, но красноречивое изменение: фразу Эйдельмана: «Главное — быть и остаться человеком!» они вынесли в отдельный абзац, добавив еще два восклицательных знака[3]. Таким образом, они превратили увещевание Эйдельмана в собственное кредо.

---

[1] *Эйдельман Н.* Серно. С. 32.

[2] Клуб Рылеева основали Евгений Кушев (1947–1995), студент исторического факультета МГУ, и Владимир Воскресенский (1946–1970), студент Московского энергетического института (МЭИ). См.: Писатели-диссиденты: библиографические статьи // Новое литературное обозрение. 2004. № 66: https://magazines.gorky.media/nlo/2004/2/pisateli-dissidenty-biobibliograficheskie-stati.html; см. также: Уйти. Остаться. Жить. Антология литературных чтений / Сост. Б. О. Кутенков, Н. В. Милешкин, Е. В. Семенова. Т. 2. Ч. 1. М.: ЛитГОСТ, 2020. С. 367.

[3] *Эйдельман Н.* Серно // Русское слово. С. 15. Текст был перепечатан в номере: Грани. 1967. № 66. С. 3–34.

Из истории Клуба Рылеева можно сделать вывод, что текст Эйдельмана был ересью, протащенной перед носом ничего не подозревающего цензора. Но, сколько можно судить, у Эйдельмана никогда не возникало неприятностей из-за этого рассказа, и впоследствии он благополучно перепечатывал «Серно» (хотя при переиздании в 1980 году и вычеркнул любимую фразу рылеевцев)[1]. Что еще существеннее, в 1970 году, через несколько лет после публикации «Серно», Эйдельман написал более объемистый текст, по сути, на ту же тему: свою первую биографию для серии «Жизнь замечательных людей» издательства «Молодая гвардия». В этой книге речь идет уже о декабристе, Михаиле Лунине, и здесь тоже считываются узнаваемые приметы эзопова языка, характерного для оппозиции. Прежде всего, Эйдельман выбирает из декабристов именно Лунина по рекомендации Достоевского, потому что в нравственном отношении он не похож на других революционеров: «Автору „Бесов“ не нравятся всякие революционеры, но декабристу [Лунину] сделано снисхождение», потому что революционное «дело» Лунина — для него не самое важное: «Сначала Человек — потом Дело»[2]. В случае Лунина «сначала Человек — потом Дело» означает, что в 1825 году он *не* «выходит на площадь» и даже не поддерживает идею восстания, потому что «преждевременное восстание… укрепляет деспотизм»[3]. «Дело» Лунина начинается, когда он оказывается в тюрьме, а затем в сибирской ссылке, где бесстрашно занимается тем, что устраивает интеллектуальные дискуссии с властью и критикует ее. Находясь под следствием,

> Лунин фактически объявляет основоположником тайного общества не кого иного, как… царя Александра I, и прямо намекает на царскую речь при открытии польского сейма (15 марта 1818 года), где говорилось о постепенной подготовке России к принятию

---

[1] См. *Эйдельман Н.* Рассказ девятый: Серно // Эйдельман Н. Твой XIX век. С. 238–254.

[2] *Эйдельман Н.* Вьеварум. Лунин. М.: Мысль, 1995. С. 502.

[3] Там же. С. 476.

> законно-свободных учреждений. Самый этот термин — из речи царя. В ней были слова institutions libérales. <…> Лунин и в последующих ответах не перестает «назойливо» цитировать покойного царя: «Законно-свободные… Законно-свободное…» <…> Он ведет с властью опасную игру, как бы испытывая, осудят ли его за действия, формально не преступные? Он будто не знает — хотя, конечно, хорошо знает — один из основных принципов самовластья, позже сформулированный Щедриным: «Я ему — резон, а он мне — фьюить!»[1]

Эйдельман явно восхищается такого рода законной политической борьбой, потому что пишет о ней так же, как о борьбе Серно, и так же превозносит моральное превосходство личности. К тому же она во многом схожа с действиями советских диссидентов, особенно с облеченным в законную форму протестом Александра Есенина-Вольпина под лозунгом: «Уважайте Советскую Конституцию!»[2] Гэри Хэмбург полагает, что именно из-за этой прозрачной исторической параллели Милица Нечкина, старейшина ортодоксальной советской историографии XIX века и наставница Эйдельмана, попросила его сократить или вычеркнуть сцены допроса Лунина. Хэмбург полагает, что сохранить их удалось только благодаря обаянию самого Эйдельмана и его давней дружбе с Нечкиной: «Любила меня Милица, любила, ведь одним словом могла мою книгу уничтожить, а не сделала этого»[3]. Либерально-диссидентская мысль проскочила мимо бдительного цензора, потому что «в этот раз Эйдельману повезло»[4].

А может быть, дело не просто в везении? Если отвлечься от взгляда на эту историю как игру отдельного либерального автора в кошки-мышки с цензором и вместо этого посмотреть, как соотносятся идеологические установки официального и либерального дискурса, возникает другая

---

[1] *Эйдельман Н.* Вьеварум. Лунин. С. 397–402.

[2] *Zubok V.* Zhivago's Children. P. 263.

[3] *Эйдельман Ю.* Дневники Натана Эйдельмана. М.: Материк, 2003. С. 69.

[4] *Hamburg G.* Writing History at the End of the Soviet Era: The Secret Lives of Natan Eidelman // Kritika. 2006. Vol. 7. № 1. P. 93.

картина. Интересно также, какие именно замечания к работе Эйдельмана, упомянутые им в дневнике, высказала Нечкина. В разговоре 1969 года, который цитирует Хэмбург, Нечкина сетует, что у Эйдельмана «в книге нет крепостного права»[1]. В конце 1970 года (когда «Лунин» уже в печати) Нечкина с сожалением

> говорит, что мы неолибералы, утратившие завоеванные высоты, что никогда людям не свойственно объективное знание о себе самих, и рассказывает, что Вера Фигнер (которая называла ее Василиса Премудрая) на вопрос, как повлияли на нее декабристы, ответила, подумав: «Никак!» А М.В. [Нечкина] знает, что повлияли (в Манифесте Народной воли о декабристах много)[2].

Когда Нечкина, со своей стороны, упоминает Эйдельмана в собственном (лаконичном) дневнике, видно, что она очень довольна его работой в 1960-е годы, но относительно «Лунина» она записывает, что дала на него «не всегда положительный» отзыв, где «масса замечаний, в т<ом> ч<исле> принципиальных»[3]. Из сказанного ясно, какими принципами руководствовалась Нечкина. Главное, она не верила в то, что «сначала Человек — потом Дело», когда речь шла об исторической книге. Стенографические описания допросов Лунина, данные Эйдельманом, не понравились ей не просто потому, что слишком напрашивалось сравнение с советскими процессами 1960-х, а принципиально: потому что в этих описаниях все внимание сосредоточено на личности Лунина и не говорится о крепостном праве, то есть о том, что, по мнению Нечкиной, составляло суть неудавшейся декабрьской революции, равно как и суть западного просветительского дискурса о личности, как его восприняли в России XIX века[4].

[1] *Эйдельман Ю.* Дневники Натана Эйдельмана. С. 69.

[2] Там же. С. 78.

[3] *Нечкина Милица Васильевна.* 31 декабря 1969 года // Прожито: https://prozhito.org/note/211428. См. также другие записи Нечкиной 1960-х годов, особенно от 31 декабря 1963 года, 16 июня 1964 года, 20 января 1965 года: https://prozhito.org/person/223.

[4] См. примеч. 2 на с. 97.

Она полагала, что на первое место надо выдвинуть борьбу декабристов с крепостным правом, а не «неолиберальный» акцент на персоне Лунина[1]. Однако у Нечкиной была проблема, и заключалась она в том, что в своих воззрениях историк принадлежала к старой гвардии, которую партийная линия позднего СССР стремительно оставляла позади.

После смерти Сталина в риторике самой партии произошел сдвиг в сторону дискурса о личности, поэтому партия стала приглашать либеральных диссидентских или полудиссидентских авторов, чтобы они писали об этом от ее имени. Как утверждает Джонс, партия поступала так, потому что либералы писали хорошо, а в глазах партии качественные книги стоили того, чтобы пойти на риск, что в них просочатся какие-нибудь либеральные интонации инакомыслия. В конце концов, полагали партийные функционеры, инакомыслящие авторы или нет, коммерчески успешное прославление предвестников революции украсит идею законности советского проекта. Я тоже считаю, что предоставить слово либеральному дискурсу о личности было оправданным риском, так как, если оставить в стороне его потенциальную взрывоопасность, этот дискурс смазывал вектор активного противостояния среди либеральной интеллигенции, превращая ее оппозиционность в достаточно удобный, широкодоступный консенсус насчет общих гуманистических принципов, которые могли разделять и те, кто составлял массовую аудиторию мейнстримных институтов вроде Политиздата и «Молодой гвардии», и те, кто находился внутри самих партийных структур.

По сравнению с трактовками Галича и Лотмана, в эйдельмановской трактовке декабризма уже заметно смещение акцента с инакомыслия в сторону гуманистического консенсуса. Галич и Лотман полагают, что все-таки лучше всего «выйти на площадь» и вступить в прямую конфронтацию с режимом. Даже Лотман высоко ставит именно ссыльного

---

[1] В 1967 году, на самом раннем этапе работы над «Луниным», Эйдельман сделал в дневнике две пространные записи о работах Бердяева; там же появляется раздел, озаглавленный «Взгляды», где Эйдельман пишет: «Я начинаю с личности: не с товара, не со слоя, группы, класса» (*Эйдельман Ю.* Дневники Натана Эйдельмана. С. 54).

участника восстания и его нравственную позицию, а не того, кто, как Лунин, не принимал в выступлении участия. В «Серно» и тем более в «Лунине» Эйдельмана это уже не столь очевидно. Эйдельман решает писать книгу о неактивном мятежнике именно поэтому: он неактивен и предпочитает не подстрекать к восстанию, а вести наполовину публичную дискуссию с режимом. Эйдельман продолжает издавать свои либерально настроенные исторические книги, рассчитанные на массовую аудиторию, в советских государственных издательствах, и диалог декабристов с авторитарным режимом в них еще больше теряет остроту. Можно проследить, как эта тенденция развивается в следующем тексте Эйдельмана о декабристах — «повести» «Апостол Сергей».

В «Апостоле Сергее», опубликованном в 1975 году в серии Политиздата «Пламенные революционеры», рассказывается о жизни и эпохе Сергея Муравьева-Апостола, руководителя Южного общества, и главный герой изображен все в том же ключе: «Сначала Человек — потом Дело». На этот раз характеристика Муравьева исходит от Льва Толстого, однако Толстой в «Апостоле Сергее» очень схож с Достоевским в «Лунине». Как и там, русский классик порицает стремление декабристов к политическому насилию, но вместе с тем отзывается о герое повести как об «одном из лучших людей своего, да и всякого, времени»:

> …Мнение это особенно дорого, так как Лев Николаевич не разделял основных идей Сергея Ивановича, считал ложным путем мятеж, восстание, пролитие крови, даже ради самой благородной цели. <…> Толстой откладывает начатый роман о декабристах, но через год-другой опять к нему возвращается. Отчего же? Да оттого, что многие декабристы были чистыми, хорошими людьми и нравственность их была такой, какую Лев Николаевич мечтал вообще видеть в людях. Итак: кровь, бунт — *нет*; но люди-то какие![1]

Эйдельман возвращается к Толстому в финале, во время затянутого, на сорок пять страниц, описания казни Муравьева

[1] *Эйдельман Н.* Апостол Сергей: повесть о Сергее Муравьеве-Апостоле. М.: Политиздат, 1975. С. 129.

и других четырех декабристов 13 июля 1826 года. Здесь он снова постулирует первостепенное значение индивидуальных человеческих качеств:

> ...Толстой, как обычно, чувствует главное; от оценки общих идей он идет к личностям... это для него важнейшее дело при оценке событий, едва ли не более важное, чем сама идея... Главный вопрос — до каких пределов человек может оставаться человеком[1].

Однако, в отличие от «Серно» и даже «Лунина», где, несмотря на возможный диалог с режимом, способность «оставаться человеком» приписывается исключительно борющимся против режима революционерам, а не представителям самого режима, в «Апостоле Сергее» эта моральная граница систематически размывается и скорее создает ощущение шаткого перемирия между двумя сторонами. Так, текст начинается с парадокса: отец главного героя был порядочным, просвещенным человеком и *притом* влиятельным приближенным Павла и Александра, потому что в то время «лучшие, талантливейшие люди — еще вместе с властью»[2]. Юные братья Муравьевы задаются вопросами: «Кого любить? Кого ненавидеть?» — потому что у них «никак не выстраивался мир, четко разделенный на хороших и плохих»[3]. Братья Сергей и Матвей взрослеют, переезжают из Франции в Россию, участвуют в войне 1812 года и вступают в протодекабристские тайные общества, продолжая встречать сложных оппонентов. Даже император Александр, услышав о возможном заговоре, никого не арестовывает: «Не мне их судить»[4]. Эйдельман объясняет эти слова царя тем, что Александр в молодости сам был либералом и к тому же принадлежал к числу заговорщиков, убивших его отца, Павла I. Сергей и Матвей спорят с «сильным противником — Николаем Михайловичем Карамзиным», который, как им кажется, поддерживает тиранию, хотя сам

---

[1] *Эйдельман Н.* Апостол Сергей. С. 360.

[2] Там же. С. 37.

[3] Там же. С. 40.

[4] Там же. С. 114.

он обвиняет в тирании Александра: «Дерзко! Хорошо, что Александр не считал себя тираном и на свой счет не принял»[1].

Зыбкость нравственных границ не исчезает, даже когда «Апостол Сергей» приближается к развязке — к 1825–1826 годам. В день восстания в Петербурге Бибиков, зять братьев Муравьевых-Апостолов, получает травму. Их кузен Александр Муравьев тоже на Сенатской площади, «не в мятежном каре, а среди правительственных войск»[2]. Когда Сергей и Матвей узнают о восстании и увечье Бибикова, они расстроены. На основании скудных свидетельств Эйдельман строит эмоциональные гипотезы:

> …Из-за чего загрустили братья? <…> Из-за Бибикова? <…> Побит Бибиков их друзьями, единомышленниками. После сын Бибиковых женится на дочери Никиты Муравьева, и в этой семье будет культ декабристов; но пока Бибиков — враг. Все смешалось, все идет не так, как желали…[3]

Даже явные тираны получают некоторое снисхождение. Когда Пушкин «смело» заявляет Николаю, что «14 декабря вышел бы на площадь — „там были мои друзья“», император, как поясняет Эйдельман, может отчасти понять поэта: «…Ну, если друзья — дело особое… Друзья, честь, дворянская корпоративность…»[4] Николай даже сожалеет о казни Рылеева: «Я жалею, что не знал о том, что Рылеев талантливый поэт; мы еще недостаточно богаты талантами, чтобы терять их», — и Эйдельман полагает, что царь говорит искренне[5]. В сцене на эшафоте эта тенденция достигает пика. Сергея уже вздернули, но вдруг веревка обрывается. Его и еще двоих приходится вешать повторно. Сергей восклицает: «Бедная Россия! И повесить-то порядочно у нас не умеют!»[6]

---

1 Там же. С. 116, 118.

2 Там же. С. 221.

3 Там же. С. 230–231.

4 Там же. С. 241.

5 Там же. С. 333–336.

6 Там же. С. 376.

Наблюдавший за казнью Бенкендорф едва не теряет сознание и произносит: «„Во всякой другой странс…" — и оборвал на полуслове». Эйдельман рассуждает:

> …Сейчас на секунду вообразим: трое сорвавшихся, оцепенение, доносится чей-то крик: «Во всякой другой стране!..» Могут вдруг совпасть слова казнимого и казнящего! <…> Кто сказал? Генерал? Преступник?[1]

Этот миг на эшафоте, когда мысли Бенкендорфа «совпадают» с мыслями Сергея, можно истолковать как цинично, так и с некоторой надеждой. Он словно бы говорит, что Бенкендорф и Брежнев, декабристы и диссиденты, а теперь еще и сотни тысяч читателей книг из серии «Пламенные революционеры», выпускаемых крупнейшим в стране издательством, — *все* они знают, что Россия в плачевном состоянии. Или, если процитировать первое предложение другого известного романа 1970-х из той же серии, «к концу семидесятых годов современникам казалось вполне очевидным, что Россия больна»[2]. Циник сказал бы, что такое единодушие недорогого стоит. Но Эйдельман настаивает, что история декабристов — это история «лучших людей своего, да и всякого, времени», которых никак не назовешь циниками. А значит, когда один из «лучших людей» в чем-то согласен с Бенкендорфом, это свидетельствует о чем-то другом: благодаря этому согласию они каким-то образом *вместе* способствуют уходу от тирании. В этом согласии участвуют и отец Сергея, и Карамзин, а иногда даже самодержцы Александр I и Николай I.

Заурядный персонаж истории

Примечательно, что Эйдельман, либеральный писатель, заканчивает как будто бы даже некоторым сочувствием к Николаю I. Но в силу идеологического акцента на личности, свойственного серии «Пламенные революционеры»,

---

[1] *Эйдельман Н.* Апостол Сергей. С. 378–379.

[2] *Трифонов Ю.* Нетерпение. М.: Советский писатель, 1988. С. 5.

траектория его мысли в «Апостоле Сергее» именно такова. Делая упор на всеми разделяемые гуманистические идеи, на основе которых советские читатели, граждане социалистической страны, должны выстраивать связь с революционным прошлым, издательство словно говорит, что, с какими бы проблемами ни сталкивался СССР после сталинских злоупотреблений, их можно решить, если все — в том числе читатели и партия — станут человечнее. Тогда все мы вполне можем сказать: да, верно, к концу семидесятых кажется вполне очевидным, что Россия больна, и это общее понимание — уже полпути к исцелению, ведь оно означает, что все мы согласны относительно необходимости стремиться к выздоровлению.

Но каковы последствия такой интерпелляции, вовлекающей массового читателя в декабристскую Субъектность? Ведь взаимопонимание между оппозицией и режимом возникает у Эйдельмана потому, что он излагает историю декабристов *только* с точки зрения занимающей высокое положение элиты (к огорчению Нечкиной). Но разве этим классическим так называемым великим историческим личностям удается понять точку зрения друг друга не потому, что они не замечают всех остальных, и могло ли их видение действительно передаться массовой аудитории Эйдельмана в 1970-е годы? С точки зрения советской власти на этот вопрос слияние декабризма с советским гуманизмом действительно предполагало, что на тот момент все образованные горожане в стране достаточно близки к декабристам по духу и кардинального различия в плане политики (в данном случае культурной) между интеллигентской элитой и массами после смерти Сталина нет. Но при попытке передать такого рода гуманистическую бесклассовость через параллель с декабризмом возникает проблема: едва ли возможно сбросить со счетов элитарную суть этого движения. Собственно, Нечкина сетовала как раз на то, что акцент на личностях дворян-революционеров только усугубляет этот элитизм. Поэтому, когда «мы», массовая советская аудитория, слышим о декабристах, у нас возникает естественный вопрос: правда ли мы унаследовали этот дух или же мы всего-навсего выскочки, которые никогда не смогут по-настоящему обладать им, потому что в целом мы слишком невежественны, слишком разобщены и слишком не-Субъекты истории, как бы лестно наша трактовка декабризма ни утверждала обратное? Роман Окуджавы «Бедный Авросимов», тоже вышедший в серии «Пламенные революционеры» и написанный примерно в одно время с «Луниным» и «Апостолом Сергеем» Эйдельмана, отвечает как раз на этот вопрос: события декабря 1825 года изложены в нем с точки зрения обывателя, наблюдающего их со стороны и в социальном отношении близкого к классу ИТР в дискурсе советской либеральной интеллигенции: он занимает промежуточное положение между настоящими декабристами, такими как Павел Пестель, и безмолвным народом.

Хотя перед нами вроде бы роман о Пестеле, руководителе Южного общества, Пестеля в «Бедном Авросимове» очень мало. Текст рассказывает о судьбе непримечательного Ивана Авросимова, вымышленного заурядного персонажа истории. Ему двадцать с небольшим, он из мелких дворян, умеренно образован (в этом смысле он в социальном отношении куда ближе рядовому советскому читателю, чем, скажем, эйдельмановский Лунин) и приехал в Петербург из провинции по приглашению дяди, только что получившего продвижение по службе в награду за содействие властям на Сенатской площади. Дядя добивается для Авросимова службы писаря, ведущего протокол допросов разных декабристов, включая Пестеля. По мере развития сюжета Авросимов чувствует сострадание к униженному, находящемуся в заточении Пестелю и начинает возмущаться циничной и карьеристской «игрой», которую власти ведут с декабристами[1]. Вместе с тем

[1] *Окуджава Б.* Бедный Авросимов // Окуджава Б. Избранные произведения: В 2 т. Т. 1. М.: Современник, 1989. С. 152. Роман Окуджавы существует в двух версиях. Оригинальный текст, озаглавленный «Бедный Авросимов», был напечатан в журнале «Дружба народов» в 1969 году. В 1971 году переработанный вариант вышел под названием «Глоток свободы: повесть о Павле Пестеле» в серии Политиздата «Пламенные революционеры». В 1979 году роман был переиздан под названием «Бедный Авросимов», уже как первый из трех исторических романов Окуджавы; см.: *Окуджава Б.* Избранная проза. М.: Известия, 1979. В 1989 году роман вышел в составе двухтомника Окуджавы (Избранные произведения: В 2 т.). Текст 1971 года,

Авросимов и сам отчасти превращается в карьериста — у него появляются блистательные друзья, а службу он исполняет добросовестно, надеясь получить за нее медаль. Несовместимость его идеалистических и эгоистичных побуждений обостряется в фантасмагорическом финале романа, когда Авросимов в горячечном порыве замышляет устроить Пестелю побег, одновременно мечтая, как ему пожалуют Владимира за допрос предводителя декабристов. Здесь вмешивается Амалия Петровна, невестка Пестеля. Чтобы избежать неприятных последствий для карьеры мужа, она сообщает властям о планах Авросимова. На последних страницах романа Авросимова арестовывают и высылают из Петербурга.

Самые очевидные злодеи в «Бедном Авросимове» — это, конечно, высокие чины, допрашивающие декабристов, но даже эти злодеи видятся Авросимову, стоящему ступенью ниже, в совершенно ином свете, чем виделись бы равным им по статусу высокородным дворянам. Так, зловещий граф Татищев ночью останавливает Авросимова на улице и садистски пытает его беседами, для которых Авросимов, как известно графу, недостаточно образован или опытен. Они завершаются такими, например, репликами: «Государь есть идея. А в сердце у тебя что?»[1] Особенно заметен пытливый взгляд государства на заурядного человека в сцене, где Авросимов разговаривает со своим непосредственным начальником, Боровковым. Последний замечает, что в протоколах допросов, которые ведет Авросимов, часто пропущены упоминания о «злонамеренности»:

напечатанный Политиздатом, немного длиннее и, на мой взгляд, лучше написан. На уровне сюжета некоторые моменты существенно переработаны, например фрагмент десятой главы с Амалией Петровной и Авросимовым на месте самоубийства Сереженьки. В этой редакции есть также ряд концептуальных отступлений, отсутствовавших в версии 1969 года. В частности, упоминания об «играх» чаще встречаются в версии 1971 года. Поэтому я ссылаюсь на самое позднее доступное мне издание — 1989 года. См. библиографию Окуджавы: *Крылов А. Е., Юровский В. Ш.* Булат Шалвович Окуджава. Библиография // Старое литературное обозрение. 2001. № 1: https://magazines.gorky.media/slo/2001/1/bulat-shalvovich-okudzhava-bibliografiya.html; см. также *Быков Д. Л.* Булат Окуджава.

[1] *Окуджава Б.* Бедный Авросимов. С. 42.

> Верю… что это недоразумение… <…> Я весь по́том, сударь, за вас покрылся. Ведь не предлог пропущен бесполезный или какое-нибудь там междометие… нет, характеристика, сударь. <…> Уж тут я начал поспешно так искать, нет ли второй ошибки подобной. Ведь ежели одна, она и есть ошибка, коли две да одинаковых? Это ведь уже система, сударь <…> Пособничество в укрытии злого умысла… Я что имел в виду… а может, и не нужны эти словесные украшательства? Следствие — акт серьезный, сударь. <…> Вы сие отвергли, а в этом есть резон. Вы отвергли сознательно? Сознательно. Вы не эмоциями руководствовались. А ведь эмоции нас могут закружить да не туда завесть, сбить с толку. Поняли вы меня? <…> Да я не виню вас. Ежели это сознательно, то это одно, а ежели по глупости, то совсем и другое <…> Да я не виню вас… напротив, видя ваше замешательство, я не нахожу ответа: можно ли на вас полагаться?[1]

Боровков решает шантажировать Авросимова почти непостижимым для последнего образом. Когда наш герой тянется исправить свои записи, Боровков не дает ему этого сделать: «„А я уже исправил“. <…> …И улыбнулся, словно наслаждаясь страхом нашего героя»[2]. Конечно, на самом деле Боровков пока ничего не исправлял — поэтому Авросимов так напуган. В целом эта садистски избыточная проницательность, направленная на простоватого человека, не вполне понимающего ее логику, да еще в сочетании с такими умными словами, как «система» и «сознательно», явно перекликается со сталинскими практиками, впоследствии нашедшими наиболее яркое воплощение в книгах 1980-х годов, таких как «Дети Арбата» Анатолия Рыбакова (работу над которой он начал в 1960-е).

В романе Окуджавы фигурирует еще один типичный злодей-сталинист эпохи оттепели: капитан Майборода, сладкоречивый карьерист средней руки, тайно доносящий на Пестеля властям. Поначалу Окуджава изображает Майбороду как приятного, обаятельного человека, своей «вкрадчивостью» сразу же располагающего к себе Авросимова[3].

---

[1] *Окуджава Б.* Бедный Авросимов. С. 153–154.

[2] Там же. С. 154.

[3] Там же. С. 87.

Однако, когда Майборода рассказывает, как выдал Пестеля, выясняется, что эта елейная манера неотделима от бессильной зависти к знатным товарищам Пестеля, мыслей о награде, которую капитан получит за предательство, показного патриотического пустословия, явной продажности и при всем том — постоянных уверений в «любви» к «своему полковнику»[1]. В конце концов круг Авросимова отвергает Майбороду, и капитан опускается до пьяного полузвериного состояния. Но даже в этом жалком состоянии он не перестает лебезить: «Это было смешно и печально, как человек, теряя свой облик, помнит, какую струнку щипнуть, чтобы раздался главный звон»[2]. У Окуджавы Майбороду настигает возмездие, которого заслуживают такие заурядные злодеи-карьеристы. Порядочное общество его отвергает, военные его изгоняют, и в эпилоге мы узнаем, что он покончил с собой, — что далеко от исторической правды[3].

Учитывая статус, какой культ декабристов приобрел в советской литературе, мы ожидаем, что Пестель и другие декабристы будут изображены как противовес протосталинскому злу николаевского режима, но это не совсем так — опять же из-за позиции Авросимова по отношению к ним. Окуджаве явно мешает необходимость вывести в романе Пестеля. Вопреки требованиям редакторов Политиздата, он старается этого избегать[4]. В романе действия Пестеля даже подвергаются критике, особенно его несчастная склонность доверять другим декабристам — сборищу малодушных, наивных и двуличных «друзей»[5]. Хуже того, Авросимов постоянно видит в Пестеле какое-то нечеловеческое, может быть,

[1] Там же. С. 120.

[2] Там же. С. 230.

[3] Исторический Майборода прожил еще почти двадцать лет после восстания и получил звание полковника, а крестным отцом его детей был Николай I (см.: *O'Meara P.* The Decembrist Pavel Pestel: Russia's First Republican. London: Palgrave Macmillan, 2003. P. 210; *Киянская О. И.* Павел Пестель: офицер, разведчик, заговорщик. М.: Параллели, 2002). Конечно, правда не принесла бы такого удовлетворения, хотя она ближе к тому, что произошло с реальными, а не вымышленными сталинистами.

[4] См. *Новохатко В.* Белые вороны Политиздата.

[5] *Окуджава Б.* Бедный Авросимов. С. 35, 70, 166, 187, 208.

демоническое существо, «страшного человека с маленькими глазами», которые «сверкают» в полумраке и в которых герою мерещится «дурное предзнаменование»[1]. Иными словами, Пестель наивен и вместе с тем он двойник инфернального Татищева, вот почему в какой-то момент Авросимов в отчаянии восклицает: «Ну их всех к чорту, пусть передавят друг друга, злодеи, упыри, все, все… чорт их всех раздери!»[2] И Пестель, и терзающие его власти — родовитые хищники этого мира, и Авросимову кажется, что он ощутит себя свободным, только если не поддастся притяжению ни одной из сторон в этой бесчеловечной политической борьбе.

И все же Пестель явно вдохновляет Авросимова. Герой ни разу не соглашается с его идеями, но впечатлен способностью Пестеля вырваться за пределы незримого круга, в котором обыкновенные, не столь сведущие в политике люди заперты, как куры в детской игре:

> Брали курицу, клали ее на спину, прижимая к полу, и проводили мелом вокруг несчастной птицы, а затем отпускали ее. Она вскакивала, дурочка такая, пуча глаза… Так ковыляла она среди изображенного круга, а выйти из него не смела. <…> Все вокруг надрывались смехом… а кто-то вдруг возьми да и крикни:
>
> — Да вы сами в кругу, черти лопоухие!
>
> <…> История жизни учит, что лишь немногим из нас удается вырваться за сию линию, проведенную вокруг, и лишь они-то и могут понять, что сие — просто линия, а не Божье установление <…>
>
> «Что же я спросить его [Пестеля] позабыл… как это он-то смог? Не боязно теперь расплачиваться? А не придется ли в круг тот вернуться?»[3]

В начале романа Авросимов сам — такая же «курица», но по мере развития сюжета он понимает, что приятности комфортной жизни — лишь «легкая преграда» на пути неудержимого

---

1 *Окуджава Б.* Бедный Авросимов. С. 158, 223.

2 Там же. С. 204.

3 Там же. С. 229.

нравственного порыва, «прямого указания, идущего, может быть, свыше, требующего от него вмешаться в судьбу несчастного, оставленного в одиночестве полковника»[1].

Впрочем, на этом отчетливость нравственного зова кончается, потому что самое поразительное в Авросимове — состояние полной растерянности, в которой он пребывает до самого финала романа, не зная, что именно должен сделать теперь, когда услышал призыв декабристов. Прежде всего, он не понимает даже, где в Петербурге пролегают линии разлома между политической субъектностью и аполитичной жизнью. В романе нет подлинных героев — примечательно, что героем величают только Майбороду, когда доверчивый Авросимов впервые его встречает[2]. Тем не менее люди все-таки вовлечены в некое оппозиционное политическое сообщество, хотя Авросимов неверно трактует эту вовлеченность, как неверно истолковывает он и действия злодеев в романе либо же просто не в состоянии их понять. Так, Бутурлин, приятель Авросимова, на вопрос последнего, стал бы он, если бы приказали, «рубить» друга на Сенатской площади, отвечает: «Сказал бы ему: „Прости, брат“ — и рубил бы. Да и он бы меня не помиловал, право…» Однако как раз перед этим Бутурлин оговаривает, что постарался *избежать* столкновения с декабристами: «…Сблизились, я крикнул Бестужеву: „Не вели солдатам своим стрелять. Мы вас только постращаем немножко!..“ Ну зачем бы я его рубить стал?»[3] Вскоре Бутурлину удается наказать Майбороду за донос на Пестеля. Но во время этой сцены Авросимов приходит в полное недоумение. Сначала он даже не замечает неприязни своих знакомых к капитану, видит только, что у них в его присутствии «серые» лица. Далее Авросимов наблюдает, как разворачивается заговор против Майбороды, в результате которого они изгоняют капитана из своего общества и выставляют его трусом. Они не поносят Майбороду прямо за сотрудничество с властями, а обвиняют

---

[1] Там же. С. 231.

[2] Там же. С. 86.

[3] Там же. С. 54.

в том, что он «оскорбил даму», про которую все знают, что она из публичного дома[1]. В такую же растерянность повергает Авросимова и поведение Слепцова, офицера, которому поручено найти тайник, где спрятан нелегальный политический трактат Пестеля «Русская правда». С одной стороны, чтобы завладеть рукописью, Слепцов нарушает клятву, данную им декабристу Заикину, поэтому Авросимов вызывает его на дуэль. С другой — перед дуэлью Авросимов сбит с толку тем, что не держит на Слепцова обиды: в конце концов, тот принимал пленника и заклятого врага в своем доме и не сообщил о продекабристских симпатиях и действиях Авросимова властям.

Полное непонимание Авросимовым подводных течений петербургской политической жизни достигает еще больших масштабов, когда он сам решает в нее вступить, что в романе изображено в духе гоголевской фантасмагории. До самого конца книги Авросимов явно хочет одновременно стать своего рода почетным декабристом и родовитым сановником, преследующим Пестеля. В какой-то момент он даже пишет письмо сестре декабриста, предлагая ей свои услуги и выражая соболезнования, и подписывается «кавалер Иван Авросимов», так как думает, что вскоре станет кавалером ордена Святого Владимира за помощь в *преследовании* декабристов[2]. За этой явной нелепостью в письме следуют и другие, уже совершенно фантастические. Что касается ордена, в романе с самого начала ясно, что якобы обещанная награда существует только в воображении Авросимова. Мы узнаем об этой фантазии во время одной из его первых бесед с Татищевым. «Уж не орден ли?» — думает Авросимов, когда граф ночью, после целого дня допросов, рядом с Петропавловской крепостью как будто что-то кладет ему в руку, — это что-то оказывается «красным бесенком», который тут же исчезает[3]. К финалу романа Авросимов, по-видимому, убеждает себя, что его и впрямь скоро ожидает повышение, но, учитывая

---

[1] *Окуджава Б.* Бедный Авросимов. С. 119.

[2] Там же. С. 271–272.

[3] Там же. С. 22.

фантасмагорическую природу этой убежденности и то обстоятельство, что никакой награды он не получает, да еще и легкость, с какой власти избавляются от него при малейшем подозрении, непохоже, что Авросимов кого-то особенно впечатлил своим усердием на государственной службе. Схожим образом обстоит дело и с попыткой Авросимова освободить Пестеля, носящей характер галлюцинации, — читатели догадываются, что описываемые события имеют слабое отношение к реальности, за исключением разве что неосторожных слов, сказанных Авросимовым Амалии Петровне, которая затем доносит на него Татищеву.

Коротко говоря, Авросимов остается обычным, заурядным человеком. Стать декабристом или лояльным чиновником он может только в собственном воображении. Он хочет играть *обе* эти роли, как это и происходит в его фантасмагорических грезах, иллюстрирующих психическую логику исполнения его главной мечты: преодолеть свою заурядность. И, что касается этой мечты, реальность приходит извне, как deus ex machina, обрывая обе фантазии Авросимова и отсылая его обратно в провинцию, откуда он приехал. Поэтому проблема декабристского морального долга в случае Авросимова оказывается в том, что она решительно, ужасающе несоотносима с тем, чего он в действительности *желает*. Настоящий вопрос для Авросимова не «на чьей ты стороне?» и не «смеешь выйти на площадь?», а «можешь ли ты, заурядный персонаж истории, стать в ней действующим лицом, будь то на стороне добра *или* зла?» На этот вопрос роман отвечает отрицательно — такое возможно только в рамках фантасмагорического исполнения желаний, а не в реальной жизни.

Почему Окуджава заканчивает роман, иронично отрицая способность обычного человека присоединиться к декабристскому проекту? С точки зрения Окуджавы, ответ, скорее всего, лежит в плоскости морали. Душа Авросимова должна быть спасена от такого грязного дела, как политика. Как Окуджава отмечает в другом месте, герой его исторических романов — «в общем, тот же самый лирический герой»; он добавляет: «Для меня по-прежнему тот человек нравственен, который строит свое благополучие не за счет благополучия других»[1]. Это глубоко антиполитическое заявление, ведь, как утверждает Карл Шмитт, суть политического в том, чтобы разграничивать друзей и врагов, ставя благополучие одних групп выше благополучия других[2]. Антиполитическая позиция Окуджавы — прямое следствие консенсуса в отношении личности. «Нам», его позднесоветским читателям, как и Авросимову, предлагается со своей точки зрения поразмышлять о добром и злом в Пестеле и о том, насколько человек готов идти на компромисс с режимом. С точки зрения Авросимова, мы видим, что фигура Пестеля отвечает официальному объяснению сталинских репрессий, данному в эпоху оттепели, как следствия раздоров среди партийной элиты[3]; или же мы можем изумляться идеализму декабристов, их романтически безрассудному, но трогательному желанию освободить людей от тирании — взгляд, близкий к ленинскому «революционному романтизму», столь популярному в 1960-е годы; или же мы можем прийти к типичной идеологеме советской либеральной интеллигенции, согласно которой революционный романтизм опасен и чреват сталинизмом, ведь «*ни один* из революционеров за всю историю человечества не достиг поставленной цели — создать справедливое общество», что редактор серии «Пламенные революционеры», по-видимому, понимал уже в 1970-е годы[4].

Однако поскольку все эти мысли об общественных добродетелях достигают «нас», массовую советскую аудиторию, через заурядного Авросимова, они влекут за собой и мучительное разочарование из-за того, что, хоть мы и хорошо слышим дискурс либеральной интеллигенции, мы, наверное, никогда не сможем действовать в соответствии с его

---

1 *Окуджава Б.* Я пишу исторический роман // Окуджава Б. В Барабанном переулке. Екатеринбург: У-Фактория, 2007. С. 170–172.

2 *Шмитт К.* Понятие политического. СПб.: Наука, 2016. С. 280–408.

3 Хрущев предложил такое понимание сталинизма на XX съезде, где заявил, что главной жертвой «культа личности» стал сам партийный состав. См.: *Platt K. M. F.* Secret Speech: Wounding, Disavowal and Social Belonging in the USSR // Critical Inquiry. 2016. № 42. P. 647–676.

4 См. *Новохатко В.* Белые вороны Политиздата.

критериями. Мы можем так и остаться наблюдателями, не научившись претворять в жизнь собственные политические идеи, потому что мы, как и Авросимов, попросту не обладаем социальным или культурным статусом этих возвышенных, совершенных людей, вовлеченных в неодекабристскую политическую деятельность. На этом фоне то обстоятельство, что мы никогда не строили свое благополучие за счет других, может показаться не такой уж добродетелью, а скорее следствием полного отсутствия у нас политической субъектности, на которое мы обречены в парадигме дискурса либеральной интеллигенции.

В этой точке возникает два возможных коллективных сценария, и оба воплощаются в позднесоветский период, а в еще большей степени — в эпоху перестройки и 1990-е годы. В первом из них «мы», позднесоветская аудитория либеральной интеллигенции, можем попытаться заявить право на участие в либерально-демократической политической активности. Наша способность слышать призыв декабристов поможет нам доказать, что мы «альтернативная элита» (термин Кристин Эванс), достойная того, чтобы править от своего имени и строить государство по своему подобию[1]. Что касается этого вектора, то в пятой главе я прослежу, как сценарий «альтернативной элиты» разыгрывается посредством идеологемы столыпинистской интеллигенции в постсоветскую эпоху. Этот дискурс предлагает обществу заключить политический союз с государством, не всегда полностью либеральным, но поощряющим присутствие «системных либералов» в своих рядах.

Во втором сценарии, вне зависимости от того, ощущаем ли мы себя вовлеченной в политику «альтернативной элитой», мы продолжаем жить с подозрением, что мы не вполне интеллигентны, что по отношению к настоящей культурной элите мы все равно выскочки. Такое отсутствие уверенности с нашей стороны побуждает правительство или близких к нему людей, не особенно поддерживая либерализм, сделать

---

[1] В другом месте я писал, опираясь на работу Эванс, как этот сценарий в позднесоветскую эпоху отразился на устройстве телепередачи «Что? Где? Когда?» (см.: *Khazanov P.* What Is Our Life?).

ставку на нашу лояльность и дать нам символические доказательства того, что мы и в самом деле вышли в мелкие дворяне и что эта фантазия не наше постыдное удовольствие, а совершенно нормальный аспект социального бытия массовой, «младшей интеллигенции». Как я покажу в четвертой главе, эта динамика до некоторой степени проявляется уже в позднесоветский период в рассчитанных на массовую аудиторию фильмах Михалкова, гораздо более психологически комфортных и отражающих желания зрителей, чем декабристские произведения Эйдельмана и Окуджавы. Позднее та же динамика определяет облик и восприятие неоимперской России с ее ретростилем и далекими от демократии правителями, такими как Ельцин, Лужков и, в конечном счете, Путин.

4. Интеллигент станет народным

Правая вариация советского гуманизма

> В таком поселении, и правда, нужно кое-что подновить, но самую малость.
>
> *Юрий Лощиц. Гончаров*

«Все будет хорошо, все будет как по-старому»

Позднесоветская эпоха оказалась подходящим временем для наследия Антона Чехова. Как драматург он не только получил международное признание, но и был особенно дорог режиссерам постсталинского времени. Порой ему даже удавалось с того света отправлять новые материалы, например сценарий к фильму Никиты Михалкова «Неоконченная пьеса для механического пианино» (1977). Эта работа лишь на первый взгляд представляет собой экранизацию неопубликованной пьесы Чехова «Платонов». На самом деле перед нами сплав множества чеховских текстов, симулякр Чехова, более реальный, чем сама реальность, говоря словами Жана Бодрийяра[1]. С первой же минуты фильма мы оказываемся на чеховском приусадебном участке, в саду. Мы сразу понимаем, что перед нами загородные дворянские посиделки, которые, что слишком очевидно, служат лишь предлогом

---

[1] *Бодрийяр Ж.* Симулякры и симуляции / Пер. А. Качалова. М.: ИД «Постум», 2015. С. 112. Или, выражаясь словами самого Михалкова, впервые сказанными где-то после 1981 года: «Все… остальное мы брали не столько конкретно из Чехова, сколько „из ощущений Чехова"» (*Михалков Н.* Публичное одиночество. М.: Эксмо, 2014. С. 246). В точности те же слова перепечатаны в других книгах: *Михалков Н.* Территория моей любви. М.: Эксмо, 2015. С. 222; *Крупин М.* Никита Михалков. Он русский, это многое объясняет… М.: Молодая гвардия, 2018. С. 273.

для романтической линии — сложных отношений между двумя влюбленными, Софьей и Платоновым. Как позднесоветские зрители, мы, скорее всего, хотя бы в общих чертах знакомы с чеховскими пьесами и их многочисленными предшественниками. А если так, мы знаем, что встреча Софьи с Платоновым не пройдет гладко, что в конце все будут несчастны и что кто-нибудь наверняка попытается кого-нибудь убить. Ружей в фильме Михалкова не появляется (а если бы они были, то непременно бы выстрелили, по завету классика), но приспособление, похожее на ружье (подзорная труба Трилецкого), действительно фигурирует в начале фильма, намекая, где кроется источник давления, оказываемого на всех персонажей, — они всегда наблюдают за другими и сами становятся объектами наблюдения. Все действующие лица тоже кажутся смутно знакомыми, потому что представляют собой собирательные образы дворян и слуг из «Вишневого сада» и других чеховских пьес и рассказов. Узнаваемы и другие чеховские персонажи, например пьяный, сонный полковник или одетые в зеленое дочери дворянина-дарвиниста Щербука.

Однако есть персонаж, лишь на первый взгляд кажущийся чеховским и на самом деле выбивающийся из всех очевидных источников: Герасим Кузьмич Петрин, незначительный с точки зрения сюжета, но важный в социально-экономическом плане. Петрин — хорошо одетый господин, на протяжении большей части фильма, казалось бы, не имеющий никакого отношения к действию, однако держащийся куда более уверенно и с гораздо большим апломбом, чем другие второстепенные лица. Почему Петрин вообще там очутился, мы наконец узнаем — совершенно неожиданно, — когда прошло уже больше половины фильма. За обедом Щербук в духе евгеники разглагольствует о том, как для будущей цивилизации необходима голубая кровь и как опасно наступление «чумазых», и тут подает голос Петрин:

> ...Отец был у меня простым рабочим. И я не вижу в этом ничего дурного. Но если это кому-то не нравится, то я могу уйти. Но только учтите, что вот это, это и это, вообще всё, что вы здесь

> пьете и едите, куплено на мои деньги. И фейерверк на мои деньги. И пушка. И пианино за мои деньги играет. И живете вы, потому что жив я, чумазый. Понимаешь это, Павел Петрович? Ведь вы же только умеете поучать, как жить, как веровать, как управлять народом. Сами-то вы живете? Сами-то веруете? Не-а. Вот ты, Павел Петрович, что такое? Чем ты кичишься? Белой костью? Так ведь теперь за это не кормят. Дело нужно уметь делать. Де-ло. А что ты делаешь? Маралом кричишь. А? Ты, брат, никому не нужен. А я, «чумазый»… слово-то какое — «чумазый»! Я всё могу. Я всё могу[1].

Встав из-за стола, Петрин уходит в темный угол комнаты и размышляет вслух: «Мой отец к этому дому подойти боялся. А я вот здесь сижу в креслах, с его превосходительством о погодах беседую. Хорошо!»[2] В этот момент камера замирает в том же углу и возвращается к сидящим за столом. Собравшиеся — через несколько секунд они все оказываются в кадре — неподвижно застыли. Петрин подмигивает им, и после этого мы его больше не услышим.

В чем смысл этого монолога, этого движения камеры, этого подмигивания? Такая интерпретация фигуры Петрина потребовала изменить характеристику, данную ему в «Платонове», пьесе, написанной Чеховым в студенческие годы и послужившей основой для фильма Михалкова. Манера Петрина здесь не совпадает и с тем, как ведут себя Лопахин в «Вишневом саде» или Мейер в рассказе «В усадьбе», хотя слова Щербука о «чумазых» и отчасти ответ Петрина позаимствованы Михалковым как раз из последнего[3]. В отличие от всех упомянутых чеховских персонажей, поднявшихся по социальной лестнице благодаря заработанным деньгам,

---

1 «Неоконченная пьеса для механического пианино» (Москва, Мосфильм, 1977, реж. Никита Михалков). 1:05:25–1:06:40: https://www.youtube.com/watch?v=oOXkvpVCZEA.

2 Там же. 1:06:45.

3 *Чехов А. П.* В усадьбе // Чехов А. П. Полное собрание сочинений и писем: В 30 т. Т. 8. [Рассказы. Повести], 1892–1894. М.: Наука, 1977. С. 333–341. Наряду с этим рассказом Крупин называет следующие источники «Неоконченной пьесы»: «Учитель словесности», «Три года», «Моя жизнь» (*Крупин М.* Никита Михалков. С. 272–273).

Илл. 1. Оцепеневшие гости Анны Петровны взирают на Петрина. Кадр из фильма «Неоконченная пьеса для механического пианино», реж. Никита Михалков (Мосфильм, 1977)

михалковского Петрина с дворянами не связывают сложные эмоциональные отношения. Для него все слишком просто и «хорошо». Михалков строит кадр так, чтобы еще больше подчеркнуть дистанцированность и самоуверенность Петрина, когда камера по диагонали скользит по погруженному в сумрак дому; Петрин словно отстраненно наблюдает за людьми, которые не могут избежать его взгляда, но его самого это едва ли смущает. В конце концов, усадьба теперь в большей или меньшей степени принадлежит Петрину, вот почему ему там комфортно, несмотря на то что владение домом не дало ему права на эмоциональную связь с номинальной хозяйкой дома и его должницей, дворянкой Анной Петровной, но Петрин и не заинтересован в таком общении с ней. И, что еще важнее, когда он обводит взглядом собравшихся, его позиция совпадает с позицией зрителя, поэтому монолог Петрина и завершается таким кадром. Камера охватывает всех сидящих за столом, то есть всех персонажей-дворян, действующих в фильме. Этот кадр несколько необычен для фильма, где, как правило, внимание сосредоточено на отдельных персонажах, парах и любовных треугольниках. Однако в этот момент групповой кадр показывает дворянство в целом, как будто помещая его на театральную сцену перед зрителями, отделенными от действующих лиц непреодолимой преградой и наблюдающими всех персонажей одновременно. Очевидно, эти зрители — аудитория 1970-х годов. «Наш» взгляд совпадает с озадаченным взглядом и подмигиванием Петрина, и это совпадение и подмигивание говорят о том, что мы слишком вольготно чувствуем себя в этой усадьбе.

* * *

В третьей главе, анализируя популярные исторические и историко-художественные произведения советских неодекабристов, я показал, как оппозиционные настроения либерально-интеллигентской элиты превращались в идеологию, доступную советскому среднему классу в условиях позднесоветского просвещения и цензуры. Мы видели, что неодекабристский дискурс был адресован образованной городской аудитории, которая могла воспринимать каждый аспект сопряженного с ним гуманистического, культурно утонченного искусства жизни как воплощение своего протополитического статуса «младшей интеллигенции», то есть своего рода массовой элиты. Вместе с тем на примере «Бедного Авросимова» Окуджавы мы наблюдали внутреннюю нестабильность этой массовой идеологии, выраженной в форме опасений о собственной несостоятельности и несоответствии высокому статусу интеллигенции, на который «младший интеллигент» претендовал. Кроме того, мы отметили, что советские институты гуманистического просвещения только усиливали эту нестабильность тем фактом, что именно благодаря *им* у либеральной интеллигенции появилась массовая аудитория.

Я начал четвертую главу с примера Петрина из «Неоконченной пьесы» Михалкова, потому что он утверждает как данность то же, что и тексты, рассмотренные в третьей главе, — а именно: наличие массовой аудитории, желающей примерить на себя досоветскую культуру имперской элиты. Вопрос в том, как фильм, адресованный той же аудитории, но снятый советским консервативным и коммерчески успешным режиссером, предлагает осваивать прошлое.

Либеральная модель призывала позднесоветских читателей приобщиться к интеллигентскому политическому проекту. В определенном смысле фильм Михалкова показывает это желание с долей иронии, подчеркивая его неуместность. На это намекают и фигура Петрина, и механическое пианино, вынесенное в название фильма. Дворяне у Михалкова с удовольствием наблюдают, как благодаря этой легкомысленной безделушке кажется, будто неграмотный крестьянин играет виртуозную «Венгерскую рапсодию» Листа. Но нам, зрителям, слишком понятна эта шутка, чему способствует репертуар пианино — чрезвычайно популярная классическая композиция[1]. Сам этот предмет символизирует перелом в массовых развлечениях на рубеже веков — он сконструирован в совершенно неаристократических Соединенных Штатах[2]. То же самое касается граммофона в усадьбе Анны Петровны, играющего Верди. Эти предметы и их репертуар олицетворяют *некогда* высокую культуру, в XX веке безоговорочно принадлежащую среднему классу, как и сам Чехов. Можно даже сказать, что в чеховском духе, с такой легкостью воссозданном в картине Михалкова, есть нечто от непритязательного механического пианино. Сюжетные приемы и образы драматурга *так* знакомы, а исполнение в традиционном для театра Станиславского реалистическом ключе *настолько* коммерческий ход, что Михалкову необязательно было даже опираться на конкретный чеховский текст, чтобы его фильм показался зрителям чеховским и чтобы они почувствовали себя уютно посреди этой знакомой эстетики в духе ретро.

Подозрительная легкость, с какой зритель Михалкова вступает в дореволюционный чеховский мир, особенно наглядно проявляется в финале «Неоконченной пьесы», когда

---

1 В 1946 году «Венгерская рапсодия» прозвучала в оскароносном эпизоде мультфильма «Том и Джерри». Любопытно, что сюжет мультфильма, жестокая игра кота с мышонком, разворачивающаяся вокруг исполнения популярной классической композиции и оканчивающаяся неловким объятием хищника и жертвы, перекликается с целым рядом картин Михалкова.

2 См. *Patteson T. W.* Player Piano // Oxford Handbooks Online. November 2014: https://doi.org/10.1093/oxfordhb/9780199935321.013.16.

гости Анны Петровны предстают перед нами в неопрятных ночных сорочках, — они выходят из дома в поисках Платонова, убежавшего топиться в явно слишком мелкой для этого реке. Пока поисковый отряд, состоящий из дворян и Петрина, идет через поле, мы слышим, как Анна Петровна несколько раз повторяет, что «все будет по-старому»[1]. Эти слова остаются с «нами», зрителями 1970-х годов, как рефрен всего фильма, в конечном счете означающий, что и мы, в нашей позднесоветской действительности, уже живем «по-старому». Здесь и сейчас мы тоже ведем неудовлетворительный образ жизни, тоже порой плетем запутанные романы, так же ощущаем кругом всеобщий застой и припудриваем все это доступной, а пожалуй, и банальной культурностью. И мы полагаем, что это роднит нас с нашими дореволюционными предками-дворянами. Но наши желания глупы, на что указывает полный контекст мантры, повторяемой Анной Петровной, когда она впервые звучит в обращении к Сержу, Софьиному мужу-рогоносцу:

> Все будет хорошо, Серж, все будет по-старому. Не нужна никому твоя размазня-кокетка. Платонов, он же умный, он же понимает, у нее, кроме кокетства, передовых взглядов, придуманных восторгов, ничего за душой нет и не будет. Все будет хорошо, все будет по-старому, Софья будет с тобой, Платонов со мной, Саша с Платоновым. Не нужна никому твоя Софья, успокойся…[2]

Серж приходит в ужас от двусмысленных утешений Анны Петровны, потому что они ставят его в такое же нелепое положение, как и его жену, почему у них и должно быть «все хорошо». Но то же самое относится и к нам, позднесоветским зрителям, со стороны которых глупо восторгаться чеховскими фантазиями Михалкова и их мелодраматическими красотами. Фильм потакает нашим иллюзиям, вместе с тем иронизируя по поводу «нашей» «чумазой» Субъектности младших интеллигентов.

---

[1] «Неоконченная пьеса». 1:38:45.

[2] Там же. 1:25:30.

Илл. 2. Платонов будит всех гостей Анны Петровны, чьи комнаты выходят в коридор. Кадр из фильма «Неоконченная пьеса для механического пианино», реж. Никита Михалков (Мосфильм, 1977)

Но если взглянуть с другой точки зрения, может быть, «мы» не так уж глупы? Михалков тщательно старается превратить свою позднеимперскую декорацию в место, знакомое позднесоветскому зрителю. Как предположила Нэнси Конди, зрителям 1970-х годов комфортно в усадьбе Анны Петровны, потому что она похожа на их дачу[1]. Это сходство проявляется не столько в расставленных по дому безделушках, приусадебном участке или налете старины на интерьере, сколько в той форме социальности, которая возникает в созданной Михалковым дореволюционной усадьбе. В «Неоконченной пьесе» все устроено так, чтобы запутанные любовные линии разыгрывались в пограничной зоне между частным и публичным пространством, в полумраке переполненной усадьбы Анны Петровны, как во многих других советских мелодрамах 1970-х годов (включая фильм Михалкова «Пять вечеров», действие которого большей частью разворачивается в коммунальной квартире)[2]. Именно

[1] *Condee N.* The Imperial Trace: Recent Russian Cinema. Oxford: Oxford University Press, 2009. P. 85.

[2] Самые известные примеры этой тенденции — комедии Эльдара Рязанова, такие как «Ирония судьбы» (1975) и «Служебный роман» (1977),

из-за стремления воспроизвести полуприватную советскую обстановку «Неоконченная пьеса» достигает кульминации ночью, когда все соседи, уже спавшие, выбегают из комнат в тесный полутемный коридор, где Платонов вопит, что ему «тридцать пять лет» и его жизнь кончена[1]. В этот момент усадьба Анны Петровны больше всего напоминает коммунальную квартиру. Но это сходство с советским полуприватным пространством *не* выглядит как ирония. Оно лежит в основе эстетического воздействия, позволяющего зрителю пережить катарсис вместе с персонажами.

Мелодраматический прием у Михалкова становится средством, благодаря которому его фильмы об имперской элите находят своего зрителя среди людей, в остальном сочувствующих советским либералам; они, как отмечает Конди, часто говорили, что обращенная к ним нелиберальная «интерпелляция» Михалкова вызывает у них «дискомфорт», но на протяжении тридцати лет, с середины 1970-х годов, неизменно ходили на его фильмы[2]. Опираясь на трактовку кинематографического мира Михалкова, предложенную Конди, а также на материал предшествующих глав, в этой главе я покажу, как подход Михалкова к досоветскому прошлому признает существование массового зрителя, осмысляющего себя как младшего интеллигента, но вместе с тем обрывает его отождествление с либерализмом. Вместо этого Михалков предлагает зрителю отождествлять себя с мелодраматичным, а не либеральным взглядом на прошлое. Как я продемонстрирую на материале «Неоконченной пьесы», «Нескольких дней из жизни Обломова» (1979) и «Пяти вечеров» (1978), фильма, снятого во время работы над «Обломовым» (его действие происходит в эпоху оттепели), Михалков показывает «нам», позднесоветским зрителям, обаятельных представителей имперской элиты, похожих на нас не своей *bios*

а в литературе — творчество Юрия Трифонова, особенно повесть «Обмен» (1969), см.: *Трифонов Ю.* Избранное: Роман. Повести. Минск: Вышэйшая школа, 1983. С. 205–259.

[1] «Неоконченная пьеса». 1:33:40.

[2] *Condee N.* Imperial Trace. P. 112.

politikos (как в примере с декабристами из третьей главы), а ее отсутствием, и именно их мелодраматическое бессилие нам в наше постсталинское время и кажется зерном их человеческой притягательности. Более того, нас, массовую советскую аудиторию, окликают таким образом за счет появившейся после смерти Сталина установки на гуманизм, но интерпретируемый на сей раз в консервативном, а не в либерально-оппозиционном ключе. В конечном счете я полагаю, что эта разновидность консерватизма, специфическая для Михалкова и рассчитанная на образованный позднесоветский средний класс, внесла существенный вклад в идеологему «России, которую мы потеряли».

«Только бы не было войны»

В разговоре о Михалкове Конди подчеркивает, что мелодраматическая эстетика режиссера совпадает с консервативным политическим воображением. Михалков отвергает мысль, что коллективный субъект способен координировать свои действия, что люди сообща способны творить историю, будь то в либерально-национальном или социалистическом ключе. Мелодрама становится способом показать эту неспособность к действию. В ее персонажах «ослаблена способность что-то менять», они не понимают долгосрочных последствий своих поступков[1]. Они слишком разрываются между противоречивыми привязанностями и мотивами, чтобы превратиться в акторов истории, а не просто ее жертв[2]. Вместе с тем, по наблюдению Конди, мелодраматизм, как это ни парадоксально, помогает Михалкову добиться преемственности в условиях разрыва связей, нарисовать

> образ России, объединенной не только вопреки историческому разлому 1917 года, но и вопреки культурному барьеру между советскими гражданами и эмигрантами, вопреки расстоянию, разделяющему Европу и Азию, показать Россию в ее целостности,

[1] *Condee N.* Imperial Trace. P. 102.

[2] Ibid. P. 99.

> в невозмутимом величии ее единства во все эпохи и при любых границах[1].

Мелодрама, по мнению Конди, способна выполнить эту функцию в силу своей тенденции к «узурпации»[2]. Моменты присвоения чужого не только двигают сюжет многих фильмов Михалкова, включая «Неоконченную пьесу» и «Обломова», но и образуют в кинематографическом пространстве всякого рода «гибридные» единства[3]. По мысли Конди, в способности Михалкова мелодраматично удерживать вместе не связанных между собой людей и нарративы и состоит «имперский след», присущий его видению России. Несмотря на поверхностные впечатления, пишет Конди, Михалков воспевает не русский народ с его любовью к квасу и славянофильскими побрякушками, а имперское единство, сохраняющееся вопреки всем противоречиям, длящееся, в каком-то смысле, бездеятельно и неизменно, несмотря на недальновидные политические действия элиты и несмотря на западную национально-демократическую или социалистическую телеологию истории. Мелодрама обходит большие националистические или социалистические нарративы, зато доводит до блеска большой нарратив о вечной России — вечной вопреки любым историческим событиям и разломам.

Ощущение, что Россия вечна и что важно создать образ ее единства вопреки противоречиям, явно совпадает с идеями советских консерваторов, о которых шла речь во второй главе. Мелодрама — еще один способ сказать (в духе Василия Шульгина): «Не оправдан, но и не обвинен» — в противовес прежним рациональным принципам, будь то историческим или политическим. Это еще один способ сказать вслед за старым большевиком у Эрмлера, что «история не злопамятна», или, как выразились бы Кожинов, Солоухин и Глазунов, что надо стараться воспринимать Россию эстетическим взглядом «ренессансного типа», как сплав нарративов и людей,

---

[1] Ibid. P. 94.

[2] Ibid. P. 105.

[3] Ibid. P. 111.

которые не должны составлять, но все же составляют единое целое, — если только мы хотим увидеть общность, вместо того чтобы пытаться «ущипнуть» такое видение родины нашими рационалистическими доводами. Однако творчество Михалкова интересно анализировать не просто из-за его последовательного консерватизма, но и потому, что при таком мировоззрении режиссеру удалось найти подход к той аудитории, что в иных случаях рассматривала себя как младшая интеллигенция либеральных взглядов — в силу причин, изложенных в третьей главе. В этом плане примечательно, что многие критики называли «Неоконченную пьесу» фильмом для интеллигенции, хотя в нем и нельзя разглядеть антиавторитарную направленность, всегда казавшуюся либералам неотъемлемой частью своей интеллигентности[1]. Конди справедливо отмечает попытки либеральных критиков сопротивляться Михалкову, но дело не в этих попытках, ведь в интерпелляции, по Альтюссеру, важно как раз то, что это не *сознательное* действие и реакция, а подсознательная логика культуры, доказывающая свою эффективность самим успехом окликания. А окликания Михалкова, несомненно, пользовались успехом — грубо говоря, по крайней мере до 2000 года образованные горожане в России, при всем внешнем дискомфорте, регулярно ходили на его фильмы, даже если потом преувеличенно оправдывались.

Почему так произошло? Думаю, потому, что мелодрамы Михалкова привлекали либерально настроенный класс ИТР иначе, чем неодекабризм и другие формы либерального эзопова языка, но при этом вписывались в ту же антисталинистскую систему ценностей, вокруг которой в «долгие 1960-е» сформировалась идеология ИТР-класса. Чтобы лучше понять эту динамику, обратимся к другому фильму Михалкова, «Пять вечеров», который режиссер снял в очень сжатые сроки в 1978 году, в разгар работы над «Обломовым»

[1] *Крупин М.* Никита Михалков. С. 271. У Крупина стандартное, некритическое использование этого понятия сочетается с несколько ехидным тоном, в каком он пишет о «приличной публике» (заключая это словосочетание в иронические кавычки), среди которой Михалков якобы пришелся не ко двору из-за своих неославянофильских симпатий.

и сразу после съемок «Неоконченной пьесы», почти с той же съемочной группой. Можно сказать, что в «Пяти вечерах» режиссер анализирует истоки эстетики и политических установок, присущих его позднесоветской аудитории.

Действие «Пяти вечеров» тоже разворачивается в прошлом, на этот раз в годы оттепели. На первый взгляд, перед нами экранизация известной шестидесятнической пьесы Александра Володина, премьера которой состоялась в 1959 году в БДТ; эта постановка Георгия Товстоногова тогда многими воспринималась как одно из событий, направленных против сталинизма[1]. На бумаге пьеса Володина выглядит как социалистическая комедия со свадьбой в финале: Ильин, некогда подававший большие надежды, а теперь работающий всего-навсего шофером на Крайнем Севере, после пятнадцатилетнего отсутствия ненадолго возвращается в Ленинград просить руки Томы. Двум очень несхожим людям приходится преодолевать взаимные буржуазные пережитки, чтобы обеспечить себе социалистическое счастье, в чем им помогают контрастирующие с этой парой персонажи: студент-химик Славик, племянник Томы, которого она усыновила, и его, по-видимому, менее амбициозная подруга Катя, работающая телефонисткой. Пьеса имела успех, потому что Володин, Товстоногов и их аудитория вместе создали весьма необычное произведение. В театральной постановке на первый план вышла свойственная Томе жажда искренности, а ее же доктринерский социалистический морализм отступил в тень. Славик и смех зрителей в первых действиях пьесы намекают, что Тома так и не вышла замуж из-за своих представлений о хозяйственности, строгом воспитании детей и коммунистической догме[2].

---

[1] Об успехе постановки Товстоногова и ее обсуждении в шестидесятнической интеллигентской среде см.: *Ланина Т.* Александр Володин: Очерк жизни и творчества. Л.: Советский писатель, 1989. С. 91–95, 114–119.

[2] См. радиозапись постановки Товстоногова 1959 года, где слышен смех публики: Александр Володин. Пять вечеров. Спектакль Ленинградского Большого драматического театра. Реж. Георгий Товстоногов. Запись 1959 года на канале Советское радио. Гостелерадиофонд России (YouTube, 08.08.2020): https://www.youtube.com/watch?v=lMwXhZolpXU. 2:02:25.

За ее внешне идеальной советской жизнью стоит отказ прислушиваться к собственным эмоциональным потребностям. Тома все-таки принимает предложение Ильина — после того как ему удается сломать защитные механизмы ее советскости и вынудить ее признать собственные чувства, что в конечном счете и происходит, когда Тома произносит заключительные слова пьесы: «Только бы войны не было»[1]. Для аудитории Товстоногова эпохи оттепели «война» означала весь сталинский период, притупивший способность людей честно говорить о своих эмоциях; наоборот, приход антисталинизма сопряжен с появлением эмоциональной глубины, какую мы видим в Томе в финале. Эти преображенные, эмоционально честные люди говорят мало, но мы верим им, потому что они искренне выражают свои чувства перед нашим взором.

Как я уже писал в другом месте, опираясь на работу теоретика телевидения Владимира Саппака (1921–1961), доверие к человеческим чувствам стало важным элементом постсталинского общественного договора[2]. В книге «Телевидение и мы» Саппак пишет, что в послевоенной телевизионной культуре зрители естественным образом оказались в теснейшем контакте с актерами, на очень короткой «дистанции доверия», «дистанции проверки»[3]. Саппак говорит на языке утопической уверенности, как будто телевидение — средство, не способное быть иначе как проводником искренности, однако сама эта уверенность свидетельствует об определенном взгляде на отношения между творческой элитой эпохи оттепели, ее аудиторией и государством. Этот взгляд близок к точке зрения Кристин Эванс, на которую я ссылался в третьей главе. Вклад Саппака прежде всего заключается в теоретическом осмыслении эстетики этих отношений. Он объясняет эмоциональную близость на «дистанции доверия и проверки» через театральный

---

[1] Александр Володин. Пять вечеров. Спектакль. 2:02:00.

[2] *Khazanov P.* Vladimir Sappak's Humanism on Soviet TV // European University Institute Max Weber Fellow Working Papers. 2018. № 4.

[3] *Саппак В.* Телевидение и мы: четыре беседы. М.: Искусство, 1988: http://www.evartist.narod.ru/text12/87.htm.

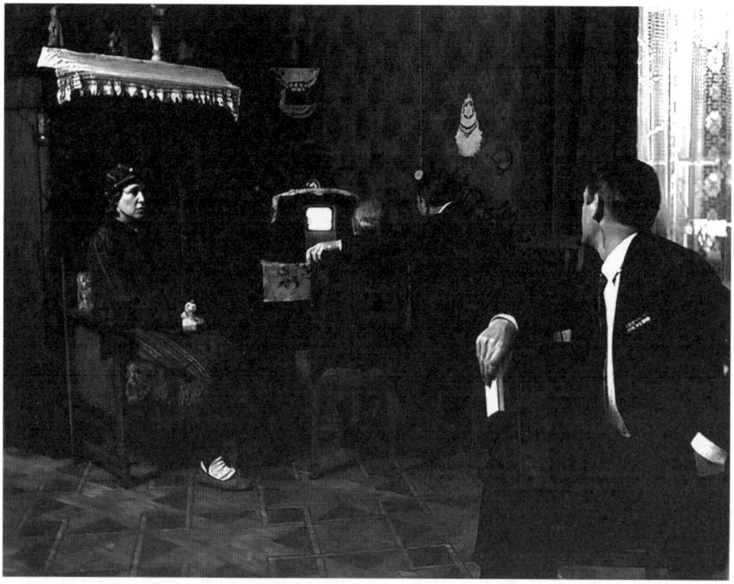

Илл. 3. Ильин и Тома обмениваются выразительными взглядами, сидя в разных концах комнаты, с соседями, смотрящими телевизор, посередине. Кадр из фильма «Пять вечеров», реж. Никита Михалков (Мосфильм, 1978)

термин — «второй план»[1]. Этот термин, позаимствованный из театра Чехова или Станиславского, для Саппака означает очевидное, хотя и частично скрытое от глаз существование эмоционального субстрата, стоящего за словами каждого конкретного персонажа. Затем Саппак перечисляет идеальные для телевидения фигуры, в случае которых «второй план» складывается естественным образом: к ним отнесены либо представители творческой элиты досталинской эпохи, такие как Виктор Шкловский и Корней Чуковский, либо молодые знаменитости того времени: космонавт Юрий Гагарин, пианист Ван Клиберн, телеведущая Валентина Леонтьева[2]. Этот набор образцовых телевизионных личностей сам по себе показывает, насколько размышления Саппака о «втором плане» переплетаются с идеей преодоления сталинизма как общественного договора между режимом, элитой

1 *Саппак В.* Телевидение и мы: четыре беседы.

2 Там же.

и предполагаемыми зрителями. Выбранные Саппаком идеальные для советского телевидения фигуры умеют хорошо выражать свой внутренний мир, так как их социализация происходила не в сталинскую эпоху, и, вероятно, именно поэтому им позволено формировать всесоюзное телевидение и обращаться к массовой аудитории, как и советским либеральным писателям в Политиздате[1].

Киноверсия пьесы Володина, созданная Михалковым через двадцать лет после оттепели и выдержанная в ретростилистике, оставляет ощущение, будто режиссер тоже читал Саппака. Постановка и операторская работа выстроены так, что Тома сама как будто стремится установить короткую «дистанцию доверия и проверки» по отношению к Ильину и что мы должны подойти к этим персонажам поближе и ощутить с ними общность, объясняемую именно тем, что, как и они, мы сообща оплакиваем травмы сталинского времени. Чтобы добиться такой вовлеченности, режиссер по большей части уходит от комических интонаций володинского текста и удваивает ставку на мелодраму. Смещение акцентов происходит за счет урезанных ролей Славика и Кати и, отчасти вследствие этого, сосредоточенности на обстановке коммунальной квартиры, окружающей Тому и Ильина: комнаты Томы превращаются в активное пространство, где происходят душевные терзания героев, усугубляемые невозможностью свободно разговаривать из-за физических и социальных ограничений, которые накладывает коммунальный быт. Съемка внутри коммунальной квартиры неизбежно влечет за собой постоянные крупные планы. В финале, где Тома повторяет свое заключительное заклинание — «Только бы не было войны», — снять персонажей удается, только буквально подглядывая сквозь ткань тонкой ширмы, которой в ее общей со Славиком гостиной отделена та часть, где спит Тома[2]. Вместе с тем прямолинейные крупные планы в фильме постоянно перемежаются максимально

[1] См. предыдущую главу.

[2] «Пять вечеров» (1978), реж. Никита Михалков (Москва, Мосфильм). 1:36:25–1:37:45.

длинными диагональными движениями камеры по комнате Томы, начинающимися от входной двери квартиры или за порогом и захватывающими стоящий посередине телевизор, у которого часто сидят без умысла вторгшиеся к Томе соседи, — в тексте Володина этой детали нет, она добавлена Михалковым[1]. Наконец, персонажи Михалкова постоянно вынуждены пересекать разные полуприватные пространства, такие как лестничная площадка за порогом Томиной квартиры, коммунальный коридор и кухня, — и все эти пространства мешают стремлению Томы к искренности.

В целом режиссерская и операторская работа в фильме Михалкова дают аудитории 1970-х годов ощутить социальный смысл преодоления сталинизма средствами мелодраматической самоактуализации. На поверхностном уровне фраза Томы: «Только бы не было войны» означает неуверенную надежду персонажей на будущее, где, как уже известно поколению 1970-х, действительно не будет войны, зато будет пространство позднего социализма, вполне комфортное для личных мелодрам за стенами частных квартир брежневской эпохи, — о чем свидетельствует целый ряд фильмов и книг 1970-х годов. Одновременно от зрителей ожидается, что они понимают условия общественного договора эпохи развитого социализма: эмоциональное преодоление сталинизма должно остаться эмоциональным, а особую ценность в нем должна обрести короткая «дистанция доверия» между собеседниками — например, во время пресловутых кухонных разговоров позднесоветской эпохи, где, по наблюдению философа Сьюзен Бак-Морс, приезжавшей в СССР в период перестройки, наибольшее значение имела «коллективная эротика» «общего физического пространства»[2]. Оборотная сторона столь трепетного отношения к близости заключалась в том, что этот эмоциональный накал не всегда сопровождался связным изложением мыслей. Как полагает Кевин Платт, советская власть намеренно препятствовала открытой, рациональной

---

1 Там же. 15:00–16:00.

2 *Buck-Morss S.* Dreamworld and Catastrophe: The Passing of Mass Utopia in East and West. Cambridge, MA: MIT Press, 2002. P. 253.

коммуникации, предпочитая осмыслять наследие сталинизма посредством выразительных умолчаний и других видов «секретных» разговоров о прошлом и настоящем[1].

Это подводит нас к гуманизму, но теперь понимаемому как театральная эстетика и форма самопрезентации, — коротко говоря, мелодраматическому гуманизму. На материале Михалкова, Саппака и современных исследований мы видим, что у мелодраматического гуманизма есть политическая функция, но иная, нежели у либерального гуманистического консенсуса, описанного в третьей главе. В обоих случаях точкой соприкосновения между государством, элитой и их аудиторией становится акцент на личности, и в обоих случаях само наличие этой общей точки свидетельствует о преодолении сталинизма. Обращение либералов к эстетике советского гуманизма направлено на то, чтобы достичь в этой области консенсуса, принимающего форму тщательного выстроенного, зачастую основанного на эзоповом языке дискурса оппозиционной коллективной субъектности. Мелодрама же идет другим путем. Она не особенно нуждается в эзоповом языке, потому что в ней не изображен автономный политический субъект. Томе нечего добавить к «только бы не было войны». Ей не хочется говорить о сталинизме как возродившемся деспотизме царского времени, как это бывает в популярно-исторических книгах о декабристах. Томино высказывание свидетельствует о преодолении сталинизма самой *возможностью* подобного высказывания. «Только бы не было войны» не требует больше никаких рассуждений, потому что дальше уже начинаются такие глубокие, искренние чувства, что их не надо облекать в слова. Умение показать за этой фразой «второй план» на правильной «дистанции доверия» — единственная цель, которую стоит достигнуть постсталинскому человеку. То есть мелодраматический гуманизм является самоцелью. Он, конечно, окликает коллективного зрителя — но не объединяя его при этом общим проектом, а просто предлагая ему насладиться

[1] См. *Platt K. M. F.* Secret Speech: Wounding, Disavowal, and Social Belonging in the USSR // Critical Inquiry. Spring 2016. № 42. P. 647–676.

собственными искренними эмоциями. По сути, перед нами еще один взгляд на субъектность того типа, о которой пишет Юрчак и которую в третьей главе мы уже рассматривали сквозь призму либерального гуманизма. С точки зрения последнего респонденты Юрчака заявляют, что их интересует только внутреннее совершенствование, но на самом деле они протолибералы, *особенно* когда отрицают это такими красноречивыми фразами, как «Сахаров для нас не существовал». С точки зрения мелодраматического гуманизма им нечего отрицать. Присущее им ощущение культурной общности не требует пояснений, потому что теперь, когда они обрели это гуманистическое единство, перед ними, возможно, и не стоит никаких дальнейших целей.

Мы уже видели, как мелодраматический гуманизм обращается к советской массовой аудитории в «Неоконченной пьесе». С одной стороны, фильм изобилует иронией по поводу несостоятельной, праздной имперской элиты и неуместного желания зрителей на нее походить. С другой стороны, фильм позволяет зрителям без всякой иронии пережить катарсис вместе с персонажами — в нем использованы все те эмоциональные мелодраматические средства, которые хорошо знакомы позднесоветской публике и культурную логику которых Михалков анализирует в «Пяти вечерах». В итоге аудитория «Неоконченной пьесы» видит привлекательный и узнаваемый образ имперской интеллигенции, однако этому образу *не* сопутствуют моральные императивы либерализма. Собственно, эта интеллигенция нравится зрителям как раз потому, что таких императивов у нее не наблюдается. После того как представители интеллигенции, будь то либеральной или социалистической, поколение за поколением взывали к массам, сетуя, что «Россия больна», и настаивая на личном участии всех мыслящих людей в проекте ее исцеления, сколь бы по-разному говорящие его себе ни представляли, аудитория «Неоконченной пьесы» наконец свободна от этой обузы. Невозможно помыслить, чтобы эти чеховские персонажи вынашивали какие-либо актуальные либеральные или социалистические идеи, невозможно принимать их риторику в разговорах на подобные темы всерьез. Тем не менее эти персонажи вполне могут и даже должны казаться нам привлекательными, поскольку они идсально воплощают мелодраматическую человечность, в которую мы тоже верим. Более того, поскольку мелодрама теперь объединяет таких, например, героинь, как Анна Петровна и Тома, и поскольку благодаря мелодраме «Все будет по-старому» Анны Петровны звучит почти так же, как Томино «Только бы не было войны», меняется и восприятие младшей интеллигенцией своей коллективной идентичности — оно уходит от опасного чувства неполноценности по отношению к реальной культурной элите. Что же служит этому чувству заменой? Вероятно, более эмоционально привлекательная позиция народа. Чтобы лучше понять эту смену кода, перейдем к фильму Михалкова «Несколько дней из жизни И. И. Обломова».

«Маменька приехала»

Прежде чем говорить о народе в «Обломове» Михалкова, вкратце напомню, в чем состоит проблема использования этого понятия в постсталинскую эпоху, вернувшись в критике Померанцем солженицынского «внутренне честного почвенничества», о которой я говорил в первой главе. В противовес Солженицыну, по-видимому считающему, что русские советские люди имеют все основания претендовать на национальную идентичность как русский народ, Померанц указывает на то, что уже слишком велика степень индустриализации, что характеристики, присущие народу, «пляшущему народные пляски» и поющему народные песни, давно канули в Лету и что возрождать эти народно-крестьянские традиции в эпоху «Спутника» и Пражской весны так же бессмысленно и опасно, как «напяливать на ракеты кокошники и сарафаны»[1]. Впрочем, Померанц признает, что современным советским людям нравится «играть в Аркадию», — однако существует огромная разница между тем, чтобы устроить стилизованную свадьбу с народными обрядами, где в роли «тысяцкого» оказывается еврей

[1] *Померанц Г.* Человек ниоткуда.

(выполняющий свои обязанности «довольно артистично»), и верой в то, что таким образом можно действительно приобщиться к народу[1]. В особенности это касается того еврея-тысяцкого на свадьбе и других подобных ему представителей образованного городского населения, прежде всего москвичей, после советской модернизации и межнациональной политики. Померанцу кажется очевидным, что этот «занародный» коллектив органически гораздо ближе к либеральной интеллигенции, чем к консервативным советским писателям-деревенщикам. Однако работа Михалкова примечательна тем, что, хотя на уровне политических взглядов и темперамента у него много общего с советским консерватизмом, режиссер интуитивно соглашается с представлением о своей аудитории как о некоем постнароде. И в «Обломове» эта гибридность приводит к интересному результату: фильм демонстрирует, что можно апеллировать к одной и той же группе *одновременно* как к младшей интеллигенции и как к народу. Или, если сформулировать иначе, в «Обломове» доведена до конца культурная логика «Неоконченной пьесы»: трансформация интеллигентности в своеобразный обновленный вариант народности, по сути переворачивающая с ног на голову тезис Померанца, — вместо картины будущего, где «даже большинство ЦК становится интеллигентным», как во время Пражской весны, мы видим будущее, где «даже интеллигент становится народным».

Классический роман Ивана Гончарова «Обломов», написанный в 1860-е годы, неизбежно должен был привлечь внимание позднесоветских консерваторов в силу неоднозначности образа главного героя, который спит на протяжении первой четверти книги и которого затем пытаются разбудить от этого сна его друг Андрей Штольц, немец по происхождению, и Ольга, едва не ставшая его невестой. Когда природа Ильи Ильича берет свое и его отношения с ними расстраиваются, роман как будто дает понять, что главный герой олицетворяет тупик российской истории, из которого надо выйти стараниями деятельных людей, таких

[1] Там же.

как Штольц и Ольга. Последние бьются над загадкой «обломовщины», вызывающей у них не просто отторжение, а более сложные эмоции. У них возникают чувства и друг к другу, они женятся, ведут вместе серьезную и плодотворную жизнь, усыновляя ребенка Обломова, Андрея, родившегося у него в браке с квартирной хозяйкой. В 1860-е годы критики задавались вопросом: в какой мере Гончаров действительно громит обломовщину как явление русской жизни, а в какой — воспевает ее? Неоднозначная мораль романа тревожила радикально настроенного Николая Добролюбова, писавшего, что «нельзя... льстить живым» такими элегическими картинами, ведь «мы еще живы, мы еще попрежнему Обломовы»[1]. Тревожные размышления Добролюбова вошли в советский критический канон, тем более что Владимир Ленин любил обвинять в «обломовщине» своих политических оппонентов из социал-демократического лагеря[2]. Однако всегда можно было подчеркнуть элегические интонации романа Гончарова, равно как испытывать некоторое недоверие к буржуазному рационалисту Штольцу. Как свидетельствуют работы Юрия Лощица и киноверсия Михалкова, среди позднесоветских консервативных читателей наблюдались обе тенденции.

Юрий Лощиц, коллега Солоухина и Глазунова по «Молодой гвардии», опубликовал свою биографию Ивана Гончарова в серии «Жизнь замечательных людей» в 1977 году[3]. В ней он изобразил Гончарова Субъектом советской консервативной интеллигенции и превратил Обломова в идеализированную модель этой субъектности. Своим проектом интеллектуального самосозидания Гончаров, как утверждает Лощиц, откликается на проникающие в Россию западные тенденции того времени, изобретая форму «чистого романа»

---

[1] *Добролюбов Н.А.* Русские классики: Избранные литературно-критические статьи. М.: Наука, 1970.

[2] См. краткое изложение взгляда радикальных критиков на фигуру Обломова и развития их подхода Лениным: *Архангельский В.* Обломовщина // Литературная энциклопедия. Т. 8. М.: ОГИЗ РСФСР, 1934. С. 165–172.

[3] *Лощиц Ю.* Гончаров. М.: Молодая гвардия, 1977. О связях Лощица с группой Павлова см.: *Митрохин Н.* Русская партия. С. 267.

с присущей ей «полифонией», где «сам Гончаров не берется произнести окончательное слово в пользу той или другой „правды“»[1]. Как и в случае с консервативной риторикой, рассмотренной во второй главе, акцент на «полифонии», эпохальности и беспристрастии позволяет консервативному Субъекту выйти из советской большой истории. Точно так же, как Шульгин, Кожинов и Солоухин, «полифоничный» интеллектуал не замечает «злопамятства» истории, по отношению к ее большим нарративам он занимает позицию добродетельного бездействия, что способствует тому, чтоб «суд истории» зашел в тупик. Такого рода «обездействование» истории более возможно и предпочтительно, чем ее прямое отвержение. Илья Ильич Обломов являет собой предельный утопический пример такого настроя:

> …*Я не хочу делать.* <…> Я выхожу из истории — из этой вашей грандиозной игры в благородную деятельность… <…> «Старая» правда Ильи Ильича не в состоянии противостоять движению цивилизации. Остается лишь свернуться в кокон непротивленчества. Невозможно препятствовать злу. Но есть надежда, что его удастся как-то претерпеть, тихо пережить. Нет сил идти наперекор ему. Но можно — хотя бы в мыслях — отказать злу в праве на реальность[2].

Обломову, по мысли Лощица, присуще донкихотство «чисто русского свойства»: «Фанатическая вера Дон-Кихота в непреложную реальность своих грез катастрофически противопоставлена практицизму его человеческого окружения»[3]. Однако Обломов более созерцателен, чем Дон-Кихот. Он, что весьма похвально, «предпочитает задачу охранительства, а не пропаганды, защиту, а не наступление»:

> …Философия Обломова есть философия абсолютного покоя… <…> Что ж, Обломов может быть отнесен к наиболее застенчивым

[1] Там же. С. 89, 193.

[2] Там же. С. 187, 191. Выделено в оригинале.

[3] Там же. С. 183–184, 188–189.

> и непритязательным из всех известных человечеству утопистов. Его требования, обращенные к будущему, — самые минимальные: пусть всё угомонится, успокоится. <…> В таком поселении, и правда, нужно кое-что подновить, но самую малость[1].

Употребляя слово «охранительство», Лощиц достаточно прямолинейно обозначает свои политические предпочтения; а тот факт, что он описывает Обломова как Дон-Кихота, утописта и кенотического православного святого, показывает, до какой степени его риторика, восхваляющая тупиковость «суда истории», строится на своеобразном мелодраматическом гуманизме. Нравственное чувство говорит Обломову, что кенозис — единственно верная реакция на испытания современности, но его кенозис выражается в том числе в неумении четко обосновать свои действия. Он слишком «непритязателен», а его требования слишком «минимальны» для такого уровня обобщений. Обломовское: «Пусть все угомонится, успокоится» в интерпретации Лощица рифмуется с Томиным: «Только бы не было войны» у Михалкова.

«Непритязательный» гуманизм Обломова позволяет Лощицу сделать и другой радикальный шаг — представить Штольца как непримиримого антагониста Обломова, препятствующего его праведному кенозису, и показать его неубедительность на фоне непротивления Обломова. Для этого критик вынужден закрыть глаза почти на все, что в романе свидетельствует о двойственном отношении автора к лучшему друга Обломова, превращая его в какого-то беса, наподобие гётевского Мефистофеля, а Ольгу — в его невольную приспешницу-феминистку:

> Ей очень нравится осознавать себя в подобной роли [«просветительницы»]: шутка ли, она, женщина, ведет за собой мужчину! Что за сила ей сообщена, что за власть такая?! Как тут не загордиться, как не закружиться славной головке!..[2]

---

[1] *Лощиц Ю.* Гончаров. С. 183–184, 188–189.

[2] Там же. С. 181.

Дьявольский же замысел Штольца — в пересказе Лощица — заключается в том, чтобы разрушить Россию оружием современной индустриализации:

> Пока существует сонное царство, Штольцу всё как-то не по себе, даже в Париже плохо спится. Мучит его, что обломовские мужики испокон веку пашут свою землицу и снимают с нее урожаи богатые, не читая при этом никаких агрономических брошюр. И что излишки хлеба у них задерживаются, а не следуют быстро по железной дороге — хотя бы в тот же Париж. <…> По воле Штольца сонное царство должно превратиться в… станцию железной дороги, а обломовские мужички пойдут «работать насыпь»[1].

Конечно, не требуется больших усилий, чтобы заметить, что в «станцию железной дороги» Обломовку превратил не «Париж», а советская власть. Такова стратегия, выбранная советским консерватизмом для сопротивления Штольцу: замечать эту мысль *необязательно*, а можно и намеренно обойти ее стороной, сосредоточившись на фигуре Обломова, слишком глубокого, порядочного и совершенного человека, чтобы прямо участвовать в такого рода спорах, — а значит, пассивный гуманизм Обломова одерживает победу над активным Штольцем. Последний олицетворяет советский проект модернизации в целом, якобы чуждый России по духу и придуманный в сговоре с Европой, но Обломов слишком свят, чтобы самому отстаивать такую точку зрения. Его пассивная добродетель близка советскому консервативному дискурсу, представители которого противостоят прогрессивной советской «большой истории», но держат свои обиды при себе и выступают союзниками современной советской власти, чтобы, по выражению Шульгина, быть «последовательными контрреволюционерами».

Вне зависимости от того, читал ли Михалков Лощица, прежде чем в 1979 году снять свой фильм, экранизация явно следует тому же вектору в восприятии романа Гончарова. Как и Лощиц, Михалков трактует Штольца, современного

[1] Там же. С. 179–180.

исторического персонажа, как антагониста. Главной проблемой в романе Михалкову также видится противостояние современности и России, а обломовщину он изображает как некий утопический и трогательный уход от мира, мистически сдерживающий его натиск. Что касается Штольца, как и у Лощица, в михалковском фильме лучший друг Обломова по большей части теряет свою двойственность и предстает как предатель, уводящий у него любимую женщину. Вдобавок у фильма появляется новый финал: мы видим Штольца и Ольгу через несколько лет после описанных в романе событий, видим, как оба они несчастны из-за буржуазной привычки Штольца все контролировать. А что до спасительной природы обломовщины, фильм завершается общим планом, где маленький Андрюша Обломов, усыновленный Штольцем и Ольгой, бежит через зеленеющие поля навстречу родной матери, крича: «Маменька приехала!» За кадром при этом звучит Песнь Симеона Богоприимца из «Всенощного бдения» Рахманинова. До этого возглас «Маменька приехала!» звучал в фильме в устах маленького Илюши. Теперь эти слова накладываются на хорошо понятный церковнославянский текст: «Ныне отпущаеши раба Твоего, Владыко, по глаголу Твоему, с миром; яко видеста очи мои спасение Твое»[1]. Таким образом, русская Обломовка, которую олицетворяет Илья Ильич, возрождается в теле его бегущего сына, свидетельствуя о надчеловеческом постоянстве священной, практически христоподобной обломовщины.

Однако Михалков в «Обломове» не просто воплощает все ту же консервативную трактовку романа Гончарова, а выбирает более сложный путь, что проявляется не столько в изменениях, внесенных в текст, сколько в чеховской эстетике, освоенной режиссером в двух предшествующих фильмах почти с тем же актерским составом и съемочной группой. Своего «Чехова для среднего класса» Михалков переносит в гораздо более ранний текст, так что «Обломов»

---

1 «Несколько дней из жизни И.И. Обломова» (1979), реж. Никита Михалков (Москва, Мосфильм). 2-я серия: https://www.youtube.com/watch?v=PocpuPgjc9g. 1:01:40–1:04:10.

превращается в продолжение «Неоконченной пьесы» — как в общем плане, так и в деталях. Если говорить о деталях, то, как и в более раннем фильме, в «Обломове» Михалков выстраивает отношения со зрителями, прибегая к культурным элементам, знакомым советскому городскому образованному классу, в частности к исполнению знаменитой арии Casta Diva из оперы Беллини «Норма» (конечно, она не столь известна, как «Венгерская рапсодия» Листа, но все же это хороший пример бельканто, широко представленный в советском музыкальном образовании и часто передававшийся по радио и телевидению). Над «Обломовым» работает та же съемочная группа, что над «Неоконченной пьесой», у фильма почти тот же актерский состав и даже те же декорации (усадьба из «Неоконченной пьесы» становится дачей Ильинских)[1].

Однако есть и более важное неуловимое сходство: в «Обломове» Михалков находит общий язык с позднесоветской аудиторией, *мелодраматически* переосмысляя как само действие романа, так и обломовщину. На уровне действия Михалков, вместо того чтобы идти за текстом Гончарова и пытаться кинематографическими средствами передать скрупулезный и очень пространный анализ внутреннего мира героя, показывает конфликт между Обломовым и Штольцем в завуалированно сексуальном ключе. Михалков переосмысляет сюжет Гончарова так, что возникает любовный треугольник «Штольц — Ольга — Обломов». На уровне фактуры Штольц, Обломов и Ольга опять же представлены средствами телесной театральной эстетики: их отношения выражены не столько на когнитивном уровне, сколько на плотском. Например, один из ключевых переломных моментов в первой серии связан с эпизодом, где Обломов и Штольц идут в баню. Штольц, демонстрируя стальную волю, выбегает из бани, натирается снегом, а потом, зачерпнув горсть снега, пытается натереть и Обломова и повторяет: «Теперь или никогда». После нескольких попыток его интонация из шутливой превращается в угрожающую;

[1] О съемках «Обломова» см.: *Крупин М.* Никита Михалков. С. 302–304.

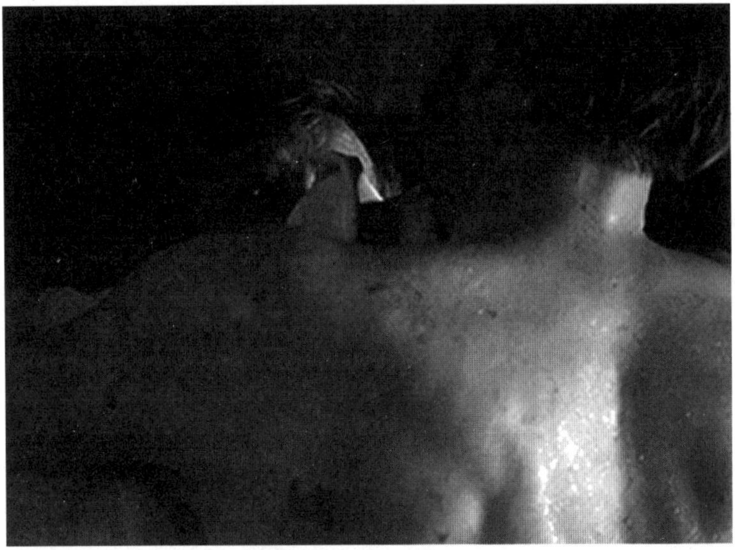

Илл. 4. Илья Ильич Обломов сопротивляется ледяной хватке Штольца. Кадр из фильма «Несколько дней из жизни И. И. Обломова», реж. Никита Михалков (Мосфильм, 1979)

Илл. 5. Слезы на глазах Обломова во время его монолога. Кадр из фильма «Несколько дней из жизни И. И. Обломова», реж. Никита Михалков (Мосфильм, 1979)

камера направлена прямо на затылок Штольца, поэтому мы видим, как в жесте его голых рук, держащих голого Обломова, проступает агрессия. Когда Обломов наконец жалобно скулит, сцена начинает явно напоминать изнасилование[1]. Этот эпизод уже предвосхищает будущее сексуальное предательство Штольца по отношению к другу. Обломов же не способен на акт символического сексуального насилия, необходимый, по подразумеваемым в фильме представлениям о сексуальности, чтобы увенчать его романтические отношения с Ольгой. Поэтому в эпизоде кульминации отношений с Ольгой, догнав возлюбленную среди деревьев, Обломов не в состоянии довершить свое завоевание и поцеловать ее; вместо этого он бормочет, как опасно, если их увидят наедине. Эта сцена, как и эпизод в бане, снята в упор, только на этот раз камера смотрит в затылок Обломова, к которому уже тянутся руки Ольги, отступающей при виде его нерешительности[2].

Абстрактное понятие обломовщины в романе Гончарова также обретает в фильме Михалкова сексуализированную, драматическую осязаемость. Само это слово в фильме Михалкова ни разу не произносится, но можно составить себе ясное представление о его содержании по снам Обломова, в которых он видит традиционное русское имение своего детства. В этих причудливых, тягучих снах появляется психологическая подоплека — у Михалкова все они вращаются вокруг матери Обломова, в которую маленький Илюша влюблен. Разумеется, на поверхностном уровне фигура матери Обломова должна выражать русскую национальную идею, превращая детство Обломова в некий священный уголок русской жизни. Этот смысл особенно отчетливо считывается в сцене, где Илюша молится рядом с матерью, — здесь очевидна перекличка с образом Богородицы с Младенцем. Вместе с тем любовь Илюши к матери исключительно телесна,

---

[1] «Несколько дней из жизни И. И. Обломова» (1979), реж. Никита Михалков (Москва, Мосфильм). 1-я серия: https://www.youtube.com/watch?v=Q1zIasC2Og8&t=0s. 43:00–45:00.

[2] «Несколько дней из жизни И. И. Обломова». 2-я серия, 14:30.

а сопровождающая эти сцены атональная музыка Эдуарда Артемьева производит жутковатое впечатление, поэтому эдипов комплекс напрашивается здесь с не меньшей очевидностью, чем русская национальная идея: из снов Обломова мы узнаем, что именно в фигуре матери кроется главная причина неспособности героя жить в Петербурге, где Штольц и Ольга чувствуют себя столь комфортно. Наяву Обломов не в состоянии этого объяснить, но постоянное и настойчивое присутствие матери в его снах показывает, насколько над героем властвует этот источник его сексуальности и почему человек, в детстве так любивший мать, не знает, как вести себя во взрослой жизни, будь то со Штольцем или с Ольгой.

Обломовщина и Обломов в полной мере демонстрируют свою одновременно русско-националистическую и эмоционально-психологическую суть все в том же эпизоде в бане, когда главный герой наконец произносит всю правду о себе, в пространном монологе — сразу после уже упомянутой сцены его символического изнасилования Штольцем:

> Стыдно, Андрей… не смейся, Андрей. Так стыдно иногда делается… прям до слез. Лежишь, ворочаешься с боку на бок, спрашиваешь себя: «Отчего же это я такой?» Не знаешь ответа. Однажды я утром проснулся… У меня за окном дерево росло. Оно, наверное, уже лет пятьсот росло или больше. Может, татар видело, Мамая. И еще тысячу лет проживет, а то и две. А листья на нем каждый год меняются, и сколько их за эти годы распустилось, пожелтело, опало… Сколько еще распустится и опадет. Но ведь каждый лист, пока он растет, он живет одной жизнью с деревом, с его корнями, его ветвями. Он их чувствует, наверное, необходим им. Значит, доля этого листа есть в последующих годах, была и в тех прошедших. Как, верно, и мы, кто бы ни было, раз живем, значит, есть смысл какой-то. Я, как это подумал, обрадовался — даже заплакал. А спроси почему, я и объяснить не умею. А потом листал как-то учебник старый по ботанике и вычитал, что деревья так долго не живут, разве что секвойи. Так стыдно сделалось, что ничего не помню, чему учился. В голове моей как будто архив: мертвые дела, цифры, эпохи религии. Ничто ни с чем не связано. Как библиотека из одних разрозненных томов, ни одного полного

собрания. Ботанику забыл, а спроси, зачем я помню, что Селевк Первый в триста шестом году до нашей эры победил какого-то Чиндригупта?[1]

Этот длинный монолог кажется наиболее отчетливым выражением славянофильской обломовщины. Чтобы мы уж точно этого не упустили, камера даже переходит с лица Обломова на грозди красной смородины, которую они со Штольцем едят, и на русскую зиму за окном. В финале картины, когда за кадром слышится «Ныне отпущаеши…» Рахманинова, мысль, что обломовщина символизирует *русскую* вечность, доводится до нас с деликатностью пароходного гудка. Но что именно в эмоциональном плане заставляет камеру перевести взгляд с лица Обломова, произносящего свой монолог, на красную смородину? Дело не столько в необходимости подчеркнуть связь между Обломовым и Россией, сколько в интуитивном осознании зрителя, — камера здесь передает точку зрения Штольца, сидящего напротив Обломова и направляющего ее взгляд, — что мы чересчур пристально разглядываем Обломова, чье лицо и части тела показаны сверхкрупным планом; мы видим, как у него на глазах выступают слезы. Этот взгляд — взгляд на «дистанции доверия» по Саппаку — несколько стыдится самого себя, вероятно смущенный откровенностью Обломова, поэтому переключение на символы русскости отвлекает внимание от обломовской искренности с ее эмоциональным накалом. Но в таком случае и обломовщина означает не просто «вечные русские вопросы», как говорил сам Михалков[2], но и — причем в гораздо большей степени — ту форму мелодраматической гуманистической социальности, которая опосредует общение Обломова с собеседниками. Он не формулирует и не может сформулировать свои «вечные русские вопросы», но его эмоции наводят на мысль, что такие вопросы возникают сами собой на интуитивном уровне, без необходимости их проговаривать.

---

1 «Несколько дней из жизни И. И. Обломова». 1-я серия. 49:30–52:25.

2 См.: *Крупин М.* Никита Михалков. С. 300–301 (цитируется без кавычек).

Так что же это за вечные русские вопросы? Фильм, разумеется, не дает конкретных пояснений на эту тему, но даже и без всякой ясности отчасти дает некий ответ. По сути, «Обломов» обращается к зрителям как к чеховским персонажам, и *поэтому* они должны считать себя русскими. Обломов привлекателен как жертва романтических обстоятельств и носитель чеховских вторых планов, и *поэтому* он символизирует членов национального сообщества, где в этом незадачливом дореволюционном дворянине видят родственную душу. Превратившись в чеховского персонажа, Обломов убедительно представляет «нас», позднесоветских зрителей, особенно тех, кто в иных обстоятельствах не склонен к славянофильской риторике или восхищению хохломой, тех из нас, кто вряд ли отнес бы себя к «народу», тех, кто не читает ни советских консервативных критиков, ни деревенскую прозу[1], но кто *может* отождествить себя с присущим Обломову сочетанием бессилия, положения жертвы, некогда аристократического, а теперь обывательского культурного багажа и, главное, способности говорить искренне. Это чувство задним числом распространяется и на героев «Неоконченной пьесы» — они тоже народные, как и мы. В этой коллективной самоидентификации на первый план выходит уже не вопрос народной эстетики, а вопрос эстетики антиполитической — чувство, что нас как часть народа морально объединяет, по выражению Нэнси Рис, «общее страдание», и такое сообщество изъясняется не вопросами, а «литаниями» в вопросительной форме типа: «Почему у нас все так плохо?»[2].

Рис отмечает, что ее, американского исследователя, угнетают жалобы ее информантов — их беспомощность, то, что они обижаются, когда она пытается подсказать им ответ на

---

[1] Ицхак Брудный отмечает, что, несмотря на огромные тиражи, значительная часть деревенской прозы не имела коммерческого успеха, поскольку в 1980-е годы политический перевес неизменно оказывался не на стороне ее авторов (см. *Brudny Y.* Reinventing Russia: Russian Nationalism and the Soviet State, 1953–1991. Cambridge, MA: Harvard University Press, 1998).

[2] *Ries N.* Russian Talk: Culture and Conversation During Perestroika. Ithaca, NY: Cornell University Press, 1997. P. 87. О «народе» как «ключевом „ключевом слове“» во взятых Рис интервью см. p. 27–30.

их вопросы[1]. Однако на примере фильмов Михалкова мы видим привлекательность такого коллективного самоощущения — видим, пожалуй, даже больше, чем могла наблюдать Рис, когда брала подробные и необычайно интересные интервью у позднесоветских респондентов; мы видим, что эта форма мелодраматического восприятия способна преодолевать исторические рамки и непреодолимые различия: между культурной аристократией прошлого и советскими выскочками, между общественной жизнью досоветской элиты и советского среднего класса, между интеллигенцией и (пост)народом. Культурная логика позднесоветского периода, столь отчетливо выраженная Михалковым, решает проблему, которую не мог разрешить либеральный диссидент Померанц. Восприятие постнарода Померанцем колеблется между возможностью увидеть в нем естественное продолжение либеральной интеллигенции «без границ» (до Пражской весны) и образом безнадежной, не подлежащей перевоспитанию массы, враждебно настроенной по отношению к вписанному в строгие рамки элитарному либеральному этосу, по крайней мере в обозримом будущем (после Пражской весны). В фильмах Михалкова это противоречие снимается — нам не говорят, что постнарод в любом случае «станет интеллигентным», но говорят, что интеллигент станет народным. Именно об этом свидетельствуют и старорежимный помещик Обломов, и обаятельные бездельники из «Неоконченной пьесы». Эти представители имперской элиты становятся похожи на своих постнародных зрителей — и те и другие слышат призыв либералов взять на себя ответственность, штольцевский императив «теперь или никогда», но подозревают, что они не способны к столь активным действиям, что они скорее будут повторять что-нибудь вроде: «Пусть все угомонится, успокоится», как у Лощица, или: «Все будет по-старому», как в «Неоконченной пьесе», или: «Только бы не было войны», как в «Пяти вечерах», или, наконец, «Маменька приехала!», как в «Обломове». Во всех этих случаях глубоко человечная эмоция кажется как досоветской

[1] Ibid. P. 115.

элите, так и ее позднесоветской аудитории куда более ценной, чем политическое действие. Таким образом, цель, о которой с сомнением говорил уже Померанц, — понять, как дальше выбираться из исторических условий постсталинской эпохи, — окончательно отодвигается в сторону, уступая место восторгу перед коллективным аффектом, выдающим *себя* за внеисторическое, вечное и нормальное для России состояние. Пока эта мелодраматическая гуманистическая нормальность остается возможной, более масштабные коллективные цели вполне могут казаться ненужными, незаконными, неосуществимыми или опасными.

5. ОТВЕТСТВЕННАЯ КОАЛИЦИЯ
ПОСТСОВЕТСКИЙ СТОЛЫПИНИСТСКИЙ ПРОЕКТ

Я хочу жить в нормальной стране!
Типичная жалоба русского либерала

Времени на раскачку нет.
Владимир Путин, 2000, 2001, 2007, 2012, 2016, 2017, 2018, 2019, 2020

Парламент не место для дискуссий!
Депутат Госдумы Борис Грызлов, 2003 (неточная цитата)

Имперское ретро и постсоветская нормальность

Общеизвестно, что в декабре 1991 года произошла символическая передача власти от СССР к постсоветской Российской Федерации: над Кремлем вместо советского флага с серпом и молотом подняли досоветский российский триколор. Однако удивительно сложная история возвращения к досоветскому российскому гербу, двуглавому орлу, известна куда меньше. Первоначально создатели современного герба хотели просто скопировать прежний имперский символ; в 1992 году они представили свой проект Верховному Совету, но Совет его отверг. В конце 1993 года, сразу после произошедшего осенью конституционного кризиса (по сути, гражданской войны в миниатюре), по указу Ельцина приняли другой вариант. Новый орел был создан со знанием геральдики, и с тех пор Россия использовала именно такой герб, хотя до 2001 года он не был официально утвержден

Илл. 6. Герб поздней Российской империи
(вверху) и герб Российской Федерации (внизу).

Думой[1]. Занимавшиеся его разработкой специалисты по геральдике увеличили центральную часть герба Российской империи и внесли еще несколько небольших стилистических изменений[2]. Однако среди этих изменений есть одно несколько неожиданное: одеяние и разворот всадника, изображенного на щите на груди орла. Всадник на постсоветском гербе скачет в направлении, противоположном движению святого Георгия на гербе имперском. Дракон, которого он убивает, черный, а не золотой, а на самом всаднике уже нет шлема. В итоге Управление геральдики назвало фигуру, изображенную на постсоветском гербе, не святым Георгием, а просто «всадником, поражающим копьем дракона»[3]. Зачем эти мелкие изменения? Авторы проекта объясняют:

> …Всадник, поражающий копьем дракона, — эмблема не только и не столько столицы, сколько древний символ победы добра над злом, готовности всего народа отстаивать и защищать свою свободу и независимость от врага, если такой объявится. <…>
>
> Итак, тысячелетний путь, который прошли символы Руси и России, привел к возрождению исторически традиционных государственных эмблем. Важно, однако, что в течение многих столетий эти эмблемы изменяли свое содержание. Первоначально и герб и флаг были собственностью главы государства — княжества, царства, империи. Вспомним еще раз закон Российской империи об этих эмблемах: «…государственные герб и флаг относились к внешним правам и преимуществам русского самодержца». Февральская революция 1917 г. сделала их достоянием общества, покончив с пережитками феодализма и средневековья в сфере государственной геральдики. Первоначальная жизнь республиканских символов в 1917 г. была более чем краткой. В эйфории

[1] *Вилинбахов Г.* Государственные символы Российской Федерации // Родина: Российский иллюстрированный исторический журнал. 3 января 2013 г.: https://archive.is/20130103214806/www.istrodina.com/gerb1.php3.

[2] О гербе Российской империи см.: Большой герб Российской империи (1882 г.) // Геральдика: https://geraldika.ru/s/29. См. также: 520 лет российскому гербу // Сайт Национальной библиотеки имени Н. Г. Доможакова: https://nbdrx.ru/036exhibitionnationalemblem.aspx.

[3] *Вилинбахов Г.* Государственные символы Российской Федерации.

> победы большевики отказались от символов, имевших многовековую историю, и создали символы не осуществившейся утопии — серп и молот в качестве герба и красный флаг.
>
> Возвращение к исторической символике — это призыв не только к консолидации общества, его примирению, к своим корням. Это одновременно и призыв к повседневной разумной и конструктивной работе во славу Отечества и во благо каждого из его граждан. Хотелось бы надеяться, что Российская Федерация окажется достойной тех символов, под сенью которых жили многие поколения наших предков[1].

В дискурсе Управления геральдики воспроизведен ряд общепонятных соображений, касающихся значения досоветского наследия в постсоветской России, — мы уже сталкивались с ними в предшествующих главах. Это наследие рассматривается как вечное и органичное для российского государства, в то время как большевистский проект был ошибочен и абсурден именно в силу своей утопичности. Постсоветская Россия, полагают авторы текста, больше не поддастся такого рода «эйфории». Вместе с тем важно помнить, что современная Россия отличается от своей досоветской самодержавной предшественницы. Она преодолела «пережитки феодализма и средневековья» (любопытно употребление здесь оборота, типичного для марксизма-ленинизма). Преодолен и утопический советский проект. На горизонте же никаких грандиозных проектов не намечается, кроме «консолидации и примирения», а также обращения к «корням», искать которые следует в российском (не советском, по крайней мере — пока) прошлом. Измененный имперский герб — хороший пример практичного, комфортного наследия. Он и не должен напоминать об империи, выросшей из средневекового Великого княжества Московского с его святым Георгием. Его смысл не в том, чтобы заставить задуматься об исторических причинах падения Российской империи и победы большевиков. «Мы», жители постсоветской России, должны просто радоваться этому символу как

[1] *Вилинбахов Г.* Государственные символы Российской Федерации.

тому, что принадлежит нам по праву. Коротко говоря, досоветское прошлое должно представляться нам как некое приятное, постисторическое, *нормальное* ретро.

Та же вера в приятное имперское ретро проявилась и в застройке постсоветской России, особенно в Москве. Московские мэры 1990-х годов, как и градостроители, характеризовали свои проекты, апеллируя к расплывчатому представлению о дореволюционной норме. Так, Юрий Лужков (мэр города в 1992–2010 годах, в 1970-е годы входил в правительство Москвы), вспоминая дискуссию о возвращении дореволюционных названий районов и улиц в 1990 году, писал:

> …Давайте вернемся к истокам. <…> Мы пригласили специалистов, обвели исторические районы на карте. <…> …И обнаружили подлинную Москву, ту самую, что потерялась за искусственной сеткой «брежневских», «кировских» и прочих анклавов. Увидели город, пусть с некоторыми трансформациями, но все же сохранивший память о прошлом. Услышали старые забытые названия: «Тушино», «Нагатино», «Тропарево»[1].

Менее чем десять лет спустя к аналогичной риторике прибегает Александр Кузьмин, главный архитектор Москвы:

> Сформирован девиз нового генплана Москвы до 2020 г. — «Город, удобный для жизни людей», — т. е. просто и ясно раскрыта чисто гуманистическая направленность данного важного градостроительного документа. Пожалуй, впервые в отечественной практике при разработке подобного документа не было политического диктата и идеологического насилия над его авторами. <…> Сейчас, в конце 1990-х, мы говорим, что хотим видеть нашу столицу просто комфортным городом[2].

Для Кузьмина норма — это комфорт и удобство, для Лужкова — подлинность («подлинная Москва»). С точки зрения

---

[1] *Лужков Ю.* Мы дети твои, Москва! М.: Вагриус, 1996. С. 180.

[2] *Кузьмин А.* Проект нового генерального плана развития Москвы на период до 2020 года: особенности разработки, содержания, методологии, базисные положения // Архитектура. Строительство. Дизайн. 1999. № 4 (14). С. 14.

обоих, работа, направленная на создание постсоветской нормальности, выгодно отличается от оставшегося в прошлом советского проекта, искусственного и неудобного. Схожую риторику мы наблюдаем и у Владимира Ресина, в 1990-е годы возглавлявшего московское строительство:

> Откуда взялись средства на реставрацию в таком масштабе? <…> Их дали по доброй воле те, у кого деньги появились в начале девяностых годов: предприниматели, коммерсанты, банки, фирмы, отечественные и иностранные. Они пожелали начать дело в престижных зданиях, древних стенах, обновленных внутри по стандартам конца XX века. Во всем мире такие строения — самые дорогие и вожделенные для преуспевающих в бизнесе людей[1].

Здесь ясно обозначена цель плана по застройке Москвы: создать благоприятные условия для экономически заинтересованных сторон ельцинского времени, то есть новых российских предприятий. Предполагается, что их заказчикам, живущим в столице и привыкшим к городской жизни, тоже комфортно вести бизнес в «престижных зданиях» и «древних стенах», благодаря которым возникает ощущение, что в постсоветской Москве все так же, как и во всем мире. В общей сложности эти утверждения объясняют популярность так называемого лужковского стиля, определившего облик Москвы в 1990-е годы и в первое десятилетие XXI века. Прежде всего этот стиль проявился в крупных реставрационных проектах, результаты которых, по словам архитектурного критика Сабины Гёльц, «трудно отличить от новых построек»[2]. Кроме того, Лужков так усиленно поддерживал строительство домов в стиле модерн, что, по язвительному замечанию одного критика, в городе сооружалось по «двести памятников архитектуры в год»[3]. Мэр постсоветской столицы так настойчиво отдавал предпочтение имперскому ретро,

1 *Ресин В.* Москва в лесах. М.: Галактика, 2008: https://prochtem.ru/text.php?avtor=487&kniga=1&f=html&p=view.

2 *Gölz S.* Moscow for Flaneurs: Pedestrian Bridges, Europe Square and Moskva-City // Public Culture. 2006. Vol. 18. № 3. P. 579.

3 Ibid. P. 580.

Илл. 7. Реклама торгового дома «Пересвет». 1993 год.
Фотограф — Роберт Ким.

потому что оно казалось ему понятным символом удобства, комфорта, постсоветского технократического прагматизма и капитализма. Имперское ретро олицетворяло идею нормальности как политический проект[1].

Вместе с тем начиная с девяностых имперское ретро в России явно функционировало не только в регистре приятной постисторической нормальности. Возьмем, например, рекламу торгового дома «Пересвет» 1993 года. С одной стороны, сам рекламный щит «Пересвета» апеллирует к знакомой досоветской эстетике. Но реклама обретает значение в контрасте с *другой*, тоже своего рода рекламой — лозунгом: «Мы строим коммунизм!», выдержанным в конструктивистском стиле и помещенным на торец здания на Серпуховской (бывшей Добрынинской) площади в 1970-е или 1980-е годы. Примечательно, что «Пересвет» предпочел не закрыть прежний

[1] Можно отметить, что в этом отношении ход мыслей Лужкова совпадал с западными теориями капиталистической публичной сферы, в частности с подходом Жана Бодрийяра. О том, как Бодрийяр видел отношения между доступной ретроэстетикой, «потерявшей свою тень», и потребительским капиталистическим комфортом, см.: *Бодрийяр Ж.* Симулякры и симуляции.

лозунг, а разместить прямо под ним свой вызывающий ответ: «Мы строим новую Россию!»[1] Зачем вешать такой ответ, вместо того чтобы просто избавиться от старого лозунга? И почему именно «Пересвет» разместил такой плакат? Этот ответ обретает смысл в конкретный исторический момент — в 1993 году, когда произошел конституционный кризис, который Ельцин в конечном счете разрешил с помощью вооруженной осады парламента, отстранившего его от должности; свои действия Ельцин обосновал тем, что его политические противники — «красно-коричневые» реваншисты, мечтающие вернуть страшные сталинские времена[2]. Реклама «Пересвета», выполненная в духе имперского ретро, намекает на эту конфронтацию, споря с советским наследием. Капиталистическая «новая Россия», которую строит «Пересвет», противостоит бессмысленному, утопическому отклонению от правильного пути — «строительству коммунизма». Бизнес здесь предстает как менее утопическая, а потому более нравственная, более достойная задача.

Наконец, эта реклама настаивает на тесной связи между постсоветским капитализмом и возвышенной целью строительства «новой России». По поводу такого высокопарного заявления легко иронизировать, особенно в случае «Пересвета» — недолго просуществовавшей фирмы с сомнительным (мягко говоря) юридическим статусом, которая «строила новую Россию», обменивая автомобили российского

---

1 *Аншина Н.* Обзор рекламных кампаний // Коммерсант. 1993. 5 июня: https://www.kommersant.ru/doc/49939. За прошедшие десятилетия появлялось несколько предприятий и учреждений с тем же названием — «Пересвет». Насколько мне известно, ни одно из них (и даже ныне существующий торговый дом «Пересвет») не имеет отношения к заказчику рекламного щита 1993 года. Если бы эта фирма всерьез озаботилась дореволюционной орфографией, она бы написала слово «светъ» не через «е», а через «ять». Такого рода недоразумения в 1990-е годы и в первое десятилетие XXI века встречались часто. См.: *Прядко И.П.* Дореформенная орфография и современная реклама // La Revue russe. 2006. № 28. P. 91–94.

2 Суть воинственной проельцинской позиции особенно отчетливо отражена в «Письме сорока двух», подписанном в 1993 году рядом видных деятелей культуры. См.: Писатели требуют от правительства решительных действий // Известия. 1993. 5 октября: http://vivovoco.astronet.ru/VV/PAPERS/HONOUR/LETT42.HTM.

производства на кожаные куртки в Китае[1]. Легко иронизировать и по поводу других сооружений в стиле имперского ретро, как Виктор Пелевин, придумавший «слоган» для храма Христа Спасителя — «солидный Господь для солидных господ»[2]. Однако смысл этой рекламы «Пересвета», четко разграничивающей друзей и врагов, далек от иронии. По сути, она вопрошает: «Шутки в сторону, ты с нами или с этими, красно-коричневыми?» И сам факт, что «Пересвет» своим ответом не закрыл коммунистический лозунг, говорит о необходимости постоянно помнить об этом делении на своих и чужих: «они» обманывались, полагая, что строят вековечный коммунизм, но и «мы» можем извлечь кое-какую пользу из этой вечности — в конце концов, если и в самом деле предстоит построить новую Россию, наше «мы» может распасться под грузом неудобных вопросов — кого именно она представляет и кому выгодна. Пока же «красно-коричневая» угроза остается (разумеется, со своей вековечной «строительной» миссией) по ту сторону баррикад, досоветское/антисоветское «мы» тоже может сохранять единство в режиме своего рода бессрочного чрезвычайного положения[3].

Что же тогда означает этот поворот к неоимперскому в постсоветскую эпоху? Это доступный объект желания, предназначенный для пассивного Субъекта-потребителя, стремящегося просто к благоденствию в условиях нормальности (удобства, комфорта, житейской устроенности) постсоветского капитализма, или же обращение к активному Субъекту, воспринимающему постсоветскую нормальность как проект, осуществляемый совместно государством и избирателями, которые объединяются против общего «красно-коричневого» врага? В этой главе я покажу, что постсоветский синтез дискурса брежневской эпохи о досоветском

---

[1] Следствие/приговоры // Коммерсант. 1993. 2 октября: https://www.kommersant.ru/doc/61086.

[2] *Пелевин В.* Generation «П». М.: Вагриус, 1999. С. 159.

[3] Подробнее об изображении «красно-коричневой» угрозы в постсоветской массовой культуре см.: *Fenghi F.* It Will be Fun and Terrifying: Nationalism and Protest in Post-Soviet Russia. Madison: University of Wisconsin Press, 2021.

прошлом определяется *обеими* этими модальностями. Более того, сцепление этих модальностей помогает понять, почему на почве имперского ретро явно сомнительный постсоветский капитализм и явно полное мерзости постсоветское государство по-прежнему привлекают относительно стабильную коалицию либеральных и консервативных интеллигентов, равно как и их аудиторию из числа младшей интеллигенции. Имперское ретро отсылает к воображаемой точке консенсуса, относительно которой этой коалиции проще всего держаться вместе и в которой проще всего конструировать одновременно пассивный и активный Субъект, ответственный за постсоветский проект.

Для начала вернемся к Солженицыну и наконец дадим ему возразить на доводы Григория Померанца, уже приводившиеся в этой книге. На мой взгляд, Солженицын в своем ответе формулирует — с опорой на имперское ретро — ключевые признаки дискурса, обосновывающего постсоветское полуавторитарное (или «гибридно-авторитарное», или «переходное» — в зависимости от риторических предпочтений) общественное устройство и сочетающего в себе точку зрения либерального и консервативного Субъекта интеллигенции. Я называю этот дискурс *столыпинством* — по имени царского министра Петра Столыпина, который играет в этом дискурсе роль идеализированного образца и массовая популярность которого (в 2008 году он, по результатам соцопроса, вошел в пятерку величайших русских людей в истории) доказывает эффективность данного дискурса[1]. На материале популярно-исторических документальных фильмов Станислава Говорухина, снятых в годы перестройки, я покажу, как столыпинство привлекает массовую аудиторию, а затем перейду к тому, как путинизм присваивает столыпинство, поскольку этот дискурс столь привлекателен для младшего интеллигентного Субъекта, творящего постсоветский транзит.

[1] О рейтинге «Имя Россия» и попадании Столыпина в первую пятерку см. статью в Википедии (в последний раз отредактирована 16 июля 2024 года): https://w.wiki/AxXS (дата обращения: 19.08.2024).

Логика столыпинства

Уже в первой главе я упоминал Солженицына как косвенную мишень выдвигаемых другими, в том числе Померанцем, полемических аргументов. В первой главе мы видели, как Померанц отчитывает самого известного русского диссидента за его «внутренне честное почвенничество». Померанц сочувствует Солженицыну, сетующему на заброшенность русской деревни, но утверждает, что пути назад нет. Какой бы ни была в дальнейшем сельскохозяйственная политика СССР, она не вернет народ — по крайней мере, если мы обозначаем этим словом тех, кто «пляшет народные пляски и поет народные песни», так что продолжать в конце 1960-х годов говорить о «народе» — значит попросту способствовать советскому ура-патриотизму[1]. На смену народу, полагает Померанц, пришли «занародные» образованные массы, индустриальное городское общество, которое потребляет интеллигентскую культуру и спонтанно участвует в ее создании посредством самиздата и движения КСП; его представители необязательно имеют русские и православные этнорелигиозные корни, они слабо связаны с деревней и только «играют в Аркадию», но вовсе не стремятся там жить.

Либеральный и консервативный подходы к досоветскому прошлому, формирование которых прослеживается в этой книге, восходят к базовому тезису Померанца о постнароде. В первой главе либералы утверждают, что цель постнарода — стать частью либеральной интеллигенции в широком смысле слова, то есть теми, кого я называю младшей интеллигенцией, поддерживающей фигуры более высокого порядка, которые находятся в центре культурной системы. В третьей главе эта либеральная теория находит более широкую аудиторию, состоящую из советских образованных горожан, инженерно-технических работников. Они внимают призыву либералов, поскольку он дает им право считать себя массовой элитой. Во второй и четвертой главах оформляется консервативная вариация на тему Померанца,

[1] *Померанц Г.* Человек ниоткуда.

также рассчитанная на младшую интеллигенцию, но уводящая ее от либеральной исторической телеологии и делающая ставку на квиетизм, который уже в определенной мере присутствовал в дискурсе об интеллигентности, присвоенном советскими либералами. Впрочем, говорим ли мы о либералах или о консерваторах, обе стороны прямо или косвенно дают понять, что сознают политическую неэффективность попыток поместить традиционалистскую идею народа без каких-либо коррективов в центр ностальгических отсылок к досоветскому прошлому. Даже такие фигуры, как Илья Глазунов, Владимир Солоухин и Никита Михалков, чья эстетика явственно свидетельствует о любви к славянофильским побрякушкам, на *политическом* уровне тем не менее понимают, что их аудитория привыкла видеть в таких вещах всего-навсего побрякушки и считает, что в духовном, экономическом и культурном плане она ближе к дореволюционной интеллигенции, чем те, кто когда-то создавал народные промыслы и пользовался их изделиями. Те, о ком идет речь в этой книге, прекрасно сознают, что, если даже их аудитория ставит на телевизор матрешек, она все-таки предпочитает представлять себя в чеховском вишневом саду, а не в крестьянской избе[1].

Какова же в плане этого осознания позиция Солженицына? Неужели основоположник деревенской прозы — автор таких произведений, как «Матренин двор», и к тому же сам инженерно-технический работник (в 1941 году он получил диплом учителя математики, а в 1950-е годы, после освобождения из лагеря, преподавал математику и физику в средней школе) — неверно истолковал систему культуры, в которой действует? Действительно ли он такой карикатурный персонаж, рядящийся в архаические одежды и склонный к политическому утопизму, каким его изобразил сатирик-либерал Владимир Войнович?[2] Не так давно Ричард Темпест

---

[1] О популярности народных промыслов у интеллигенции 1960-х годов см.: *Вайль П., Генис А.* 60-е: мир советского человека. М.: АСТ, 2013.

[2] Если верить Войновичу, высмеивающему Солженицына, последний надеется, что в будущем русские люди снова облачатся в лапти и православные

высказал мысль, что с литературной точки зрения считать Солженицына просто архаиком неверно: его

> стремление к архаизации сосуществовало с тягой к экспериментам, которая в зрелые годы и к концу жизни, когда он вышел из литературного подполья и стал признанным — но не *официально* признанным — писателем, только росла и проявлялась более ярко[1].

Следует сделать аналогичную оговорку для Солженицына как политического субъекта. А лучшим аргументом в пользу такой оговорки будет, вероятно, круг людей, с которыми Солженицын общался в 1960-е годы. Тот же Померанц, в качестве либерала ставший мишенью гневной риторики Солженицына, всегда проводил границу между ним и такими, как Солоухин и Глазунов, называя Солженицына — в противовес последним — «внутренне честным почвенником». Эта «внутренняя честность» представлялась самоочевидной также Анне Ахматовой и Лидии Чуковской и в 1962 году, когда был напечатан «Один день Ивана Денисовича», и в 1963-м, когда вышел «Матренин двор». Первое, что сказала Ахматова Чуковской после знакомства с Солженицыным: «Светоносец!»[2].

Вместе с тем уже в 1964 году Ахматова заметила, что из-за внутренней честности Солженицына «первой даме Империи» не удается до конца его понять:

> Мне мельком когда-то сказал Паустовский, что в «Одном дне Ивана Денисовича» звучат антиинтеллигентские ноты. Я мимо ушей эти слова пропустила. Счастлива, что дожила до Солженицына. Однако наша интеллигенция приняла не меньше страданий, чем наш народ. Сам-то он, Солженицын, кто? — народ или интеллигенция? Кто читает и почитает его: народ или интеллигенция? Разделение

церковные одеяния и перестанут пользоваться любым механизированным воздушным, наземным и водным транспортом (*Войнович В.* Москва 2042. М.: Вся Москва, 1990).

[1] *Tempest R.* Overwriting Chaos: Aleksandr Solzhenitsyn's Fictive Worlds. Boston: Academic Studies Press, 2019. P. 557; выделено в оригинале.

[2] *Чуковская Л.* Записки об Анне Ахматовой. Т. 2: 1952–1962. Париж: YMCA-Press, 1980. С. 449.

> мнимое и никчемное. В особенности после ежовщины и войны. Наша интеллигенция кроваво обвенчалась с народом. Это, кажется, из Герцена: «кроваво обвенчалась»? Не так ли?[1]

Интересно, что Ахматова повторяет жест Померанца, отметая воображаемое «разделение» (или, лучше сказать, разделение в воображаемом) между «интеллигенцией» и «народом», но тут же задается вопросом, кого представляет Солженицын, учитывая его, вероятно, антилиберальный настрой. В действительности на уровне как своих осознанных теорий, так и политического бессознательного Солженицын выступал олицетворением Субъекта отчасти либерального (достаточно, чтобы привлечь наиболее значительных представителей интеллигенции), отчасти консервативного (достаточно, чтобы привлечь современную ему и будущую авторитарную правящую элиту). Он провозгласил и собственную трактовку народа, понятную образованным городским массам. Солженицын оказался предвестником нового общественного договора, который был ему вполне представим еще в 1970–1980-е годы и который лег в основу государственной идеологии позднее, в постсоветский период. Суть этого договора опять же состояла в новом понимании российской элиты (как обычно, строящемся вокруг слова «интеллигенция») в сочетании с предположением о том, что даже после падения или радикальной трансформации советской власти политика в России в обозримом будущем должна оставаться исключительно элитарным делом.

Начнем с «Образованщины», самиздатского эссе, с которым полемизировал Померанц и окончательная редакция которого вошла в сборник «Из-под глыб», вышедший в 1974 году и ставший последней каплей для решения властей о высылке Солженицына. Впервые упомянув «Образованщину» в первой главе, я назвал ее неубедительной «почвеннической» альтернативой Померанцу. Однако с солженицынским эссе (по крайней мере в его финальной версии 1974 года) все

[1] *Чуковская Л.* Записки об Анне Ахматовой. Т. 3: 1963–1966. М.: Согласие, 1997. С. 188.

не так просто. В нем Солженицын действительно нападает на либералов, легкомысленно, по его мнению, относящихся к тому, что модернизация уничтожила народ. В ответ на утверждение Померанца, что городские интеллектуалы 1960-х годов лишь «играют в Аркадию», Солженицын отпускает саркастические замечания по поводу их игр — например, имен, которые эти интеллектуалы часто дают домашним животным:

> …Фома, Кузьма, Потап, Макар, Тимофей… И никому уха не режет, и никому не стыдно. Ведь мужики — только «оперные», *народа* не осталось, отчего ж крестьянскими, хрестьянскими именами и не покликать?[1]

При этом в «Образованщине» Солженицын признает, что Померанц, увы, большей частью прав в том, что касается социальных последствий уничтожения досоветской деревни: «…Он смертельно ранит нас утверждением, что… *народа*… больше не осталось. <…> Мрак и тоска. А — близко к тому»[2]. Один из возможных способов выйти из этого тупика — фантазии о том, что народ продолжает существовать среди масс, не вовлеченных непосредственно в культурную и научную жизнь СССР[3]. Но мысль Солженицына движется не только по этому пути — вот почему он начинает «Образованщину» с рассуждений о том, как изменилась интеллигенция в советское время в сравнении с досоветским, используя в качестве критерия альманах «Вехи» 1909 года. Цитируя или перефразируя текст «Вех», Солженицын ироничными вставками отмечает следующие позднесоветские отличия:

> Гипноз общей интеллигентской веры, идейная нетерпимость ко всякой другой, ненависть как страстный этический импульс. (Ушла вся эта страстная наполненность.) Фанатизм, глухой к голосу жизни.

---

1 *Солженицын А.* Образованщина // Солженицын А. Публицистика: В 3 т. Т. 1. М.: Верхневолжское кн. изд-во, 1995. С. 120.

2 Там же.

3 Там же. С. 123.

> (Ныне — прислушивание и подлаживание к практической обстановке.) Нет слова более непопулярного в интеллигентской среде, чем «смирение». (Сейчас подчинились, и до раболепства.) Мечтательность, прекраснодушие, недостаточное чувство действительности. (Теперь — трезвое утилитарное понимание её.) Нигилизм относительно труда. (Изжит.) Негодность к практической работе. (Годность.)[1]

Замечания Солженицына в скобках намекают, что советская культурная элита могла бы поучиться некоторым прежним моральным качествам «мечтательной» дореволюционной интеллигенции — в конце концов, «не низка ж была русская интеллигенция, если „Вехи“ применили к ней критику, столь высокую по требованиям»[2]. Однако Солженицын явно полагает, что надежды антисоциалистически настроенных веховцев первого десятилетия XX века могут сбыться в 1970-е. Авторы «Вех» хотели изменить значение слова «интеллигенция», чтобы оно стало применимо к более практичному, смиренному и буржуазному (без уничижительных коннотаций) слою общества[3]. Солженицын с некоторой иронией замечает, что в 1970-е годы такие люди в самом деле есть и в самом деле считают себя интеллигентами, как и надеялись авторы «Вех».

Между тем в «Письме вождям Советского Союза», сочиненном примерно в том же году, что и сборник «Из-под глыб», Солженицын тоже размышляет о возможности этнонационального и религиозного преображения среди современной советской политической элиты, которая в таком случае сможет заключить союз с неовеховской интеллигенцией[4]. Обращаясь к «советским вождям», он говорит: «…Вы

---

[1] *Солженицын А.* Образованщина. С. 88.

[2] Там же. С. 90.

[3] См. *Shatz M. S., Zimmerman J. E.* Introduction // Vekhi (Landmarks): A Collection of Articles about the Russian Intelligentsia / Trans. M. S. Shatz, J. E. Zimmerman. Armonk, NY: M. E. Sharpe, 1994. P. xi–xxxiv, особенно p. xix–xx.

[4] Письмо было написано в сентябре 1973 года, после чего Солженицын его «отправил по адресу». На следующий год его перепечатали за рубежом.

не чужды своему происхождению, отцам, дедам, прадедам и родным просторам… вы — не безнациональны»[1]. Именно поэтому он взывает к этой элите, льстя ей тем, что видит в ней не столько советских, сколько *русских* государственных деятелей. Аппаратчик, читающий письмо Солженицына, должен гордиться тем, что «внешняя политика царской России никогда не имела успехов сколько-нибудь сравнимых» с успехами советской дипломатии, которая «по своим реальным достижениям… могла бы считаться даже блистательной»[2]. Несмотря на эти слова, аппаратчик должен принять тот факт, что режиму пора меняться, потому что «каждая система или находит путь развития или падает». А чтобы двигаться вперед, полагает автор «Письма», правящая элита должна пойти навстречу неовеховцам. В 1970-е годы, когда создается текст «Письма», этот тезис принимает форму конкретных политических предложений: власть должна разрешить частное предпринимательство (ограниченное) и частную собственность (земельную), добиться разрядки в отношениях с Китаем, сосредоточиться на развитии Сибири и перестать преследовать христиан. Более того, власть должна пойти на принципиальные либеральные уступки в области культуры. Она должна разрешить «соревнование — не за власть! за истину! — всех идеологических и всех нравственных течений, в частности всех религий». Она должна допустить «свободное искусство, литературу, свободное книгопечатание — не политических книг, Боже упаси! не воззваний! не предвыборных листовок, — но философских, нравственных, экономических и социальных исследований». В конце концов:

> Чего вам опасаться? Неужели это так страшно? Неужели вы так не уверены в себе? У вас остается вся неколебимая власть, отдельная

См. вступление к «Письму» в сборнике: *Солженицын А. И.* Публицистика. Т. 1. С. 148. «Образованщина» была опубликована в тамиздатском сборнике «Из-под глыб» в 1974 году: Из-под глыб. Париж: YMCA-Press, 1974. Именно этот сборник сыграл решающую роль в высылке Солженицына.

[1] *Солженицын А. И.* Письмо вождям Советского Союза // Солженицын А. И. Публицистика. Т. 1. С. 149.

[2] Там же. С. 151.

> сильная замкнутая партия, армия, милиция, промышленность, транспорт, связь, недра, монополия внешней торговли, принудительный курс рубля, — но дайте же народу дышать, думать и развиваться![1]

Несколькими страницами раньше Солженицын предлагает также возродить существовавшую в 1917 году систему советов, чтобы внутри авторитарной системы появился хоть какой-то механизм обратной связи парламентского типа. Он просит и об амнистии для политзаключенных.

Если вождям удастся провести все эти реформы, заключает Солженицын, они создадут «нравственный» авторитаризм, на стороне которого будут и неовеховцы[2]. Ведь «мы», если на то пошло, не категорически против авторитаризма; «мы» — Субъект, от имени которого говорит Солженицын, — считаем «нравственный» авторитарный строй достойным компромиссом в сравнении с господствующей на Западе безнравственной демократией. «Мы» вынуждены признать, что для демократии в России еще «зелен виноград», как не созрела страна для нее и накануне Первой мировой войны[3]. «Нас» ужасает, как западные демократы разбазаривают деньги на выборы, непатриотично проигрывают войны и отказываются от собственной национальной самобытности ради ложно понятого плюрализма[4]. Может, когда-нибудь западные лодыри научатся любить родину, будут поощрять умеренную ксенофобию и перестанут пытаться использовать в освободительных целях демократические

---

[1] *Солженицын А. И.* Письмо вождям Советского Союза. С. 184.

[2] Там же. С. 181.

[3] Там же. С. 179.

[4] О напрасных тратах на выборы и непатриотичности американского общества см.: *Солженицын А. И.* Письмо вождям. С. 179–180, 176. Выпады против плюрализма есть и в «Образованщине», где Солженицын утверждает, что приверженность постколониальной Великобритании идее Британского содружества сочетается с характерным для британского либерализма «возмущением общества против малейших расовых утеснений», в результате чего «страна наводнилась азиатами и вест-индцами, совершенно равнодушными к английской земле, культуре, традициям и только ищущими пристроиться к уже готовому высокому стандарту жизни» (*Солженицын А. И.* Образованщина. С. 117–118).

институты. Тем временем российский неовеховский Субъект уже сознает необходимость такого мировоззрения. Ему вполне достаточно «нравственного» авторитаризма с долей парламентаризма на местах.

В 1974 году, после выхода сборника «Из-под глыб», Солженицын отправился в изгнание в Вермонт и в последующие десять лет, находясь за границей, продолжил обобщать свои взгляды на достойную коалицию российских вождей и их сторонников; он поместил ее в позднеимперский период — время действия первого романа из его историко-художественного цикла «Красное колесо», «Август Четырнадцатого». Первоначальная редакция 1971 года представляет собой эпопею о русской армии в самом начале Первой мировой войны в духе Толстого. Действуют в ней как реальные исторические лица, так и вымышленные персонажи, запутавшиеся в исторической логике войны. К последним относится главный герой, полковник Воротынцев, а также ряд положительных и отрицательных персонажей, находящихся в русском тылу, где обстановка все еще мирная, и взаимодействующих друг с другом на протяжении нескольких недель августа 1914 года. В расширенной версии 1983 года логика временных рамок повествования теряется — несколько сот страниц занимает экскурс в историю возвышения, падения и убийства Столыпина в авторской трактовке. Излагая эту историю, Солженицын заявляет, что жизнь Столыпина ознаменовала собой важнейший потенциал развития России, а его убийство стало предзнаменованием национальной трагедии, начавшейся в 1914 году. Однако подразумевается, что столыпинство *могло* одержать победу в определенных условиях — и что у него еще есть шанс.

Столыпин в «Августе Четырнадцатого» высказывает мысли Солженицына, касающиеся успешности консервативно-реформаторского правления. Премьер-министр — прежде всего чрезвычайно сведущий и прагматичный политик, способный ходить «по лезвию, между двух бездн»: с одной стороны, риском позволить недавно появившейся в России Думе узурпировать власть, устроив бесконтрольную демократию, с другой — риском допустить полную ликвидацию

Думы без всяких реформ, к чему стремится царское правительство[1]. Солженицын постоянно подчеркивает, что Столыпин не принадлежит ни к левым, ни к правым, но вместе с тем ясно, что выбранный Столыпиным средний путь не результат продиктованного некими правилами политического компромисса, а *вне*парламентская стратегия, к которой прибегает Великий Вождь, скептически относящийся к демократии, но умеющий приспособить новые демократические институты для укрепления своей власти. Действия Столыпина предстают оправданными, потому что, как он говорит в своей знаменитой речи (которую Солженицын не упускает случая процитировать), «им [избранным депутатам Думы, в которых Солженицын видит врагов государственности] нужны — великие потрясения, нам нужна — великая Россия»[2].

Солженицын-повествователь и солженицынский Столыпин понимают, что авторитарная тактика премьер-министра, занимающего позицию «над схваткой», требует оправдания — но в чьих глазах? Ответ: в глазах коалиции неовеховского «мы» и политической элиты 1970–1980-х годов. Вот почему в «Августе Четырнадцатого» развиваются мысли, высказанные в «Письме». Здесь Россия тоже «еще не созрела» для демократии. И Столыпин здесь тоже олицетворяет «нравственный» авторитаризм — может, даже более высокого порядка, ведь он *отчасти* демократ. Да, он считает создание Думы в горячке 1905 года «опрометчивым», потому что те, кто в ней заседает, еще не готовы к этому[3]. Депутаты, избранные в тот год в Думу, являли собой, по словам Солженицына, «не Россию, а карикатуру на нее»: «Этот избирательный закон все равно не даст верного представительства России: еще нет той массы граждан, готовых ко всеобщим

---

[1] *Солженицын А.И.* Узел I: Август Четырнадцатого. Книга 2 // Солженицын А.И. Собрание сочинений: В 30 т. Т. 8. М.: Время, 2006. С. 178.

[2] Там же. С. 176. См. контекст этой фразы в реальной речи Столыпина: *Столыпин П.А.* Сборник речей Петра Аркадьевича Столыпина, произнесенных в заседаниях Государственного совета и Государственной думы (1906–1911). СПб.: Изд. В.В. Логачева, 1911. С. 40.

[3] Там же. С. 178.

равным выборам»[1]. Тем не менее Столыпин «истинно нуждался» в Думе, и «именно он и убеждал Россию, что эпоха конституционного правления утвердилась»[2]. Просто России «нельзя так покорно копировать заемные западные устройства, но надо иметь смелость идти своим русским путем», имея за спиной тысячелетнюю историю, где были «дебри… морозы… хазары… татары… ливонцы… поляки»[3].

Со слов Солженицына нам также известно, что в душе Столыпин — демократ, ведь он явно «предлагал либеральную освободительную программу», весьма близкую к партийным платформам, принятым на Западе в конце XX века[4]. Подробно расписывая столыпинские планы по введению новых законов — касающиеся, в частности, медицинского страхования, пособия по безработице, развития инфраструктуры, нового трудового законодательства и большей автономии земств, — Солженицын, несомненно, сознает, что изображает нечто присутствующее в программах многих центристских парламентский партий[5]. По той же причине Солженицын подчеркивает, что венчает столыпинскую программу план передачи в частную собственность земельных участков. Когда крестьянин получает землю в собственность, а вместе с ней социальную поддержку и инфраструктуру, читатели должны безошибочно узнать долгожданную нормальность западного капитализма, наконец добравшуюся до России, — неважно, что для этого Столыпину пришлось подтасовать результаты трех думских выборов подряд и *все равно* проводить все свои реформы с санкции царя, пока Дума была принудительно распущена. Несмотря на все это, Столыпин остается воплощением современного либерального реформатора — ему просто не отдают должное. Либеральные кадеты закрывают глаза на правду из собственного политического тщеславия, а деревня отказывается признать, что Столыпин действует

[1] Там же.

[2] Там же. С. 187.

[3] Там же. С. 152, 211.

[4] Там же. С. 173.

[5] Там же. С. 216.

в ее интересах, поскольку их «представительство в Думе» «мнимое, неподготовленное» и они не понимают своих подлинных нужд[1]. Солженицын усматривает в этом доказательство, что в России даже политическую почву для либеральной демократии необязательно готовить демократическими средствами, — вероятно, по вине все тех же хазар, татар и ливонцев.

Однако последнее замечание, касающееся приверженности Столыпина частичной демократии, связано с тем, кого именно он представляет, и в этом смысле весьма показательно, что, несмотря на стилизацию под народную речь и встречающиеся местами вкрапления сказа на украинский манер, Солженицын в «Августе Четырнадцатого» не стремится изображать крестьян. Его интересует скорее позднеимперская элита, которую позднесоветская младшая интеллигенция опознает как таковую. Все положительные герои «Августа Четырнадцатого» — именно такие новые досоветские, а на самом деле потенциальные постсоветские, люди (большей частью мужчины). К ним относятся Воротынцев, «младотурок», недавно окончивший обновленную военную академию (в новой редакции романа Воротынцев даже думает о Столыпине как раз в момент, когда его осаждают реакционеры из высшего командования)[2], интеллигент-патриот Харитонов, медиевистка Андозерская и пара состоятельных инженеров, как будто взятых из романов Айн Рэнд, Ободовский и Архангородский, сообща излагающих столыпинскую систему ценностей от имени читателей брежневской эпохи. Инженеры уверены, что в мире «раскол — на революционеров и инженеров, разрушать или строить» и что именно «строителей» пора называть интеллигенцией:

> А мы — не интеллигенция? Вот мы, инженеры, кто всё главное делает и строит, — мы не интеллигенция? Но разумный человек не может быть за революцию, потому что революция есть длительное и безумное разрушение[3].

---

[1] *Столыпин П. А.* Сборник речей. С. 180.

[2] Там же. С. 465.

[3] Там же. С. 443, 447.

Эти «разумные» инженеры, как и Столыпин, с опаской относятся к излишней демократии, потому что, как они объясняют в романе своим выскочкам-детям:

> Ваш социализм для такой страны, как Россия, еще долго не пригодится. И пока достаточно б нам либеральной конституции. Не думайте, что республика — это пирог, объедение[1].

Более того, Солженицын прочит этих разумных инженеров на роль пророков, освященных религиозным сценарием смерти и будущего воскресения. За две главы до финала романа Архангородский негодует:

> С этой стороны — черная сотня! С этой стороны — красная сотня! А посредине… <…> десяток работников хотят пробиться — нельзя! <…> Раздавят! Расплющат![2]

Пафос «Августа Четырнадцатого» зиждется на том, что, как известно читателям, в прошлом ничего изменить уже нельзя, несмотря на все ламентации увязших в нем вымышленных персонажей. Впрочем, этому пафосу, как и всяким порядочным ламентациям, суждено мессианское будущее — он предвосхищает воскресение Архангородского в позднесоветском читателе, которому адресован текст Солженицына.

Солженицынское столыпинство сочетает в себе разные дискурсивные линии, уже рассмотренные в первых четырех главах этой книги. Солженицын как писатель и диссидент сформирован непростым сотрудничеством между старой или возрожденной либеральной интеллигенцией постсталинской эпохи и институтами советского просвещения. Между тем его социальная идентичность полностью соответствует образу «занародного» класса ИТР, каким он представлялся Померанцу. Солженицын изображает досоветское прошлое как прошлое, которому не было предначертано стать советским. По мысли Солженицына,

---

1 Там же. С. 447.

2 Там же. С. 449.

1900-е годы были временем, когда альтернативная неовеховская массовая элита *уже* существовала, — для ее появления не требовался советский период. Такая трактовка — следствие предпосылок либерального и консервативного дискурса, рассмотренных в первой и второй главах. Но от либерального крыла своей аудитории (вероятно, именно поэтому часто относившейся к нему с опаской) Солженицын отличался тем, что стремился открыто провозгласить установки, лежавшие в основе негласного консенсуса между режимом и либеральной элитой. Такая прямота — характерная особенность консервативного активизма столыпинистского типа.

Столыпинистский Субъект призывает аудиторию добровольно подрезать себе крылья, более последовательно и открыто отказаться от ценностного наследия прогрессивной интеллигенции, вера в которое уже и так поколеблена, — в обмен на место за столом реформированной, менее авторитарной власти, где эту аудиторию тоже признают за «солидных господ». Кроме того, столыпинец, подобно Обломову у Михалкова (о котором мы говорили в четвертой главе), одновременно считает себя возрожденной интеллигенцией и постнародом, а при таком сглаживании различий уходит народническое сомнение, некогда накладывавшее отпечаток на политические стратегии имперской интеллигенции, — сомнение в том, что узкий круг представителей столичной элиты знает или адекватно представляет тех многих, кто заслуживает представительства. Столыпинцу не о чем беспокоиться: он избавлен от подобных политических угрызений, ведь он, как и консерваторы вроде Солоухина, Кожинова, Михалкова и других, знает, что картину социальной гармонии, особенно в России (с ее историей катаклизмов), надо ставить выше докучливых свербящих вопросов о том, кто кого представляет, кто такие немногие и многие. И так уж случилось, что такого взгляда на гармонию в обществе легче добиться среди постнародного электората, который не помнит об этом давнем разделении и которому внушено (как ни парадоксально, *советским* просвещением), что они *уже* составляют множество.

Столыпинистский мейнстрим конца перестройки

Перестройка, инициатором которой выступил на удивление хорошо сохранившийся «шестидесятник» Горбачев, поставила важный политический вопрос о дискурсе, который бы объединил задействованные в этом процессе политические коллективы. Горбачев полагал, что радикальных перемен можно добиться, вновь напомнив о ленинских социалистических идеалах, возвращение к которым интеллигенция 1960-х годов воспринимала с таким воодушевлением вплоть до Пражской весны. Однако, как вскоре обнаружил и сам Горбачев, и широкая советская публика, особенно после созыва Съезда народных депутатов (СНД) — изначально задуманного как мягкий парламентарный форум, но быстро превратившегося в подобие учредительного собрания, — возвращение к обновленной постсталинской социалистической программе не привлекало общество. «Прорабы» перестройки провели рыночные реформы, чтобы оздоровить советскую экономику, но стало еще хуже. В дискуссиях, шедших в СНД и других средоточиях гласности, под сомнение ставился смысл существования всего советского государственного аппарата. К 1989 году расцвела преступность, новоиспеченный капиталистический «бизнес» рос как на дрожжах за счет нацеленных на быстрое обогащение махинаций, на окраинах Союза набирали силу общественные беспорядки и движения за независимость, а СНД тем временем стал площадкой Межрегиональной депутатской группы (МДГ) — прорыночной коалиции, которую поддерживал городской образованный ИТР-класс[1]. До перестройки Горбачев не без оснований думал, что ИТР поддерживают социализм, потому что, как отметил Марк Липовецкий, до начала перестройки дискурс ИТР сочетал в себе твердую веру в трезвый научный прагматизм с приверженностью, в общем и целом, социалистическим

[1] О быстром переходе перестройки в распад СССР см.: *Коткин С.* Предотвращенный Армагеддон. Распад Советского Союза, 1970–2000 / Пер. И. Христофорова. М.: Новое литературное обозрение, 2018; см. также: *Медведев Р.* Советский Союз: последние годы жизни. М.: Астрель, 2010.

Илл. 8. Упадок русской деревни, показываемый под песню Высоцкого «Что за дом притих...». Кадр из фильма «Так жить нельзя», реж. Станислав Говорухин (Мосфильм, 1990).

идеалам[1]. Когда перестройка перешла в фазу кардинального пересмотра экономики, выяснилось, что прагматизму трудно ужиться с социализмом. Именно тогда настал момент открыто и отчетливо сформулировать принципы столыпинства как идеологии коалиции, которая вот-вот окажется у власти, что мы и видим в двух популярных документальных фильмах Станислава Говорухина, «Так жить нельзя» (1990) и «Россия, которую мы потеряли» (1992).

В картинах Говорухина столыпинство сливается с риторикой постсоветской демократии, присущей коалиции МДГ. Говорухин обращается к группе, перед которой стоит дилемма: с одной стороны, ее члены стремятся обеспечить себе большее представительство в парламенте и власть, с другой — они понимают, что массовое представительство (выборы, опросы общественного мнения, политика партийных коалиций) может идти вразрез с их интересами. Поэтому

---

[1] О дискурсе советской «массовой технической интеллигенции» среднего класса (она же класс ИТР) см.: *Lipovetsky M.* The Poetics of ITR Discourse. О столкновении прагматизма и социализма на материале одного конкретного примера из быта ИТР эпохи перестройки, телепередачи «Что? Где? Когда?», см.: *Khazanov P.* What Is Our Life?

столыпинство в версии Говорухина представляет грядущее закрепление власти за МДГ как проект, нацеленный на возвращение к имперской нормальности, к социальным отношениям потребительского капитализма, при котором нынешние врачи и инженеры наконец заживут счастливой жизнью среднего класса, как врачи и инженеры былых времен. При этом Говорухин подчеркивает, что по ту сторону этой коалиции — аномальные, почти неисправимые и не нуждающиеся в представительстве орды. В отдаленном будущем они, возможно, смогут участвовать в политике, но только после существенной евгенистической эволюции. Пока же те, кто называет себя демократами, должны воздержаться от установления демократии для кого-либо, кроме самих себя.

«Так жить нельзя» позиционируется как документальный фильм о преступности в позднесоветский период и о «международном опыте борьбы с преступностью», и первая треть фильма посвящена повседневным вопросам, касающимся эффективного поддержания порядка: как быстро выхватить и убрать оружие, сколько платить милиционерам, как патрулировать улицы и т. д. Первая часть фильма, выдержанная в типичной для перестроечной чернухи натуралистической стилистике, призвана показать, что Россия кишит совершенно безнадежным массовым криминальным элементом, бороться с которым можно только применением силы, сразу стреляя на поражение (как нью-йоркская полиция, которой Говорухин восхищается), либо массовым обуржуазиванием общества (как в Западной Германии, где полицейским, похоже, и стрелять ни в кого не надо, что тоже восхищает Говорухина). Вторая и третья части фильма подкрепляют обе мысли, подчеркивая, сколь бездонно глубоки исторические корни нынешнего недуга. Нам сообщают, что уличная преступность 1989 года — прямое следствие революционных преступлений 1917-го. Советское государство, заявляет Говорухин, действовало как «селекционер-мичуринец», уничтоживший человеческую «породу» на территории России. Поэтому нынешние советские граждане превратились в нелюдей с «собачьим лицом», как еще в 1918 году предсказывал писатель-белоэмигрант Иван

Бунин[1]. Особенно отчетливо эта мысль считывается в начале второй части, когда мы видим череду кадров, изображающих алкоголиков и рецидивистов, а фоном при этом звучит песня Владимира Высоцкого «Что за дом притих…»[2]. Когда Высоцкий доходит до слов: «Укажите мне край, где светло от лампад», нам показывают разрушенные церкви. Мы слышим о полуразрушенном «бараке», обитатели которого «траву кушают — век на щавеле» и «скисли душами», потому что привыкли «жить впотьмах».

Сразу после этой картины запустения Говорухин переходит к массовым преступлениям советского режима, особо останавливаясь на расстрелах высокопоставленной знати — царской семьи и других Романовых — и поэта Николая Гумилева. Эти преступления — источник зла: они остались безнаказанными, поэтому сегодня преступники уверены, что все позволено. В этой достоевщине виновен безбожный советский режим. Кончается фильм «Так жить нельзя» ощущением почти полной безысходности: в финале фильма огромные толпы, набрасывающиеся на некачественные товары, продаваемые «с рук» на одесском «толчке», соседствуют со сценами в Баку, где оплакивают погибших армян, убитых азербайджанцами и советскими войсками, которые пришли наводить порядок. Единственный проблеск надежды появляется в самом конце фильма, когда мы видим кадры падения Берлинской стены, знаменующие окончание «времен мракобесия и позора»[3]. Не то чтобы Говорухин призывал европейцев по ту сторону стены к активному участию в становлении России. Запад для него скорее воплощает целительную нормальность, по сравнению с которой Россия выглядит вопиющей аномалией. Поэтому к концу фильма мы узнаём, откуда взято его название — из монолога популярного в 1980-е годы Михаила Жванецкого: «Вот я и думаю,

---

1 «Так жить нельзя» (1990), реж. Станислав Говорухин (Москва, Мосфильм; Мюнхен, Filmverlag der Autoren): https://www.youtube.com/watch?v=Spm2rsNPncQ&t=5828s. 45:45; 1:14:30–1:15:15.

2 Там же. 41:00–44:15.

3 Там же. 1:46:30.

а может, нас для примера держат? Весь мир смотрит и пальцем показывает: „Видите, дети, так жить нельзя“»[1].

В ответ на шутку Жванецкого и фильм Говорухина «нам» остается только сделать вывод, что мы должны стать нормальными. Но что это за «мы», к которым обращена картина? К какому Субъекту оно относится? Кадры событий в Баку указывают на то, что «мы» не явные националисты. Сцены в очереди за водкой рядом с химическим заводом говорят о том, что «мы» не рабочие или еще какие-то представители выродившегося народа. Распутные подростки, неуважительно относящиеся к старшим, служат доказательством, что нельзя положиться и на перестроечную молодежь: «…наша завтрашняя армия… не боеспособна»[2]. Примечательно отсутствие в фильме технического среднего класса, новых солженицынских Воротынцевых, Ободовских и Архангородских — то есть аудитории, как раз подходящей Говорухину, той, которую он сам формировал на протяжении 1970-х годов[3]. В «Так жить нельзя» эти нормальные, здравомыслящие люди не появляются ни разу, именно потому что весь фильм снят с их точки зрения. А «Россия, которую мы потеряли» прямо обращена к этой группе нормальных людей — они и есть вынесенные в заглавие «мы». Фильм опирается на позднесоветские идеологемы досоветского прошлого (рассмотренные во второй и четвертой главах), и «мы» во фразе «Россия, которую мы потеряли» находимся по обе стороны советского периода, и по отношению к нам советская власть просто ни при чем. Говорухинское «мы» — это люди, которые уже и так существовали в прошлом, это «нормальная» профессиональная буржуазия, которой советский проект был абсолютно не нужен. Однако разница между позднесоветским периодом, когда Солженицын писал свой роман, и 1992 годом заключается в том, что во втором случае «мы» уже понимаем, что заручились

---

[1] Там же. 1:37:00.

[2] Там же. 1:34:30.

[3] О привлекательности Говорухина для массовой технической интеллигенции см.: *Lipovetsky M.* Poetics of ITR Discourse.

местом (пусть и не самым хорошим) в постсоветском проекте обретения нормальности.

Тяга к антисоветской буржуазной нормальности (которая теперь предстает как до- и постсоветская) бросается в глаза с первых же кадров «России, которую мы потеряли», где Говорухин приглашает зрителей в легендарный московский гастроном «Елисеевский». Здесь, заявляет он почти с гоголевским воодушевлением, было царство потребительского изобилия, столь желанное для позднесоветского городского образованного общества и якобы принадлежавшее его предкам до прихода коммунистов:

> И пока камера скользит по потолку — внизу-то смотреть нечего, — раскроем Гиляровского… почитаем, что же стояло на прилавках магазина: окорока вареные, вестфальские окорока… жирные остендские устрицы… огромные красные омары и лангусты, стерляжья мелкая икра, темная осетровая, крупная, зернышко к зернышку, белужья… Ну, наверное, хватит, и так уж похоже на издевательство над нашим человеком. Поговорим лучше о ценах и зарплатах в тринадцатом году. Ученик рабочего получал 30 рублей в месяц, профессиональный рабочий — до ста и выше. Хлеб стоил две копейки фунт, мясо — пятнадцать копеек. Врач и учитель зарабатывали до двухсот рублей в месяц. Масло стоило 45 копеек за фунт, сахар — 17 копеек, икра — 3 рубля 40 копеек фунт, бочка воблы — 2,60, водка — 13 рублей ведро. Одессит бы на это сказал: «И кому это мешало?»[1]

Эти кадры тянутся целых две минуты, и все это время закадровый голос явно обращается к зрителям, считающим свой социальный статус близким к прежним врачам и учителям. Неспешный, буднично звучащий баритон Говорухина, приглушенная фоновая музыка и свободный монтаж оставляют зрителям достаточно времени, чтобы прикинуть, сколько именно икры можно было купить на дореволюционные зарплаты. Меткий житейский еврейско-одесский юмор,

[1] «Россия, которую мы потеряли» (1992), реж. Станислав Говорухин (Москва, Мосфильм): https://www.youtube.com/watch?v=Qy6ul82hN4I. 7:00–8:30.

пользовавшийся спросом у профессионалов среднего звена, на которых и рассчитан фильм, усиливает эффект. Конечно, никаких продуктов на полках мы не видим, и Говорухин отмечает, что в 1991 году, когда снимается фильм, смотреть здесь не на что. Зато мы видим архитектурные детали здания, построенного на рубеже веков, и они тоже производят определенное впечатление, навевая грезы о грядущем постсоветском буржуазном потреблении в комфортной обстановке этого славного дореволюционного пространства.

На самом деле Говорухин завышает зарплаты, не упоминает плату за квартиру, забывает, что в дореволюционной семье был только один добытчик, и даже не задумывается, насколько востребованность врача или инженера в стране с 10 процентами грамотного населения отличалась от нынешней[1]. Осознанно режиссер манипулирует данными или нет, он, безусловно, добивается того, что «нам», рядовым зрителям постсоветских 1990-х, кажется, будто «Россия, которую мы потеряли» и впрямь наша — именно она, а не Россия дедов современных технарей, которые чаще всего не были образованными, не выросли в городе и не получали большую зарплату. Эта привлекательная дореволюционная витрина должна отбить всякое желание копаться в истории, она должна заставить нас почувствовать, что когда-то мы ходили сюда за покупками и теперь опять сможем ходить — сюда и в другие магазины со стилизованными витринами, только открывающиеся в Москве, где быстрыми темпами, уже в начале 1990-х, наступал капитализм. Кроме того, фильм ясно дает понять, что культура дореволюционной России Серебряного века — скажем, поэзия Гумилева — тоже принадлежит нам. Мы, зрители постсоветского периода, должны считать себя интеллигенцией, экономически успешной и утонченной, профессиональной и культурной — иными словами, элитой, которая имеет моральное право на свой социальный статус и для которой постсоветский проект

[1] *Мягкова М.* Где жили москвичи 100 лет назад и сколько это стоило // РБК: https://realty.rbc.ru/news/5a3123889a79470077f5d87b?fbclid=IwAR3e5RnsajoAL2DJBsGykDL4iVfuHN6chaqXpbo7mHsGR3w_ZUN1zx1E9Bo.

перехода к капитализму должен заключаться прежде всего в обретении этого заслуженного статуса[1].

Но должен ли постсоветский проект быть направлен также на демократические гражданские добродетели? На этот счет у режиссера «России, которую мы потеряли» явно возникают сомнения. В конце концов, кто виноват в утрате этой «нашей» имперской России? Само собой, большевики, но еще и «мечтательная» дореволюционная интеллигенция, которую порицали авторы «Вех», а недавно и Солженицын. Поэтому, демонстрируя кадры из революционного Петрограда, Говорухин произносит:

> Как радовались… Свобода! Между тем, еще Столыпин предупреждал: «Я говорю, надо дать свободу. Но при этом добавлю — предварительно нужно создать граждан». <…> «Да будет ваша святая кровь последней, пролитой за свободу родины» [надпись на плакате] — не-е-ет! <…> Это только первый ручеек крови. <…> Закономерный итог всякой революции — разруха: никто не работает, крестьяне не сеют, не пашут. <…> идут фильмы — вакханалия пошлости <…> Ну да не нам объяснять, что это такое. Мы плохо выучили уроки Февральской революции и поэтому повторили ее, всю до мелочей. <…> Похоже, это наш завтрашний день[2].

«Уроки Февральской революции», по Говорухину, состоят в том, что свобода опасна и что «нам», зрителям, это теперь хорошо известно. Мы уже видели «Так жить нельзя» и знаем, что окружающие нас орды еще не доросли до надлежащего уровня развития, не превратились в «граждан».

Вместе с тем фильмы Говорухина исходят из предположения, что его аудитория принадлежит к группе, называющей себя «демократами» и недавно, хоть и с трудом, одержавшей ряд побед над коммунистами. Да, наверное, Ельцин, руководитель, которого эти победы привели к власти, тоже

---

[1] Подробнее о формировании дискурса капиталистической интеллигенции, обладающей моральным правом на такой статус, см.: *Khazanov P.* What Is Our Life?

[2] «Россия, которую мы потеряли». 1:02:40–1:05:30.

не настоящий «демократ». Поэтому Говорухин сокрушенно заявляет: «Нет, мы не собираемся защищать сегодняшних руководителей страны [то есть Ельцина в 1992 году] — никакие они не демократы…»[1] И все же слово «демократы» в этой риторике явно обозначает общественную добродетель, относительно которой Ельцину по меньшей мере хватает порядочности лицемерить. Эта мысль еще более отчетливо считывается в документальном фильме Говорухина о Солженицыне, снятом в 1992 году, где последний возмущается, что ельцинское правительство состоит из той же старой номенклатуры: чтобы превратиться в постсоветских аппаратчиков, им даже не пришлось перебираться из своих кабинетов[2]. «Мы», подлинные демократы, уже понимаем, что они *должны* были покинуть свои места, да они и сами это понимают — во всяком случае, достаточно, чтобы делать вид, будто стали такими же демократами, как мы.

Поскольку говорухинских демократов осаждают с обеих сторон (с одной — продажный Ельцин, с другой — рыскающие орды), единственный путь вперед — это действия в режиме чрезвычайного положения, и получается, что управление этим чрезвычайным положением строится на якобы общепонятной, нормативной иерархии ценностей, которые были характерны для досоветской элиты и, как полагаем «мы», то есть постсоветский средний класс, присущи уже и нам. Поэтому Говорухин призывает нас вернуться к ценностям «чести, благородства, достоинства», олицетворяемым самыми разными людьми, от Столыпина и Николая II до Гумилева и русской промышленной буржуазии, — впрочем, подразумевается, что мы *уже* вернулись к этим ценностям[3]. В сущности, эти ценности и обеспечили наш общий успех в борьбе со старыми аппаратчиками КПСС во время путча 1991 года. Свидетельством этой победы служит и сам фильм:

---

1 Там же. 1:30:45.

2 «Александр Солженицын» (документальный телефильм, 1992), реж. Станислав Говорухин (Москва, «Экран»). Часть 1: https://www.youtube.com/watch?v=8lKEyIi1Vvs (видео с ограниченным доступом). 38:15–39:00. См. также: *Медведев Р.* Советский Союз.

3 «Так жить нельзя». 47:00.

> Мы находимся в Партийном, иначе Ленинском, архиве. Сейчас зима, дело, как видите, происходит после августа 1991 года, который рассекретил это самое секретное учреждение нашей страны[1].

Это рассекречивание, которого добились заслуживающие уважения, достойные и благородные москвичи, доказывает, что мы уже вернули кое-что из нашего славного досоветского наследия. Но наш проект не доведен до конца, и мы должны помазывать более подходящих лидеров, чтобы они вели нас в этой чрезвычайной ситуации. Эти лидеры должны прежде всего прислушаться к совету из того же фильма: «Остановить обнищание — любой ценой! Укротить преступников и остановить обнищание! Только так можно спасти Россию и ее будущее»[2]. Кому должны быть подотчетны эти лидеры? Уж конечно, не преступникам, которые бродят по улицам, но и не ордам, которые мы уже видели на одесском толчке в фильме «Так жить нельзя» (к слову, то, что торговцы на толкучке, — капиталисты из народа, Говорухина не особенно впечатляет, потому что они не носители элитистского этоса, который сопутствовал бы их занятиям). Может даже статься, что новые лидеры не будут подотчетны и нам; они должны отвечать столыпинскому идеалу, который и нам следует принять и который предполагает срочные реформы — от нашего имени, но без нашего непосредственного контроля. Именно таков смысл упоминания солженицынского Столыпина в 1992 году, когда Говорухин объясняет, что премьер-министра «одинаково ненавидели и левые, и правые» — как человека «смелого» и «идущего против ветра»[3].

«Хозяйственность»: путинизм как столыпинство

Уже в начале 1990-х годов антисоветский дискурс о досоветском прошлом, который мы видели у Солженицына и Говорухина, оказывается чрезвычайно на руку новым (но на

---

[1] «Россия, которую мы потеряли». 44:50.

[2] Там же. 1:42:45–1:43:00.

[3] Там же. 27:00.

самом деле старым) правительственным кадрам. Мэр Лужков использует его в своих интересах, проводя собственную программу имперского ретро для «массовой элиты», и прямо апеллирует к логике столыпинства, объясняя свой оправданный в чрезвычайной ситуации авторитаризм. В частности, в 1990 году, когда Лужков еще не занял прочно пост мэра, во время конфронтации с Моссоветом скептически настроенная публика спрашивает его: «Скажите, а на какой платформе вы стоите? Вы демократ или коммунист? Или, может, независимый?» — на что Лужков отвечает, объясняя свой подход к управлению: «Я был и остаюсь на одной платформе. Хозяйственной. <…> Я из партии хозяйственников!» И продолжает:

> Этот принцип… дал возможность иметь сегодня в московском правительстве и работников старой системы, что развалилась в процессе преобразований, и тех, кто боролся с этой системой, и тех, кто пришел из других отраслей. <…> Вот эту философию исполнительной власти мы проводили с самого начала при подборе кадров[1].

«Философия исполнительной власти», предлагаемая Лужковым, в точности воспроизводит миф о столыпинской власти, не ориентированной ни на левых, ни на правых. К чему это мелкое политиканство, если важна лишь «хозяйственность». Хозяйственность эта сочетается у Лужкова с пристрастием к дореволюционной «подлинности» московской застройки. Все это вопрос здравого смысла — *общего* здравого смысла, действующего для «нас», для того чтобы удовлетворить наши желания неоимперской интеллигенции, но без скучных дискуссий в законодательных органах. Главное риторическое оружие, которым столыпинство оберегает режим, состоит в утверждении, что даже демократы, которым политики вроде Лужкова обязаны своей карьерой, не должны приставать с вопросами к аппаратчику, проявляющему «хозяйственность», хотя бы этот аппаратчик прошел через двадцать лет

[1] *Лужков Ю.* Мы дети твои, Москва! С. 177–179.

партийной дисциплины. Имперское ретро выступает убедительным доказательством хозяйственности, потому что сигнализирует избирателям, что они и их руководство разделяют одни и те же столыпинистские ценности. Другим доказательством, по иронии судьбы, становится легкость, с какой аппаратчик-столыпинец отвергает претензии парламента к его методам управления, — если только он может доказать, что эти претензии исходят от недобросовестных лиц, не составляющих трезвомыслящее «мы». И мы знаем, что скорее всего так и есть, потому что неизменный враг столыпинца — «красно-коричневые». Пока столыпинство изображает своего политического противника как безумный союз левых и правых, невозможно представить себе законное противостояние такой идеологии власти ни с левого, ни с правого фланга. Столыпинец «нормален», а попытки противостоять ему — нет. Наиболее лаконично эта парадоксальная, но, как мы уже видели, в основе своей привлекательная идеологическая нелепость выражена в путинистской идее «управляемой демократии». Разработку этой концепции можно проследить в истории культа Столыпина, который явно создавался в поддержку постсоветской правящей элиты, начиная с эволюции книг Святослава Рыбаса о Столыпине в жанре популярной биографии и заканчивая открытием памятника Столыпину в Москве в 2012 году — что знаменательно, сразу после летних протестов против фальсификации результатов выборов и избрания Путина на третий срок.

Хотя, согласно исследованию Ицхака Брудного, писатель Святослав Рыбас значится в рядах «заметных интеллектуалов националистического толка» еще с 1985 года, до перестройки он не был так уж заметен[1]. Тиражи его книг нельзя назвать огромными (375 000 экземпляров в период с 1983 по 1985 год), особенно по сравнению с такими авторами, как Астафьев и Бондарев. Однако в молодости Рыбас явно добился успеха в кругах русской националистической элиты, заведовавшей издательством «Молодая гвардия», где вышло

[1] *Brudny Y.* Reinventing Russia: Russian Nationalism and the Soviet State. Cambridge, MA: Harvard University Press, 1998. P. 128.

большинство его книг[1]. После распада СССР Рыбас нашел в социальном ландшафте новую нишу. В 1990-е годы он входил в число инициаторов восстановления храма Христа Спасителя и стал почетным членом и профессором Академии военных наук РФ. Примерно в то же время, когда Говорухин выпустил свои столыпинистские документальные фильмы, Рыбас — совместно с Ларисой Таракановой — написал биографию Столыпина, озаглавленную «Реформатор» и вышедшую в издательстве технической литературы «Недра»[2].

В целом панегирическая интерпретация жизни и деятельности Столыпина в этом тексте схожа с трактовками Говорухина и Солженицына. Рыбас и Тараканова усиливают акцент своих предшественников на блистательном капиталистическом элементе столыпинства и категорично заявляют о нем как об идеале для постсоветского настоящего. Они уделяют особое внимание благородному происхождению Столыпина. Они сравнивают его взгляд на мир с мировоззрением Левина из «Анны Карениной»[3]. Главное, они продвигают мысль, что столыпинистский новый человек начала XX века являл собой здоровый сплав старой аристократии с новым промышленным классом. Для «России, которую мы потеряли» предреволюционный период был славной порой, когда социальная сила «сплачивала два типа, русский дворянский и буржуазно-либеральный, в один, новый». Именно о представителях этого смешанного типа, предвестниках будущего, Рыбас и Тараканова говорят:

> …Кто же создал «Новую Америку» на Юге России, великую крестьянскую Сибирь, первоклассные оружейные заводы, кадры

---

[1] См. краткую биографию Рыбаса на сайте «Молодой гвардии»: http://gvardiya.ru/publishing/authors/ryibas_s__yu. Согласно ей, Рыбас одно время был заместителем главного редактора издательства. Когда именно он занимал эту должность, мне, к сожалению, установить не удалось. О правой ориентации этого бывшего советского издательства с начала 1960-х годов см.: *Митрохин Н.* Русская партия. С. 256–269.

[2] *Рыбас С. Ю., Тараканова Л. В.* Реформатор: жизнь и смерть Петра Столыпина. М.: Недра, 1991.

[3] Там же. С. 17.

> инженеров, летчиков, земской интеллигенции?.. Откуда они взялись? Из «лишних»? Из «идиотизма» русской жизни? Нам нс отвстить на эти вопросы без Столыпина.

Авторы продолжают:

> Столыпин — это не только личность, но имя целой эпохи нашей жизни, которая была надломлена страшным катаклизмом и которая может возродиться, если мы вернемся к здравому смыслу. Как ни странно, речь о здравом смысле, всегда кажущаяся простой, обычно связана с крайним противостоянием сторон[1].

Как и у Лужкова, столыпинство предстает здесь в знакомых категориях нормы, здравого смысла, с типичной оговоркой о непринадлежности «ни к левым, ни к правым». Авторы книги еще более отчетливо проговаривают мысль Солженицына и Говорухина, что столыпинистские новые люди — духовные предки позднесоветской и постсоветской интеллигенции. Более того, Рыбас и Тараканова подчеркивают, что именно *государство* в лице Столыпина обеспечивает такой сплав. *Сам* Столыпин, дворянин на государственной службе, человек деловой и хозяйственный, еще в начале 1900-х годов санкционировал этот синтез дворянской культуры и буржуазной добродетели.

Однако, что еще важнее, в биографии Рыбаса и Таракановой Столыпин подкрепляет мысль, что власть, будь то доили постсоветская, должна действовать от лица «демократического» лагеря, но в режиме чрезвычайного положения, при котором «избыточная» демократия представляет явную и несомненную опасность. Эта мысль проступает еще отчетливее в новом издании книги, подготовленном Рыбасом в 2003 году, как раз к началу путинской эпохи. Это издание вышло в серии ЖЗЛ «Молодой гвардии» под названием «Столыпин», но по большей части представляет собой дословную копию текста 1991 года, хотя автором указан уже только Рыбас[2]. Однако

[1] *Рыбас С.Ю., Тараканова Л.В.* Реформатор. С. 67–68.

[2] *Рыбас С.* Столыпин. М.: Молодая гвардия, 2003.

некоторые части биографии заметно расширены; особенно это касается того, как умело Столыпин фальсифицировал результаты выборов. Принимаясь за эту тему, Рыбас проявляет себя как вышедший из среды «Молодой гвардии» националист старой закалки, какими не были ни Солженицын, ни Говорухин. Последние — не исключено, что сознательно, — не стали упоминать, что подготовка Столыпина к выборам носила открыто антисемитский и антипольский характер, тогда как для Рыбаса, продолжающего линию Василия Шульгина, в этом нет ничего зазорного. В конце концов, выборы были «опасным делом», так как «литовцы, белорусы и евреи» «обострили бы национальные противоречия»[1]. Но хотя Рыбас симпатизирует протофашистским наклонностям Столыпина, сближающим его с Шульгиным (кстати, в 2014 году Рыбас написал для ЖЗЛ биографию Шульгина), тему предвыборных махинаций он затрагивает с иной целью — показать, как успешное, энергичное и нацеленное на реформы правительство должно оправдывать авторитарное использование своей платформы изнутри парламентской парадигмы.

По мнению Рыбаса, правительство столыпинского типа *должно* подтасовывать результаты выборов ради спокойствия в стране и уж тем более должно воздействовать на сам законодательный процесс — но опять же неизменно провозглашая, что это делается для блага, чтобы в будущем сложилась более совершенная демократия. Поэтому в предисловии к изданию 2003 года Рыбас замечает:

> Для Столыпина было очевидно, что народная крестьянская масса, пройдя через испытания княжескими усобицами, монгольским нашествием, Смутным временем, петровской модернизацией, видит оправдание Власти только в фигуре царя-заступника. Между царем и народом нет средостения, нет общественных опор — эти опоры надо строить. Строить, делясь властью царя[2].

В другом месте мы узнаём:

[1] Там же. С. 29.

[2] Там же. С. 7–8.

> Столыпин мог повторить мысль А. Пушкина: «В России только одно правительство — европеец». Иными словами, долг власти заключался в улучшении народной жизни, не дожидаясь просьб со стороны самого народа, инициируя перемены сверху[1].

Еще в одном месте он называет раздел о Третьей Думе, выборы в которую Столыпин сфальсифицировал, «Призрак новой России»[2]. Наконец, в разговоре о политическом наследии Столыпина Рыбас цитирует Василия Розанова:

> Столыпин показал единственный возможный путь парламентаризма в России… <…> Россия решительно не вынесет парламентаризма… как главы из «истории подражательности своей Западу»…

Биограф заключает:

> Что к этому добавить?
>
> Столыпин как бы говорил всем русским:
>
> — Не надо бояться нового. Не надо искать укрытия только в старых традициях. Смело идите навстречу переменам и боритесь за благо России[3].

Все эти цитаты и настроения опять же перекликаются с риторикой Солженицына и Говорухина. Солженицын тоже ссылается на розановский панегирик Столыпину, навеянный идеей «особого пути», и упоминает «хазар и ливонцев» как веское основание пока (или совсем) не заводить в России демократию. Говорухин горячо соглашается с широко известными консервативными высказываниями Пушкина вроде: «Не приведи бог видеть русский бунт, бессмысленный и беспощадный!» Однако у Рыбаса те же настроения в 2003 году приобретают иную окраску, нежели у Солженицына или Говорухина в 1960–1990-е годы. Главное различие

---

1 *Рыбас С.* Столыпин. С 30.

2 Там же. С. 144.

3 Там же. С. 234. См. розановский панегирик Столыпину: *Розанов В.* Историческая роль Столыпина // Новое время. 7 октября 1911 г.: http://dugward.ru/library/rozanov/rozanov_istoricheskaya_rol_stilypina.html.

в том, что для Рыбаса новая Россия, призраком которой была столыпинская Дума,—уже свершившийся факт. Столыпинские методы настолько тесно смыкаются с макиавеллиевским путинистским применением политических технологий, что разницу между ними и искать не стоит. Более того, отсылки Рыбаса к Макиавелли и к словам Розанова намекают, что столыпинистское решение полностью соответствует современным европейским нормам, поэтому нет необходимости и дальше рассматривать его как переходное. Столыпинизм—своевременная, опирающаяся на здравый смысл интерпретация европейских институтов, таких как парламентская демократия. Или, говоря словами Путина (впервые прозвучавшими в 2005 году в его обращении к Федеральному собранию, а затем вошедшими в сборник «Суверенитет», напечатанный в 2006 году издательством с подходящим названием—«Европа»), «Россия—это страна, которая выбрала для себя демократию», ведь «Россия была, есть и, конечно, будет крупнейшей европейской нацией»:

> В течение трех столетий мы вместе с другими европейскими народами рука об руку <…> продвигались к [разным] социальным завоеваниям. Повторю, все это мы делали вместе, в чем-то отставая, а в чем-то иногда опережая европейские стандарты[1].

Та же мысль звучит в еще одном правительственном тексте 2006 года, сборнике «Лидеры», написанном для просвещения партийных кадров «Единой России»[2]. Здесь Столыпин—рассказ о котором списан из книги Рыбаса, иногда почти слово в слово, хотя и без указания источника,—поставлен в один ряд с другими известными мировой истории консерваторами, такими как кардинал Ришелье, Михаил Сперанский

---

[1] *Путин В.* Россия—это страна, которая выбрала для себя демократию // Суверенитет / Сост. Н. Гараджа. М.: Европа, 2006. С. 13. См. оригинальный текст обращения: *Путин В.* Послание Федеральному Собранию Российской Федерации. 25 апреля 2005 г.: http://kremlin.ru/events/president/transcripts/22931. См. также: *Platt K. M. F.* The Post-Soviet Is Over: On Reading the Ruins // Republics of Letters. 2009. 1. № 1. P. 1–26.

[2] *Багдасарян В. Э. и др.* Библиотека «Единой России»: идеи, лидеры, действия. Т. 2: Лидеры. М.: ОЛМА-пресс, 2006.

и Теодор Рузвельт[1]. Столыпин — такая же неизменно актуальная фигура, как и они.

Коротко говоря, столыпинство начинает определять современное российское государство, когда оно оправдывает себя в глазах своей изначальной аудитории — постсоветского среднего класса, в интересах которого оно действует. Столыпин — образцовый протопутинский «суверенный демократ», который ставит нелегитимную власть на путь реформ, признает необходимость некоторого распределения власти посредством внешне демократических институтов, но вместе с тем умело их обходит. Он утверждает, что строго следует букве закона, даже когда прикладывает невероятные усилия, чтобы перетянуть закон на свою сторону. И если в трактовке Солженицына (и даже Говорухина и Рыбаса) он настаивает, что все его маневры — ради будущего, более демократического режима, то к середине первого десятилетия XXI века становится ясно, что нужная форма «суверенной демократии» уже найдена. В предисловии к «Лидерам» эта мысль обозначена совершенно четко:

> Политика партии «Единая Россия» основана на понимании социальных реформ как постепенных преобразований, осуществляемых демократическим путем. Долговременная комплексная модернизация страны с опорой на ответственную национальную коалицию, включающую в себя большинство населения, — таким нам видится будущее российского консерватизма и национального консервативного лидерства[2].

Читателю уже должно быть понятно, как толковать такие с виду демократические предуведомления. С точки зрения столыпинства поддержка «большинства населения» — вещь

---

1 Ср., например: *Рыбас С.Ю., Тараканова Л.В.* Реформатор. С. 143, а также: *Багдасарян В.Э.* Лидеры. С. 127. В очень краткой библиографии «Лидеров» «Реформатор» Рыбаса (издание 1991 года) все же фигурирует. Солженицын не упоминается. Интересно, что упомянут Арон Аврех, позднесоветский историк, специалист по столыпинским реформам, хотя его исследования, по всей видимости, никак не повлияли на изложенную в книге версию (см.: *Аврех А.Я.* Столыпин и судьбы реформ в России. М.: Политиздат, 1991).

2 *Багдасарян В.Э.* Лидеры. С. 7.

субъективная, а субъектом в данном случае выступает «ответственная национальная коалиция», поддерживающая «комплексную модернизацию». Если же кто-то утратил ответственность или интерес к модернизации, то, согласно логике столыпинства, они лишились рассудка, и причислять их к большинству не стоит.

Несколько позже — на мой взгляд, после массовых протестов 2011–2012 годов против избрания Путина на третий срок — картина пропутинского единства среди всех ответственных капиталистов и демократов дает трещину. Именно тогда путинская риторика «суверенной демократии» в публичной сфере стала сосуществовать с другими, более реакционными и часто несущими на себе печать позднеимперских тенденций идеологиями власти, в частности евразийством Александра Дугина[1]. Однако путинизм, по большому счету, не так уж много почерпнул из евразийства, тогда как его приверженность столыпинству остается неизменной. Неслучайно в 2009 году, возлагая венок на могилу Солженицына, Путин выразил восхищение личностью покойного советского диссидента как «государственника», употребив слово, которым сам Солженицын неизменно определял Столыпина[2]. Едва ли стоит удивляться, что памятник Столыпину в Москве установили по личной инициативе Путина, побывавшего на его открытии в декабре 2012 года, сразу после подавления демократического кризиса. Красноречив и набор участников этого мероприятия. Присутствовавший там Илья Глазунов сообщил журналистам, что предлагал установить такой памятник еще в позднесоветские годы, после того как познакомился с Аркадием Столыпиным во Франции. Скульптор, работавший над памятником, учился в Академии живописи, ваяния и зодчества Ильи Глазунова. Путин и Медведев лично финансировали эту работу, а Алексей Кудрин, тогдашний министр финансов, до сих пор считающийся наиболее

[1] О евразийстве и антилиберальных «красно-коричневых» идеологиях в постсоветской России см.: *Fenghi F.* It Will Be Fun and Terrifying.

[2] См.: Путин возложил цветы к могилам «государственников» — Деникина, Ильина, Солженицына // Newsru. 2009. 24 мая: http://www.newsru.com/russia/24may2009/spo.html.

известным системным либералом в России, якобы вложил в памятник свою месячную зарплату. И конечно, в лучших традициях Лужкова (хотя Лужков на тот момент уже два года как покинул пост) предполагалось окружить памятник сквером в стиле рубежа XIX–XX веков — «островок того времени в самом центре современной Москвы»[1].

Впоследствии, в начале 2017 года, в ходе экономических и геополитических перипетий третьего президентского срока Путина некоторым системным либералам поручили разработать план выхода России из экономического кризиса. Этот аналитический центр, разумеется, получил название Столыпинского клуба[2]. К 2022 году работа Столыпинского клуба, по-видимому, сошла на нет, Кудрин среди его членов уже не значится, тогда как Институт имени Столыпина остается, похоже, действующей организацией с десятком видных экспертов и консультантов, включая пропутинского олигарха Олега Дерипаску[3]. Институт предлагает широкий набор рекомендаций для масштабных реформ, направленных в основном на создание более благоприятных условий для ведения бизнеса в России. Как и подобает в столыпинистской логике, демократия нигде не упомянута, хотя, вероятно, и смутно маячит где-то на пути к будущему, когда в России наконец сложится общество среднего класса. Согласно подсчетам Института, формирование этой группы, которую «Единая Россия» назвала бы «ответственной национальной коалицией, включающей в себя большинство населения», а Солженицын — «десятком работников», произойдет к 2030 году, в самый разгар «второго» «обновленного» президентского срока Путина[4].

1 Установка памятника П. А. Столыпину в Москве // Фонд изучения наследия П. А. Столыпина: http://www.stolypin.ru/proekty-fonda/ustanovka-pamyatnika-p-a-stolypinu/.

2 См.: Стратегия «столыпинского клуба» будет учтена на пути к развитию российской экономики // Столыпинский клуб. 2017. 16 мая: http://stolypinsky.club/2017/05/16/strategiya-stolypinskogo-kluba-budet-uchtena-na-puti-k-razvitiyu-rossijskoj-ekonomiki/.

3 Об институте // Сайт Института экономики роста им. Столыпина П. А.: https://stolypin.institute/about.

4 Представлена программа «Россия для всех» // Сайт Института экономики роста им. Столыпина П. А. 2021. 12 апреля: https://stolypin.institute/institute/predstavlena-programma-rost-dlya-vseh/.

6. РОССИЯ, КОТОРУЮ ОНИ ПОТЕРЯЛИ?
БЕСПОКОЙСТВО И ИММАНЕНТНАЯ КРИТИКА ЗАЧАРОВАННОГО СТОЛЫПИНИСТСКОГО СУБЪЕКТА

В этой гипотезе я не нуждался.
Пьер-Симон Лаплас (апокриф)

Внутреннее беспокойство столыпинца

С первой по пятую главу я попытался проследить, как складывался целостный дискурс о досоветском прошлом, несмотря на кажущиеся политические разногласия между позднесоветскими либералами и консерваторами, и как этот дискурс в конечном счете подготовил почву для соглашения между коалицией, которая называла себя демократической и выступала против советской власти, и новым, постсоветским авторитаризмом. В заключение я покажу, что происходит с этим парадоксом, когда он становится предметом осмысления для столыпинистского Субъекта, еще завороженного идеологемой «Россия, которую мы потеряли», но ощущающего все больший дискомфорт от того, как верно она служит представителям постсоветской властной элиты, вызывающей все большие подозрения. В этой главе я начинаю с дискомфорта столыпинистского Субъекта, а затем рассматриваю те разновидности имманентной критики, на которые способен этот что-то подозревающий Субъект. Я полагаю, что основной вектор такой критики — дистанцирование по отношению к имперскому прошлому. Такой жест не отменяет ценности этого прошлого, но понемногу подрывает самоочевидность представления о нем как «нашем» постсоветском наследии. Этот подрыв, в свою очередь, ведет к тому, что столыпинистский Субъект осознает исторические предпосылки собственного существования, то есть понимает, что он на самом деле диалектический продукт советского общества. Подобное осознание не отменяет существования этого Субъекта, но в теории позволяет тому, кто привык откликаться на призывы столыпинства, признать, пусть неохотно и с сомнением, что этот дискурс не должен быть основным ориентиром для представления политического действия в реальном мире, здесь и сейчас, что, для того чтобы изменить Россию, в которой мы живем, «Россия, которую мы потеряли» нам не нужна.

* * *

В 2005 году автор популярных исторических романов Борис Акунин (настоящее имя — Григорий Чхартишвили[1]) принял участие в работе над экранизацией своего романа-однодневки «Статский советник» (1999). Фильм поставил Филипп Янковский, но весь процесс съемки от начала до конца проходил под контролем Никиты Михалкова и его студии «ТриТэ». Это шестой или седьмой (смотря как считать) детектив из серии книг об Эрасте Фандорине, где действие разворачивается в 1890-е годы, а сюжет строится вокруг борьбы сыщика с двумя типами коварных врагов отечества. Начинается все с того, что Фандорин получает задание от московского генерал-губернатора, симпатичного старика, ликвидировать ячейку русских революционеров, совершающую убийства и мелкие кражи и известную как «Боевая Группа» (БГ). По мере развития сюжета Фандорин понимает, что за БГ стоит циничный своекорыстный карьерист, глава департамента полиции по политическим делам князь Пожарский, который, как мы узнаем в финале романа (и фильма), использовал революционеров, чтобы уничтожать своих противников на государственной службе. Это едва ли не первый случай, когда Фандорин сталкивается с двойной игрой, но он впервые оказывается перед трудной моральной дилеммой, как должны воспринимать ее читатели: помогать

[1] Внесен в реестр иностранных агентов.

ли политической полиции, где сидят такие негодяи, как Пожарский, и подлецы более мелкого пошиба, преследовать революционеров, среди которых много достойных восхищения людей, таких как Эсфирь, нынешняя любовь Фандорина. Суть своих моральных терзаний Фандорин излагает в разговоре с Эсфирью, в характерной для него эмоциональной манере и с легким заиканием сетуя: «Вечная беда России. Все в ней перепутано. Добро защищают дураки и мерзавцы, злу служат мученики и г-герои»[1].

Для Акунина в 1999 году естественное решение этой дилеммы — отойти в сторону. Когда «зло искореняется злом» и Пожарский убит, Фандорин отклоняет предложение возглавить московскую полицию при новом генерал-губернаторе, великом князе Симеоне, потому что тот не собирается обличать порочность тайной полиции[2]. Фандорин, обладающий «чувством собственного достоинства», как отмечал в интервью Акунин, не в состоянии с этим мириться[3]. Однако для Михалкова в 2005 году образ мыслей Фандорина оказывается неприемлемым, поэтому художественный руководитель и продюсер фильма переписывает финал — Фандорин у него соглашается остаться на государственной службе. В интервью, данном после съемок, Акунин весьма примечательным образом пересказывает свой спор с Михалковым[4]. Сначала писатель повторяет доводы режиссера, утверждавшего, что «Фандорин — идеал благородного чиновника, который ни за что не уйдет со службы в трудный для отчизны час, потому что это будет эгоизмом и предательством». Затем добавляет: «Я сам не на сто процентов уверен в правильности поступка книжного Фандорина. Это очень непростая проблема,

---

1 *Акунин Б.* Статский советник. М.: Захаров, 1999. С. 78.

2 Там же. С. 272.

3 *Чхартишвили Г.* [Акунин Б.] Подберите себе Фандорина по вкусу: Интервью // Сеанс. 2006. № 23/23 (3 апреля): https://seance.ru/articles/podberite-sebe-fandorina-po-vkusu/. См. также: *Borenstein E.* Yesterday's Man of Tomorrow // Rereading Akunin (blog). NYU Jordan Center. February 19, 2019: https://jordanrussiacenter.org/news/yesterdays-man-of-tomorrow-akunin-wq-6/#.YywoaXlOliN.

4 *Чхартишвили Г.* Подберите себе Фандорина.

особенно в России: личность и государственная служба». Сравнивая Фандорина в книге и в фильме, Акунин проводит параллель с двумя постсоветскими политиками — Егором Гайдаром и Анатолием Чубайсом. Первый приходит в ельцинское правительство ненадолго в 1992 году, чтобы провести «шоковую терапию», после чего сразу же покидает свой пост, и Акунин считает оба поступка достойными восхищения. Чубайс же остается на государственной службе, чтобы, по выражению Акунина, «сделать много полезного для России» ценой «чертовой уймы этически сомнительных компромиссов». В ответ на дальнейшие вопросы Любови Аркус (которая берет у него интервью), высказывающей предположение, что такой персонаж, как Фандорин, вряд ли унизился бы до подобных компромиссов, Акунин рисует другой финал, *следующий за* совершенно однозначным финалом Михалкова, где бывший статский советник все-таки уйдет со службы: «Завтра или послезавтра новый генерал-губернатор и его окружение вызовут у Эраста Петровича непреодолимый приступ рвоты, и Фандорин столь же красиво [как в фильме], в романтически развевающемся белом шарфе удалится по Красной площади прочь, в изгнание». Свои уклончивые ответы и размышления по поводу изменений, внесенных в его текст Михалковым, Акунин заключает словами: «По-моему, интеллигенции в России нужно брать власть в свои руки, а то неинтеллигенция в погонах ничего толком делать не умеет, лишь крушит все вокруг, будто слон в посудной лавке»[1].

Реакция Акунина на провластную редакцию его текста Михалковым указывает на бремя столыпинистского морального императива, давящее на постсоветских либералов, которые под влиянием этого дискурса нехотя выражают одобрение политическому порядку, выглядевшему подозрительно с самого начала, с 1991 года, и не завоевавшему доверие интеллигенции многократным переписыванием избирательного законодательства. Конечно, «мы», постсоветские граждане, рассуждающие, как Акунин, всё это знаем,

[1] *Чхартишвили Г.* Подберите себе Фандорина.

но, как бы то ни было, разве Фандорин не должен остаться на государственной службе? Разве не самое время ему служить — по той же причине, по которой интеллигенции пора «брать власть в свои руки» теперь, в начале XXI века? Столыпинство, в общем-то, предоставляет такую возможность, хотя избирательно и зачастую цинично, и в романе Акунин откликается на эту проблему. Автор старательно дает понять, какие опасения вызывает у него государственная служба, ставя Фандорина в положение «третьего лишнего» в игре в кошки-мышки, которую ведут между собой революционеры и тайная полиция. Таков истинный смысл инициалов ТГ — ключевого лейтмотива романа; за ними стоит латинская фраза Tertius Gaudens, буквально — «третий радующийся»[1]. Пожарский, глядя, как его враги уничтожают друг друга, полагает, что «третий», остающийся в стороне, — это он, но на самом деле моральное право занимать эту позицию принадлежит Фандорину, который решает не участвовать в последнем столкновении Пожарского с революционерами, интуитивно веря, что «злом зло искореняется» (и роман оправдывает его веру неожиданной развязкой, доказывающей его правоту). Михалков же вовсе отбрасывает заключенную в ТГ метафору и даже заменяет эту загадочную подпись чем-то совершенно иным, к тому же переписывая финал. Наверное, он имеет на это право. В конце концов, есть ли смысл говорить, что кто-то из персонажей этого романа, включая Фандорина, занимает отстраненную позицию по отношению к государству? В предыдущем романе Акунина, «Азазель», мы видим, как симпатичный сыщик делает карьеру в полиции. Фандорин продолжает служить в полиции и других органах сыска и в последующих текстах. Более того, до «Статского советника» практически ничто в поведении и в обстоятельствах жизни Фандорина не выдает в нем потенциального оппозиционера: он не учился в университете; он не активный интеллигент из числа разночинцев середины XIX века и не «лишний человек». В романе «Азазель» он женится на генеральской дочери (правда,

[1] *Акунин Б.* Статский советник. С. 276.

свадьба кончается трагически); в «Статском советнике» (как в тексте, так и в фильме) об относительно безмятежных отношениях Фандорина с властью свидетельствует романтико-ностальгическое название книги (на всех афишах к фильму написанное с твердым знаком на конце — в духе стилизации под имперское ретро). Статский советник — чин пятого ранга, аналогичный генерал-майору или полковнику. Люди таких высоких званий не могут стоять вне государственного аппарата.

Михалкову очевидно, что Фандорин — порождение столыпинистского дискурса. По своему темпераменту и функции Фандорин явно близок сведущим буржуа, «новым людям» позднеимперского периода, о которых говорит Солженицын (или Говорухин, или Рыбас). Акунин же хочет, чтобы Фандорина изобразили интеллигентом, — именно поэтому он настаивает, чтобы на эту роль пригласили Олега Меньшикова. В 1990-е годы образ Меньшикова, сыгравшего главные роли в блокбастерах Михалкова «Утомленные солнцем» и «Сибирский цирюльник», прочно ассоциировался с интеллигентом времен поздней империи[1]. В «Статском советнике» этот образ усилен — подчеркиваются элегантность и изысканная светскость Фандорина. Даже дедуктивный метод сыщика принимает притягательную аудиовизуальную форму: Меньшиков молча крутится на стуле в рубашке с расстегнутым отложным воротником и надетом поверх красивом халате, лицо его выражает задумчивость, усы почти под стать Шульгину, а волосы уложены в изящную прическу, из которой выбивается романтически ниспадающий локон[2].

По сравнению со склонностями, которые приписывает Фандорину Акунин, Михалков лишь делает еще один шаг — шаг, доводящий до конца логику столыпинистского дискурса, в рамках которой действует Акунин. В финале фильма происходит столкновение Фандорина с Пожарским,

1 О том, что Меньшиков нравился Акунину больше других актеров, игравших Фандорина, см.: *Чхартишвили Г.* Подберите себе Фандорина.

2 «Статский советник» (2005), реж. Филипп Янковский (Первый канал, студия «ТриТэ»). 1:30:00.

которого играет сам Михалков. В книге Пожарский говорит Фандорину, что у него есть три варианта:

> Выбирай, Эраст: или играешь со мной, по моим правилам, или выставляешь себя дураком [обвинив Пожарского в государственной измене]. Впрочем, есть и третий путь, который, возможно, подходит тебе более всего. Промолчи и тихо уйди в отставку. По крайней мере сохранишь достоинство, которое тебе так дорого[1].

В экранизации Михалков-Пожарский излагает Эрасту три плохих сценария на выбор в ином ключе:

> Выбирай, Фандорин: или со мной — вставай рядом, полетим вместе. Или против меня — пойдешь один. Но уж тогда не взыщи. Нет, впрочем, еще есть один путь — отойти в сторонку, так промолчать многозначительно и поглядеть, чем все кончится. Самый что ни на есть русский интеллигентский фокус — думаю, для вас это будет самым лучшим[2].

И обобщение по поводу традиционного для русской интеллигенции бездействия, и интонация, с какой Михалков-Пожарский произносит эти слова, почти один в один повторяют высказывания Котова (которого тоже играет Михалков) из «Утомленных солнцем» или Платонова из «Неоконченной пьесы для механического пианино». В «Статском советнике» эта речь выполняет две функции. Во-первых, она закрепляет представление о Фандорине как интеллигенте, хотя сам Акунин в романе ни разу не употребляет это слово (вероятно, опасаясь анахронически причислить такого персонажа, как Фандорин, к сообществу, которому он был бы совершенно чужд, как справедливо заметил в 1970-е годы Солженицын, — см. пятую главу). Во-вторых, эта речь склоняет Фандорина согласиться работать под началом великого князя Симеона. В конце концов, злодей Пожарский не может оказаться прав.

---

[1] *Акунин Б.* Статский советник. С. 271.

[2] «Статский советник». 1:52:30.

Коротко говоря, Михалков просто вынуждает Акунина довести до конца собственную столыпинистскую мысль, понять, что буржуазный, компетентный интеллигент-антипопулист не может «отойти в сторонку… и поглядеть, чем все кончится», как не может этого и солженицынский Воротынцев. «Новый позднеимперский человек» (а на самом деле новый постсоветский человек) должен активно поддерживать «даже плохой порядок», как примерно в то же время писали в рецензии на фильм «Адмиралъ» (см. введение)[1]. Он не может остановиться на том, что «зло пожирает зло», именно потому, что ему, на уровне метатекста уже знающему дальнейший ход истории, известно, что зло революции победит. Об этом догадывается Воротынцев в «Августе Четырнадцатого», и об этом постоянно говорят многие персонажи «Статского советника», как книги, так и фильма, и пафос главного героя строится на предположении, что такие люди не складывают оружие даже перед лицом неизбежности. Или, если сформулировать доводы, приведенные Михалковым Акунину, словами Шульгина (см. вторую главу), надо быть «последовательным контрреволюционером». На это Акунину, в сущности, нечего возразить, поэтому во время интервью ему явно не по себе. Хотя неполноценность постсоветского режима явственно ощутима, а сам Акунин не может вспомнить среди его представителей никого лучше, чем Гайдар и Чубайс (обоих многие россияне, если не большинство, вспоминают без особой симпатии), ему трудно противиться столыпинистской аргументации. Поэтому Акунин фантазирует, что Фандорин может не сегодня-завтра уйти в отставку, а потом так же фантазирует на тему правильной интеллигенции, которая возьмет власть в свои руки и исправит все «изнутри»[2]. Но эти фантазии лишний раз говорят об ощущении бессилия перед лицом столыпинистского императива — принять сторону скомпрометированного порядка, причем выбор заведомо ограничен двумя вариантами: ты кто — неумелый интеллигент-привереда

---

1 *Архангельский А.* Был порядок.

2 *Чхартишвили Г.* Подберите себе Фандорина.

старого образца, который будет наблюдать, пока этот дом не сгорит, *или* новая элита, которая попытается что-нибудь сделать для своей страны? Правильный с моральной точки зрения ответ удручающе очевиден (правда, стоит отметить, что в марте 2022 года в интервью Юрию Дудю[1], данном сразу после начала российского вторжения в Украину, Акунин выражает сожаление, что так легко дал себя убедить Михалкову или таким, как Чубайс)[2].

Вызывают ли беспокойство *экономические* установки столыпинства, стоящие за его неприятными политическими установками? На первый взгляд, в цикле о Фандорине мы видим вполне оптимистичные представления о капитализме. Как полагает Брэдли Горски, проект «Акунин», придуманный Чхартишвили ради заработка, с самого начала определялся положительным отношением к капитализму как норме. Этот проект совпал с аналогичными попытками других писателей в тот же период[3]. Например, Татьяна Толстая организовывала тогда конкурс на лучший рассказ о «честных торговцах», чтобы изменить интеллигентскую традицию классической русской литературы, где нет вызывающих симпатию капиталистов[4]. Чхартишвили под псевдонимом Акунин исправлял эту традицию задним числом, помещая почтенного капиталиста-интеллигента Фандорина в XIX век и заодно делая почтенным капитализм на сегодняшнем литературном рынке, поскольку читатели получали культурно изощренный текст со множеством отсылок к жемчужинам литературного канона старой интеллигенции.

Но в таком сочетании «Пушкина с бульварным чтивом», где обращение к первому позволяет без угрызений совести

---

[1] Внесен в реестр иностранных агентов.

[2] См.: *Чхартишвили Г., Дудь Ю.* Акунин — что происходит с Россией // вДудь. YouTube. 04.03.2022: https://www.youtube.com/watch?v=70RmForPj90. 1:19:04.

[3] *Gorski B. A.* Socialist Realism Inside-Out: Boris Akunin and Mass Literature for the Elite // The Akunin Project: The Mysteries of Russia's Bestselling Author / Ed. E. V. Baraban, S. M. Norris. Toronto: University of Toronto Press, 2021. P. 255–281.

[4] *Толстая Т.* Купцы и художники // Толстая Т. Не кысь. М.: Эксмо, 2004. С. 544.

производить и потреблять второе, тоже есть нечто подозрительное[1]. Смутный намек на подозрительность этого предприятия угадывается в шутливой статье Чхартишвили «Если бы я был газетным магнатом», написанной в 1999 году; Горски справедливо считает ее манифестом проекта «Акунин»[2]. Бо́льшая часть эссе посвящена фантазиям на тему состояния, которое Чхартишвили вложил бы в разнообразные печатные издания, будь он олигархом (к слову, предложенный им список изданий не слишком отличается от продукции издательского дома «Коммерсантъ», принадлежавшего тогда Березовскому). И все-таки уже после первой фразы: «Ежели бы я был не я, а красивейший, умнейший и лучший человек в мире (ну и, разумеется, богатейший) — одним словом, Гусинский-Березовский…» — выглядит как-то сомнительно[3]. Это не просто фантазия на тему капиталистической меритократии, как отмечает Горски, а фантазия под видом иронии, где литераторы с претензиями обеляют своего покровителя. К 1999 году сладкая парочка постсоветских олигархов Гусинский — Березовский *уже* прибрала к рукам конкурирующие российские СМИ, и распоряжаются они этой властью весьма неоднозначно. Однако чтобы интеллигенция признала их действия оправданными, им, похоже, достаточно рекламировать столыпинистские добродетели. Может быть, именно поэтому в конце эссе Чхартишвили сравнивает свои фантазии с фантазиями Манилова из «Мертвых душ», слащавого, заурядного персонажа, который без зазрения совести владеет сотнями крепостных в ветшающей русской деревне, изнывая по возвышенной жизни древнегреческого философа. Этой параллелью писатель иронично и косвенно выражает опасение, что жизнь прекрасного «нового человека» XIX столетия (с точки зрения постсоветской Москвы, стилизованной

[1] *Bennett V.* Akuninization: The Winter Queen by Boris Akunin // Times Literary Supplement. May 16, 2003. P. 32. Цит. по: *Gorski B.* Socialist Realism Inside-Out. P. 256.

[2] *Gorski B.* Socialist Realism Inside-Out. P. 255.

[3] *Чхартишвили Г.* Если бы я был газетным магнатом // Неприкосновенный запас. 1999. № 2: https://magazines.gorky.media/nz/1999/2/esli-by-ya-byl-gazetnym-magnatom.html.

под имперское ретро на деньги Гусинского — Березовского), Фандорина, может оказаться столь же заурядной и этически сомнительной (или, если воспользоваться любимым словом Набокова о гоголевских героях, пошлой), как и маниловские монологи, произносимые в поместье крепостника, изображающего демократические Афины.

То, что у Акунина остается на уровне ироничных намеков, куда более отчетливо проявляется в подходе других представителей либеральной элиты 1990-х годов к ключевой проблеме столыпинистского дискурса: автор использует то, что «мы» считали своей либеральной интеллигентностью, чтобы оберегать весьма сомнительное состояние постсоветской политической экономики, и не исключено, что в этом есть наша вина, за которую судьба может в конце концов нам отомстить, даже и по принципу «зло пожирает зло». В качестве примера такого более глубокого осознания обратимся к мотиву пушкинской «Пиковой дамы» в одноименном рассказе Людмилы Улицкой[1], написанном в начале 1990-х годов. Посмотрим на него с точки зрения столыпинистской архитектурной среды, служащей фоном рассказа. У нас есть для этого основания, потому что сама Улицкая указывает на значимость этого фона словно бы случайным замечанием по поводу построенного на рубеже веков здания напротив Кремля, на другом берегу реки, где останавливается Марек, персонаж рассказа, на котором завязано действие, когда, проведя несколько десятков лет за границей, он впервые приезжает повидаться с оставленной им семьей. Это открывшийся в 1992 году «Балчуг Кемпински»: как сказано в тексте, отель «преобразился за последние годы во что-то совершенно великолепное, вроде того хрустального моста, который перекидывается по волшебному слову за одну ночь с одного берега на другой»[2]. Учитывая сказочность другого центрального персонажа, Мур, равно как и сюжетный поворот рассказа, присмотримся повнимательнее к этому

---

[1] Внесена в Реестр иностранных агентов.

[2] *Улицкая Л.* Пиковая Дама: https://www.litres.ru/book/ludmila-ulickaya/pikovaya-dama-122911/. С. 29.

зачарованному месту, которое, как и во всех хороших сказках, совмещает в себе надежду и опасность.

Надежду в «Пиковой даме» Улицкой олицетворяет Марек, еврейский врач, родившийся в Варшаве до Холокоста, выросший в Москве, а затем ставший успешным эмигрантом: в 1960-е годы он уехал из СССР в Израиль, откуда в 1970-е перебрался в Южную Африку. Теперь Марек вернулся в постсоветскую Москву как триумфатор. Он воплощает представление постсоветского технического среднего класса об успехе: морозной зимой он разъезжает на машине с шофером по местам своей молодости — пальто ему не нужно, и в квартиру своей бывшей семьи, состоящей из нескольких поколений, Марек является лишь в светлом костюме и «шерстяном шарфе глубокого кровяного цвета и того высочайшего качества, которое материальные ценности почти превращает в духовные»[1]. У него бронзовый африканский загар и вилла на каком-то острове в Греции, где «как известно, все есть» и куда он приглашает своих родных[2].

Вопрос в том, может ли обновленный при Лужкове «Балчуг» принадлежать такому человеку, как Марек, и его поколению, или же там — возможно, из-за его собственных поступков — поселились готические демоны? Один такой демон, сама «Пиковая дама» — то есть Мария Чарнецка, или Мур, бывшая теща Марека, — живет в двух шагах от «Балчуга», скорее всего, в сталинском доме писателей через дорогу от Третьяковской галереи[3]. Мур, теперь девяностолетний матриарх, в 1910–1920-е годы была аристократкой и любовницей поэтов-декадентов Серебряного века, а в 1930-е гуляла со сталинской культурной элитой. Мур удалось добиться для себя самой роскошной резиденции, какая возможна в СССР, и живет она там с дочерью Анной Федоровной (бывшей женой Марека, глазным хирургом), Катей, дочерью Анны, тридцати с чем-то лет, и детьми Кати, подростком Леночкой и восьмилетним Гришей. Мы узнаем, что в 1960-е годы

---

[1] *Улицкая Л.* Пиковая Дама. С. 24.

[2] Там же. С. 37.

[3] Там же. См. указания на местонахождение дома на с. 30, 37.

Мур ускорила разрыв Анны с Мареком и с тех пор уже не одно десятилетие удерживает контроль над домочадцами, что в рассказе изображено как своего рода психологическая кастрация:

> Безотцовщина, таким образом, стала в их семье явлением глубоко наследственным, в трех поколениях прочно утвердившимся. В голову ни Анне Федоровне, ни Кате, ни даже входящей в возраст Леночке не пришло бы в этот дом, целиком и полностью принадлежащий Мур, привести даже самого скромного, самого незначительного мужчину. Такого права Мур, полная великолепного пренебрежения к своим женским потомкам, за ними не оставляла[1].

Приехавший Марек, казалось бы, идет наперекор воле Мур. Он символ своего времени, он живет в сказочном доме Серебряного века, который с культурной и исторической точки зрения, казалось бы, должен принадлежать ей. Мареку как будто удается распоряжаться даже в доме Мур, где он сразу же склоняет на свою сторону три младших поколения щедрыми подарками. Даже Анна, презирающая легкость, с какой дается Мареку его победа, решает, что он открыл для нее шанс сбросить деспотическое иго Мур, и соглашается тайком устроить отъезд Кати, Лены и Гриши в Грецию в гости к Мареку, несмотря на категорические возражения матриарха: «Я против, ты слышишь меня? Я не была в Греции! Никуда они не поедут!»[2] Однако, как и подобает пушкинской Пиковой даме, последнее слово в конечном счете остается за Мур. В день, когда дети должны ехать в аэропорт, Анна встает пораньше, чтобы купить молока, с которым Мур обычно пьет кофе. Во время краткой прогулки, предвкушая свой триумф и думая, как она влепит Мур пощечину, Анна поскальзывается, падает на обледенелый асфальт и умирает на месте. Когда новость долетает до дома, где уже бушует Мур, узнавшая о поездке, Катя дает ей пощечину, в ответ на что Мур произносит свою заключительную реплику:

[1] Там же. С. 23–24.

[2] Там же. С. 35.

«Что? Что? Все равно будет так, как я хочу…»[1] Рассказ кончается тем, что Катя наливает молоко в остывший кофе Мур.

Почему Пиковая дама должна одержать победу? Точнее, какой читательский Субъект чувствует, что победа Мур справедлива? В другом месте я анализирую фигуру Пиковой дамы в еще одном объекте постсоветской культуры — невероятно популярной телепередаче «Что? Где? Когда?», в декабре 1991 года превращенной в «интеллектуальное казино», съемки которого стали проходить в павильоне екатерининской эпохи, якобы часто посещаемом историческим прототипом старой графини из «Пиковой дамы» Пушкина; каждая передача начиналась заключительной арией Германа «Что наша жизнь? Игра!» из знаменитой оперы Чайковского по мотивам повести[2]. На мой взгляд, отсылки к Пиковой даме отражали общий дискомфорт, вызванный идеологическим преображением передачи. Площадка, появившаяся в 1970-е годы как пространство, где создавался идеализированный образ советской «младшей интеллигенции» с вузовским дипломом, становилась теперь пространством, где эта «младшая интеллигенция» могла зарабатывать на накопленном в советское время культурном капитале, хотя и понимала, что в попытках делать деньги на интеллигентских добродетелях есть нечто морально сомнительное, не говоря уже о явной незаконности почти всех постсоветских способов монетизации. Мотив Пиковой дамы в передаче «Что? Где? Когда?» служил для выражения завуалированного беспокойства по поводу капиталистической переоценки интеллигентских ценностей, поскольку напрямую связывал происходящее в передаче с буржуазной проблематикой классической повести Пушкина, где выскочка Германн наказан судьбой, которую олицетворяет превратившаяся в пиковую даму графиня, за попытку обманом сойти за настоящего русского аристократа. Пиковая дама в рассказе Улицкой выражает схожее беспокойство, но здесь внимание обращено в первую очередь на ловушку социального воображения Субъекта столыпинистских фантазий о «России, которую мы потеряли».

---

1 *Улицкая Л.* Пиковая Дама. С. 40.

2 См.: *Khazanov P.* What Is Our Life?

На поверхности власть Мур держится на «наших», младшей интеллигенции, фантазиях — мы придаем большое значение ее биографической связи с важным для нас культурным прошлым. Вот почему в самом начале рассказа читателям сообщается о знаменитых любовниках Мур:

> Имя им было легион. Немало бумаги было измарано в честь ее бледных локонов и неизреченных тайн души лучшими перьями, а по ее портретам, хранящимся в музеях и частных собраниях, можно было бы изучать художественные течения начала века[1].

И дальше по ходу повествования продолжают всплывать мимолетные, дразнящие намеки на увеселения, которым предавалась Мур в эпоху Серебряного века, — мы слышим имена вроде «Маецкий» и «Каспари», обрывки рассказов о какой-то драгоценной диадеме, проигранной в карты, что-то о портрете, написанном знаменитым русским художником Львом Бакстом, и так далее. В какой-то момент Анна, зайдя в комнату Мур, видит, что та сидит «в позе любительницы абсента» с картины Пикассо 1901 года, хранящейся в Эрмитаже. До этого момента мы должны быть очарованы Мур как подлинной представительницей Российской империи, которая у нас теперь в такой моде. Но затем повествователь переходит к успеху Мур уже в советской культурной среде, к «первой пробе Мур в области новой литературы», после которой она вышла замуж за «настоящего советского классика, гения лицемерия в аскетической оболочке и с самыми нуворишскими страстями в душе»[2]. «Настоящему советскому классику» — вероятно, намек на Александра Фадеева (1901–1956), главу Союза советских писателей и отца Марии Алигер, с которой Улицкая дружила в детстве, — хватило ума умереть вскоре после смерти Сталина, оставив свою шикарную квартиру Мур, а затем и трем поколениям ее потомков[3].

---

[1] *Улицкая Л.* Пиковая Дама. С. 4.

[2] Там же. С. 20.

[3] Об отношениях Улицкой с дочерью Фадеева см. ее книгу мемуарных эссе: *Улицкая Л.* Священный мусор. М.: Астрель, 2012.

Причина, по которой Мур, по сюжету рассказа, пользуется столь невероятным успехом как в дореволюционные, так и в советские времена, должна объяснять и ее способность кастрировать чужую волю: она деспот культурности, правящий при «нашем» подсознательном соучастии. Мур осуществляет наше собственное стремление к подавлению, если воспользоваться старой фрейдистской терминологией[1]. Мур олицетворяет мир дореволюционной элиты, завораживающий таких людей, как Марек и Анна, — а также саму Улицкую и нас, ее читателей. Подобно восьмидесятилетнему Шульгину в 1960-е годы, Мур в 1990-е сочетает в себе все, что в антисоветском дискурсе о досоветском прошлом ценилось на протяжении многих десятилетий, — и прежде всего, действительно принадлежит к культурному миру «России, которую мы потеряли». Любовники Мур, знаменитости Серебряного века, должны впечатлить прежде всего постсоветского читателя, представителя младшей интеллигенции. Именно читатель может не заметить того очевидного факта, что сама Мур не писала никаких стихов и картин. Ироничный парадокс рассказа Улицкой как раз отчасти в том, что если Мур и заговаривает с кем-то у себя дома, то говорит исключительно о своих половых связях буквально со всеми подряд, от декадентов Серебряного века до чекистов и соцреалистов. Ирония в том, что эта некультурность Мур, проявляющаяся в домашней обстановке, едва ли подрывает ее авторитет, потому что он строится на *фетише* культурности, который продолжают чтить все, кто ее окружает, даже когда ясно, что за человек за ним стоит. Именно этот фетиш позволял гостям Шульгина в 1960-е годы видеть в заведомом фашисте интеллигента и «милого дедушку» (см. вторую главу). И тот же фетиш в 1990-е годы продвигают проекты в духе имперского ретро в Москве, да и сам Марек, остановившийся в одном из образцов такой архитектуры. Конечно, столыпинистский дискурс предполагает,

[1] Впервые это выражение употребил Вильгельм Райх (см. *Райх В.* Психология масс и фашизм / Пер. Ю.М. Донца. М.: Университетская книга, 1997; см. также: *Делёз Ж., Гваттари Ф.* Анти-Эдип: Капитализм и шизофрения / Пер. Д. Кралечкина. Екатеринбург: У-Фактория, 2007).

что с моральной точки зрения Марек заслужил свой фетиш. Он принадлежит к советской либеральной младшей интеллигенции, обладая не только хорошим вкусом, но и значительными средствами, поэтому, разумеется, он и должен остановиться в «Балчуге». Ну в таком случае он получает больше, чем рассчитывал, — не только «Балчуг», но и Мур как своего жуткого двойника, олицетворяющего триумф голого, циничного культурного капитала куда лучше, чем перестроенный отель. Сама Мур из-за этого не может лишиться власти; она сохраняет способность кастрировать других, почти как фрейдовский праотец, сохраняющий власть даже после того, как дети убивают и съедают его[1].

Три акта дистанцирования

В намеках, оброненных Акуниным и Улицкой, мы видим обеспокоенность столыпинистским дискурсом о «России, которую мы потеряли», видим, что высокое значение, придаваемое в нем культурности, успеху и порядку, слишком легко переносится на циничную власть, противиться которой антисоветская младшая интеллигенция не в состоянии. В этом плане особенно показателен такой крайний случай, как Мур, женская, а потому гротескная версия Шульгина, неумирающий персонаж, который пережил даже советскую власть и волен теперь терроризировать «нас», тех, о ком говорит Говорухин, тех, кто стремится к некритичному, непосредственному воссозданию досоветской нормальности. Мы не знаем, как реагировать, и наша неспособность реагировать кажется нам роковой — «мы», как пушкинский Германн, смутно чувствуем, выбирая Пиковую даму, что сами приближаем свой конец.

Как же выйти из этого затруднения? На один из путей указывает двойничество Мур и Марека в рассказе Улицкой, намекающее, что «мы» должны остерегаться того, чтобы сокращать разрыв между нами и «Россией, которую

---

[1] См.: *Фрейд З.* Тотем и табу. Психология первобытной культуры и религии / Пер. М.В. Вульфа. М.: АСТ, 2012.

мы потеряли». Уничтожение этой дистанции рождает чудовищ. Или, в терминологии Светланы Бойм, мы должны помнить, что есть два типа ностальгии — «реставрирующая» и «рефлексирующая»[1]. По мысли Бойм, первая склонна к выстраиванию всеобъемлющих, монолитных исторических нарративов, служащих националистическим целям и постоянно порождающих политических Других, которых можно обвинить в утрате райского прошлого. Если говорить об утрате «нашей» имперской России, то, в зависимости от наших наклонностей, Другими могут оказаться «чумазые» люмпены (как у Говорухина и Михалкова), изнеженная либеральная интеллигенция (как у Солженицына, Михалкова или путинистов) или участники большевистско-иудейско-масонско-западного заговора (как в имевшем скандальный успех романе Валентина Пикуля «Нечистая сила» 1979 года или, хотя и не столь явно, у Глазунова и Солоухина)[2]. Светлана Бойм предлагает выбрать менее разрушительную форму нашей чрезвычайно современной тоски по прошлому. Сам симптом ностальгии никуда не денется, но мы можем выражать эту эмоцию, вступая в более открытые к изменениям, игровые и осознанные отношения с прошлым, размышляя о его руинах, но не пытаясь выстроить из них здание, то есть «постоянно откладывая» «возвращение домой»[3].

Акунин чувствует, что вынужден идти за Путиным и Михалковым; читатели Улицкой вынуждены принять судьбу Анны и Марека, которую вершит злобная Мур. Маркетизация и авторитаризм угнетают именно потому, что в глазах столыпинистского Субъекта они выглядят более легитимными, чем должны. Привязанность к досоветскому прошлому, по-видимому, мешает хотя бы представить себе более политически открытый и более отвечающий гуманистическим требованиям мир, и вместе с тем невозможно не держаться

---

[1] *Бойм С.* Будущее ностальгии / Пер. А. Стругача. М.: Новое литературное обозрение, 2019.

[2] Подробнее о семиотике теорий заговора в современной России см.: *Borenstein E.* Plots against Russia: Conspiracy and Fantasy after Socialism. Ithaca, NY: Cornell University Press, 2019.

[3] *Бойм С.* Будущее ностальгии.

за это прошлое, если «мы» хотим остаться частью дискурсивного Субъекта, убежденного в своей победе над советским режимом. Такой Субъект неизбежно в плену у воспоминаний о славном дореволюционном прошлом. Но, возможно, существует способ совместить завороженность этой памятью с осторожной дистанцией по отношению к ней, как предлагает Бойм. Как именно вполне типичный в остальном представитель столыпинистского дискурса приходит к решению соблюдать эту дистанцию? Далее я разберу три примера такого рода имманентной критики и попытаюсь выявить ее причины и границы, начав с наиболее современного и простого примера и закончив самым хронологически отдаленным и сложным.

«Цвет нации»

Начнем с очевидного и относительно недавнего примера — фильма Леонида Парфенова «Цвет нации» (2013)[1]. На первый взгляд, ничего новаторского с интеллектуальной точки зрения нет в этом фильме о Сергее Прокудине-Горском, пионере и единственном представителе цветной фотографии в дореволюционной России. Сама фигура и творчество Прокудина-Горского пришлись настолько кстати в индустрии имперской ностальгии, что если бы его не было, его следовало бы выдумать. Прокудин-Горский был русским ученым рубежа веков и фотографом-новатором, который за десять лет, предшествовавшие Первой мировой войне, объездил всю Россию в попытке как можно подробнее запечатлеть ее средствами недавно изобретенной цветной фотографии. Занимался он этим по распоряжению Николая II, первого и главного адресата этих снимков, впоследствии легших в основу гимназических учебников по «родинолюбию», как объясняет Парфенов в своем фильме[2]. В 1990-е годы архив Прокудина-Горского был вновь открыт, восстановлен

[1] «Цвет нации» (2013), реж. Сергей Нурмамед (Москва, студия «Намедни», 2014): https://www.youtube.com/watch?v=QaeRj-ApktY&t=1196s.

[2] См.: *Гаранина С.П.* С.М. Прокудин-Горский: к публикации материалов из семейного архива // Киноведческие записки. № 29. С. 116–126.

Илл. 9. Восстановление лютеранской церкви на месте опустевшего Дворца культуры сталинской эпохи. Кадр из фильма «Цвет нации» (реж. Сергей Нурмамед, 2013).

и оцифрован в Библиотеке Конгресса США. В первое десятилетие XXI века цифровую коллекцию выложили в Сеть, и с тех пор снимки Прокудина-Горского гуляют по русскому интернету и соцсетям, часто сопровождаемые сокрушенными комментариями из серии «Какую родину мы [потеряли]!» К этому моменту дух «потерянной» дореволюционной страны уже отчасти был воссоздан в виде роскошных копий в центре Москвы и других местах. «Цвет нации» Парфенова вышел, когда эпоха реконструкции продолжалась уже двадцать лет, и режиссер С. Нурмамед в нем делал на экране то же, что Лужков в Москве: создавал искусные копии имперских объектов ностальгии. В фильме использована передовая технология HDR и другие цифровые эффекты, чтобы дореволюционная Россия предстала в самых ярких красках, без кинематографической светотени, как будто смотришь не на экран, а в окно[1]. Экономический базис для создания «Цвета нации» тоже вполне вписывается в столыпинистский мейнстрим: для работы над фильмом заручились финансовой поддержкой государственного Первого канала, а его прокат был намечен за несколько месяцев до другого, куда более масштабного зрелища в духе патриотического

[1] *Flaxton T.* HD Aesthetics and Digital Cinematography // Digital Light, ed. S. Cubitt, D. Palmer, N. Tkacz. London: Open Humanities Press, 2015. P. 71.

ретро (кстати, тоже при содействии генерального директора Первого канала Константина Эрнста) — зимней Олимпиады 2014 года.

Вместе с тем Парфенов явно слишком нарочито играет с утраченной дореволюционной реальностью. Здания вроде разрушенной лютеранской кирхи в Петербурге складываются на фоне постсоветского ландшафта, словно в мультфильме. На исторические фотографии Прокудина-Горского накладывается фигура самого Парфенова, оказывающегося как будто внутри снимка, что выглядит весело и вздорно. Коротко говоря, фильм старательно обнажает прием, за счет которого создается безукоризненный образ прошлого, хотя этот прием соединяется с другими элементами, например музыкальным сопровождением, явно рассчитанным на серьезное, чуждое иронии ностальгическое восприятие. В чем причина такого колебания между иронией и серьезностью?

Анализируя обращение Парфенова к другой ушедшей эпохе (позднесоветскому периоду в серии документальных передач «Намедни», начавшей выходить в 1997 году), Сергей Ушакин утверждает, что игровой монтаж передачи намекает на многогранность истории, создает эффект «противостояния визуальной и нарративной гегемонии» в рассказе о социальной жизни прошлого[1]. «Противостояние гегемонии» не сводится к просоветской позиции — наоборот, как отмечает Ушакин, Парфенов подчеркивает, что «никакой ностальгии» по «вообще-то страшной» эпохе Хрущева и Брежнева он «не испытывал»[2]. Цель «Намедни» скорее в том, чтобы показать, что коллективная память о прошлом слишком сложна, чтобы сводить ее как к про-, так и к антисоветским большим нарративам. Противостояние нарративной гегемонии явно мотивирует и игровой характер обращения Парфенова с материалом Прокудина-Горского — к столыпинистским неоимперским фантазиям о реконструкции прошлого Парфенов

---

[1] *Ушакин С.* Разложение тотальности: объектализация позднего социализма в постсоветских биохрониках // Неприкосновенный запас. 2013. № 89 (3): https://www.nlobooks.ru/magazines/neprikosnovennyy_zapas/89_nz_3_2013/article/10519/.

[2] Там же.

относится с некоторым сомнением. Впрочем, несмотря на свое сомнение, Парфенов, вероятно, не сказал бы об имперской эпохе то, что сказал о позднесоветской. В «Цвете нации» ностальгия по досоветскому прошлому разумеется сама собой. Поэтому задача заключается в том, чтобы сделать шаг в сторону, каким-то образом уйти от прямолинейной столыпинистской дискурсивной модели, но не вполне отменять ее.

В фильме Парфенова подчеркивается, что Россия Прокудина-Горского не просто «наше» общее отечество, а изображение России в первое десятилетие XX века, в гораздо большей степени принадлежащее своему изначальному адресату, имперской элите, чем ее потенциальным постсоветским наследникам, в корне отличающимся от этого некогда существовавшего сословия. Вот почему эмоциональной и идейной кульминацией фильма становится монолог Парфенова на известном православном кладбище Сен-Женевьев-де-Буа в окрестностях Парижа, где в числе многих русских эмигрантов похоронен и Прокудин-Горский:

> Здесь ходишь, читаешь — как письмена ацтеков и майя. Все по-русски, но… «действительный статский советник», «потомственный почетный гражданин», «князь»… «купец первой гильдии», «Святой Анны первой степени ордена Кавалер», «ротмистр». <…> Непонятен итог жизни, если он подведен такой надписью. Ну вот были древние греки, а нынешние не от них произошли. И древние египтяне — нынешние не от них. И вот мы, нынешние русские, а мы не от этих. <…> И они для нас — древняя Россия. Мы не от нее, а от советской. А тут лежит цвет бывшей страны, которую ее последний летописец успел снять в цвете[1].

Игра слов в последней фразе дает название всему фильму и объясняет его смысл. Оно предполагает, что «мы», аудитория столыпинистского дискурса, в самом деле высоко оцениваем имперскую элиту, будь то поэты Серебряного века или самодержцы, Прокудин-Горский, Шульгин или

[1] «Цвет нации». 1:25:55.

Мур, великие писатели вроде Бунина или ротмистры, князья и статские советники вроде Фандорина. Однако мы можем по крайней мере осознать, что мир дореволюционной России, который мы так ценим, принадлежит *им*, а не нам, что это *они* считали себя «цветом нации» и потому создали потрясающе прекрасные изображения этой России в цвете. Сам факт, что Прокудин-Горский делал свои снимки для императора, поддерживая его патриотический проект массового национального самосознания (причем в период, когда развитие парламентского движения в России настоятельно требовало кардинально пересмотреть образ нации), доказывает, что эти фотографии никогда не предназначались для *наших* глаз[1].

А какими глазами подобает смотреть на гламурное дореволюционное прошлое «нам», российским зрителям Парфенова в 2010-е годы? Документальный фильм Парфенова снят после протестов 2012 года против избрания Путина на третий срок, когда произошла самая резонансная атака на государственное столыпинство — «панк-молебен» Pussy Riot в храме Христа Спасителя и последовавший за ним показательный процесс. Два года спустя «Солнечный удар» Михалкова, начиненный пафосом имперской ностальгии, провалился в прокате — на мой взгляд, именно в результате начавшейся после 2012 года дискуссии о патриотической кооптации имперского ретро. Говоря словами Ильи Калинина, стало ясно, что путинизм без разбора присваивает разные слои славного прошлого России, в том числе и имперского, с усердием «нувориша», у которого нет «*своих* фамильных драгоценностей», поэтому он пытается продать чужие «их же собственным владельцам»[2]. Если развивать эту метафору, то вопрос о реальных «владельцах» позволяет оппозиционному Субъекту отказать путинизму в праве объявлять себя представителем своей страны просто

---

[1] О народно-национальном самосознании, особенно применительно к эстетике российского империализма, см.: *Condee N.* The Imperial Trace: Recent Russian Cinema. Oxford: Oxford University Press, 2009. P. 39.

[2] *Калинин И.* Археология национального знания // Неприкосновенный запас. 2012. № 81 (3). С. 87–91: https://www.nlobooks.ru/magazines/neprikosnovennyy_zapas/81_nz_1_2012/article/18542/.

потому, что он прославляет разные и зачастую оспаривающие друг друга «славные страницы» его истории. Оппозиционному движению, сформировавшемуся после 2012 года, такое номинальное, эстетизированное представительство политического тела государством перестало казаться приемлемым, поэтому протестный лозунг с двойным дном: «Вы нас даже не представляете», придуманный в этом же году Павлом Арсеньевым и мгновенно распространившийся, и завоевал такую популярность.

После политического кризиса 2012 года Парфенову, выразителю мейнстримной имперской ностальгии с явными оппозиционными симпатиями, попросту *необходимо* выдвинуть вопрос о представительстве в своем фильме на первый план. Такая расстановка акцентов выражается в слабом намеке, что «мы» можем узнать нечто важное о своем политическом воображении («представляемом», как его называет Арсеньев), если внимательнее присмотримся к советским историческим истокам своих эмоциональных отношений с досоветским прошлым, а не будем продолжать эту историю игнорировать, пускаясь в откровенную вакханалию имперского маскарада в угоду своим желаниям. Эта мысль проскальзывает в заключительных кадрах «Цвета нации», где мы видим разрушенную церковь, не подлежащую восстановлению. Советская индустриализация изменила течение реки, поэтому развалины стоят на островке посреди ее русла. Парфенов задается вопросом:

> Ну вот что тут уже восстанавливать? Нечего. А новодел поставишь — только хуже будет, да и к чему? Не может же быть на островке церковного прихода. <…> Так бы и зафиксировать руины, и пусть стоят подлинные — как памятник стране, которой больше нет. А пройдут пароходы — салют России[1].

«Древняя», досоветская Россия отделена здесь от нас непреодолимым расстоянием. Если «зафиксировать руины», сохранить их, следы имперской России превратятся в места

[1] «Цвет нации». 1:25:55.

памяти, где прошлое перестанет быть потерей, которую необходимо восполнить, а будет намеком на полноту, недоступную нам по определению. Оставаясь руиной, прошлое призвано напоминать нам, что мы «не от него».

Но что в действительности стоит между этими руинами и «нами», которые «не от них», чем опосредован наш контакт и как это на нас отражается? Держа в уме эти вопросы, отступим на десять лет назад, к другому культурному артефакту — «Русскому ковчегу» Александра Сокурова (2002).

«Русский ковчег»

На первый взгляд может показаться, что, переходя от Парфенова к Сокурову, мы переходим просто к более эстетически искушенному предшественнику, говорящему, по сути, то же самое. В фильме Сокурова перед нами опять же пространство имперской культуры — Эрмитаж в петербургском Зимнем дворце, — и режиссер тоже прибегает к новейшим технологиям, чтобы подчеркнуть, насколько это пространство пропитано историей, по отношению к которой у зрителя сохраняется необходимая для размышлений дистанция. Этого ощущения фильм добивается за счет ряда техник. Разговор в Эрмитаже происходит между двумя призраками — путешественником из постсоветской России (он же рассказчик, которого озвучивает Сокуров и которого мы ни разу не видим, хотя весь фильм снят с его точки зрения) и европейским писателем XIX века маркизом де Кюстином. Вместе они бродят по Эрмитажу и наблюдают, как в разных залах разворачиваются почти три столетия русской истории. Путешественник и маркиз вызывают друг у друга раздражение, потому что оба не понимают мира, в котором живет собеседник; в сценах с временными искажениями этот конфликт усиливается. В некоторых сценах Путешественник и другие нынешние посетители музея спорят с маркизом о развешанных на стенах полотнах. Некоторые современные посетительницы танцуют с маркизом или помогают ему «заговорить» с картинами и скульптурами посредством движения. Иногда маркиз недоумевает: «Что это за люди? Какого они сословия?»[1] Иногда его огорчает, что они смотрят на картины иначе, чем он. Иногда ему нравится, как по-своему люди воспринимают окружающие их предметы. В целом же мы видим в этих сценах невозможность нестесненной коммуникации между разными эпохами и населяющими их разными «сословиями». Именно это пытается сказать маркиз Путешественнику, когда тот, завидев Екатерину II с сопровождающим ее придворным, устремляется за ними через заснеженный сад. Маркиз не идет следом, но мы слышим в отдалении его голос: «Негоже простым смертным догонять царей. Не догоните»[2].

Но Сокуров, несомненно, знает, что и сам делает нечто, чего делать «негоже», — в конце концов, он открывает «нам», «простым смертным», сказочный сон о прошлом, за которым мы не можем угнаться. Мы можем догадаться об этом хотя бы потому, что на самом деле мы не видим всех трех веков истории Эрмитажа. В большей части сцен перед нами предстает образ долгого XIX века русской аристократии в позднесоветской оптике, как будто Пушкин и Наталья Гончарова существуют в том же времени и социальном пространстве, что аристократы 1910-х годов: «последний бал империи» очень напоминает сцену первого бала Наташи Ростовой из экранизации «Войны и мира» Сергея Бондарчука (см. введение)[3]. Как же примирить эти две противоположности в фильме, который, с одной стороны, подчеркивает нашу удаленность от утраченного объекта фантазий, а с другой — утрирует фантастическую природу этого объекта?

Сокуров, как и Парфенов, устанавливает своего рода преграду, выстроенную художественными средствами: фильм, как известно, снят «одним кадром» продолжительностью в восемьдесят семь минут, с помощью системы стабилизации камеры «Стэдикам». Как отмечали исследователи,

---

[1] «Русский ковчег» (2002), реж. Александр Сокуров (Нью-Йорк, Wellspring Media). 17:55.

[2] Там же. 53:50.

[3] Пожалуй, неслучайно маркиз в этой сцене у Сокурова тоже танцует с «Наташей» (Натальей Гончаровой), женой Пушкина, одетой как на самых известных ее портретах 1830-х годов.

Илл. 10. Вверху: Наташа Ростова. Кадр из фильма «Война и мир», реж. Сергей Бондарчук (Мосфильм, 1967). Внизу: маркиз и Наталья Гончарова. Кадр из фильма «Русский ковчег», реж. Александр Сокуров (Wellspring Media, 2002).

съемка одним кадром отчетливо противостоит активному использованию монтажа как смыслообразующей техники в «Октябре» Эйзенштейна, вероятно, *другом* известнейшем фильме, снятом в стенах Зимнего дворца[1]. Эйзенштейн воспринимал монтаж как важный политический акт нарративизации, перекраивание прошлого, в результате которого формируется большой исторический нарратив, объясняющий триумф постимперского советского государства. Сокуров же, снимая одним кадром, вместо исторического нарратива являет нам сказочный сон. Этот сон кажется «нам»,

[1] См., например: *Ostrowska D.* Sokurov's Russian Ark // Film-Philosophy. 2003. Vol. 7. № 5: https://doi.org/10.3366/film.2003.0034.

постсоветским зрителям, особенно прекрасным, потому что отвечает нашим фантазиям. Вместе с тем мы не перестаем замечать кинематографической искусности, творящей нашу фантазию на экране. Механизм такого опосредования объясняет маркиз, когда, глядя на картины фламандского мастера, изображающие крестьян, бормочет: «Тряпки какие-то, собака… Вечные люди. Но живите, живите, всех переживете»[1]. Раздраженный тон маркиза объясняется парадоксом: изобразив простых людей, не вхожих в императорский дворец, фламандский мастер обратил их в вечное произведение искусства, которое здесь на своем месте. Наш сказочный сон в стенах Эрмитажа — аналогичный парадокс, поэтому фильм заканчивается словами: «Смотрите, море вокруг. И плыть нам вечно, и жить нам вечно»[2]. Здесь «мы» не зрители как таковые, а кинематографическое эхо наших постсоветских фантазий, нашей нынешней имперской ностальгии, претворенной теперь в вечное произведение искусства, то есть авторское кино Сокурова. Это то же «мы», что и в говорухинском фильме «Россия, которую мы потеряли», но на сей раз это «мы» эстетизируется. Наша имперская ностальгия превращается скорее в некую культуру нашей эпохи, запечатленную авторским кино, которое переживет «нас» настоящих, как картины фламандских художников.

Итак, «мы» становимся вечной культурой, и эта культура выступает посредником между «нами» реальными и местом памяти, будь то руина Парфенова или Эрмитаж Сокурова. Но Эрмитаж *не* руина, и это существенное обстоятельство требует более исторически сложного и не столь возвышенного объяснения культурного опосредования. Поэтому обратимся к самому, вероятно, мистическому эпизоду «Русского ковчега», следующего сразу за блистательным приемом, оказанным Николаем I персидскому послу в 1829 году. Камера покидает это великолепие и переходит в полутемный тронный зал, поначалу кажущийся пустым,

---

[1] «Русский ковчег». 35:30.

[2] Там же. 1:33:10.

Илл. 11. Три директора Эрмитажа — ныне живущий и два покойных — мистически беседуют о сохранении тронного зала. Кадр из фильма «Русский ковчег», реж. Александр Сокуров (Wellspring Media, 2002).

пока мы не видим в нем трех человек (не считая маркиза и Путешественника, с чьим взглядом обычно совпадает точка зрения камеры). Трое мужчин говорят приглушенными голосами, но их едва слышная беседа позволяет зрителю понять, что перед нами три наиболее влиятельных директора Эрмитажа с 1917 года: Иосиф Орбели (занимал эту должность в 1934–1951 годах), Пиотровский-старший (с 1964 по 1990 год) и Пиотровский-младший (с 1992 года по настоящее время). Они, как отмечает Путешественник, «как будто стесняются друг друга» и тихо обсуждают состояние тронного зала, обосновывая принципы своего советского или уже постсоветского правления в Эрмитаже. Пиотровский-младший сообщает Орбели и отцу, что наконец издаются их книги, на что Орбели язвительно отвечает: «Покойники прямо от счастья плачут, когда выходят их книги, особенно через тридцать лет после смерти». Пиотровский-старший сетует, что, занимая такую высокую должность, не смог помочь многим людям и добавляет: «Ты знаешь, о ком я говорю». Орбели рассказывает обоим Пиотровским, как трудно было сохранить этот зал в 1930-е годы, когда люди «жили внутри катастрофы». Он продолжает: «Властям подавай желуди с дуба. Чем питается дерево культуры, они не знают и не хотят знать, но если упадет дерево, всякой власти конец, и вообще больше ничего не будет — они хоть это понимают»[1].

Сравнение властей со свиньями, которые питаются желудями, падающими с дерева культуры, полностью отвечает либеральному дискурсу интеллигенции как автономного Субъекта, считающего себя коллективным носителем культурности, который противостоит ведущим себя по-свински властям (и плебеям, хотя Орбели этого и не говорит), сохраняя культуру прошлого и наполняя источники, питающие «дерево культуры». Померанц, сформулировавший, по сути, ту же точку зрения, использовал химическую метафору, сравнив интеллигенцию с «веточкой», опускаемой в «перенасыщенный раствор» (массы) для кристаллизации (см. первую главу). Но приглушенные голоса в зале наводят на мысль, что в этом нормативном интеллигентском разговоре чего-то не хватает. Орбели несколько раз увещает Пиотровского-старшего: «Говори ему! Это же сын твой!» — а маркиз язвительно замечает: «Они все равно ему ничего не скажут». — «Чего не скажут?» — спрашивает спутник маркиза. Тот загадочно отвечает: «Будущее все знают, не знают прошлого». На самом деле слова маркиза напрямую соотносятся с утверждением Орбели, что «если упадет дерево, всякой власти конец». Это и есть «будущее», которое «все знают», избитый трюизм, позволяющий собеседникам и слушателям отгородиться от более глубоких вопросов о сложном прошлом, явно напрашивающихся в этом эпизоде, где три руководителя музея в советское и постсоветское время говорят об имперском месте памяти, которое не просто не разрушено большевиками, а старательно сохранено общими усилиями большевиков и их самих. Коротко говоря, благодаря хитросплетениям социальной истории образовалось физическое пространство, где высокая дореволюционная культура кажется вечной. Вот почему мы встречаемся с Орбели и Пиотровскими в полутемном тронном зале, который они сохранили, но в котором остались узурпаторами. И, как ни

[1] «Русский ковчег». 1:06:30–1:10:00.

парадоксально, эти хранители-узурпаторы сами говорят об узурпации культурного наследия поедателями желудей, стоящими у руля.

В основе кажущегося парадоксальным сохранения имперской культуры лежит запутанная диалектическая проблема, и фильм на нее указывает, хотя и уклоняется от попытки разрешить эту загадку, ограничиваясь подобием сократического изречения о том, что никто не знает прошлого. И все же поставлен вопрос для исторического осмысления, пусть артхаусное кино и не обладает средствами, чтобы на него ответить.

Перейдем теперь к последнему из рассматриваемых в этой книге значительных произведений, которое, как мне кажется, ближе всего подходит к тому, чтобы объяснить, как осознание следов имперской культуры в советскую эпоху, пусть неполное и непроговоренное, способствует критике дискурса о досоветском прошлом изнутри Субъекта, завороженного этим прошлым.

«Чапаев и Пустота» и «Трагедия русского либерализма»

На первый взгляд, роману Виктора Пелевина «Чапаев и Пустота» (1996) вроде бы нечего сказать о недавно завершившейся советской эпохе. Повествование, разворачивающееся в мире, больше всего похожем на Россию в 1993 году, и, предположительно, написанное просветленным буддистом Петром Пустотой в Кафка-юрте Внутренней Монголии в 1923–1925 годах, скачет между событиями Гражданской войны в России и постсоветскими 1990-ми, причем его мистические герои, путешествующие во времени: Чапаев (буддийский учитель Петра), Анна и Котовский (тоже последователи Чапаева) и барон Юрген (буддийский владыка преисподней) — не выказывают никакого интереса к семидесяти годам, прошедшим от установления советской власти до ее конца. Книга построена на том, что для Петра этих семидесяти лет попросту не было. Петр живет в реальности декадентского поэта Серебряного века, пытающегося пережить «мистический вызов» Гражданской войны[1]. Однако во сне он видит себя пациентом с редким расстройством — «раздвоением ложной личности», оказавшимся в психиатрической больнице в реальности *читателей*, ему лично незнакомой, — в постсоветских 1990-х[2]. Когда из своих снов 1990-х годов Петр возвращается в жизнь 1920-х, он узнает от Чапаева, как достичь просветления, отказавшись от собственного «я», и каким способом обрести контроль над сновидческой реальностью 1990-х. Чапаев советует ему: «Где бы ты ни оказался, живи по законам того мира, в который ты попал, и используй сами эти законы, чтобы освободиться от них. Выписывайся из больницы, Петька»[3]. Пустота так и поступает и, выйдя на свободу, находит мистический способ вновь присоединиться к свите Чапаева и вернуться в свою «Внутреннюю Монголию» 1920-х годов.

Постсоветским читателям очень трудно поверить, что «реален» именно Петр Пустота, поэт Серебряного века, для которого никакой советской власти не было. «Мы» не можем принимать его всерьез; мы по умолчанию считаем, что на самом деле Петр живет в 1990-е годы, а в мыслях переносится в 1920-е. Мы думаем так потому, что все персонажи из 1920-х в книге пришли, как нам хорошо известно, из позднесоветских анекдотов и восходят к героям невероятно популярного в 1930-е годы советского военного фильма «Чапаев». Пациенты, включая самого Петра, тоже знают и пересказывают эти анекдоты, пусть Петр и уверен, похоже, что он сам сочиняет их на ходу[4]. Главный врач так объясняет психическое расстройство своего пациента:

> Вы как раз принадлежите к тому поколению, которое было запрограммировано на жизнь в одной социально-культурной парадигме, а оказалось в совершенно другой[5].

---

[1] *Пелевин В.* Чапаев и Пустота. М.: Вагриус, 2001. С. 32.

[2] Там же. С. 99.

[3] Там же. С. 281.

[4] Там же. С. 328.

[5] Там же. С. 43.

Однако интереснее всего, как описана история Петра в позднесоветскую эпоху, до того как он попадает в сумасшедший дом. Мы узнаем об этом, когда Пустота тайком прокрадывается в кабинет профессора, чтобы прочитать свою историю болезни:

> В раннем детстве жалоб на психические отклонения не поступало. Был жизнерадостным, ласковым, общительным мальчиком. Учился хорошо, увлекался сочинением стихов, не представляющих особ. эстетич. ценности. Первые патолог. отклонен. зафиксированы в возрасте около 14 лет. Отмечается замкнутость и раздражительность, не связанная с внешними причинами. По выражению родителей, «отошел от семьи», находится в состоянии эмоц. отчуждения. <…> Существенно снизилась успеваемость. Наряду с этим начал усиленно читать философскую литературу: сочинения Юма, Беркли, Хайдеггера — все, где тем или иным образом рассматриваются философские аспекты пустоты и небытия. В результате начал «метафизически» оценивать самые простые события, заявлял, что выше сверстников в «отваге жизненного подвига». Стал часто пропускать уроки, после чего близкие вынуждены были обратиться к врачу.
>
> На контакт с психиатром идет легко. Доверчив. О своем внутреннем мире заявляет следующее. У него имеется «особая концепция мироощущения». Больной «сочно и долго» размышляет о всех окружающих объектах. Описывая свою психическую деятельность, заявляет, что его мысль, «как бы вгрызаясь, углубляется в сущность того или иного явления». Благодаря такой особенности своего мышления в состоянии «анализировать каждый задаваемый вопрос, каждое слово, каждую букву, раскладывая их по косточкам», причем в голове у него существует «торжественный хор многих „я“», ведущих спор между собой. Стал чрезвычайно нерешителен, что обосновывает, во-первых, опытом «китайцев древности», а во-вторых, тем, что «трудно разобраться в вихре гамм и красок внутренней противоречивой жизни». С другой стороны, по собственным словам, обладает «особым взлетом свободной мысли», которая «возвышает его над всеми остальными мирянами». В связи с этим жалуется на одиночество и непонятость окружающими. По словам больного, никто не в силах мыслить с ним «в резонанс».

> Полагает, что способен видеть и чувствовать недоступное «мирянам». Например, в складках шторы или скатерти, в рисунке обоев и т. д. различает линии, узоры и формы, дающие «красоту жизни». Это, по его словам, является его «золотой удачей», то есть тем, для чего он ежедневно повторяет «подневольный подвиг существования».
>
> Считает себя единственным наследником великих философов прошлого. Подолгу репетирует «речи перед народом». Помещением в психиатрическую больницу не тяготится, так как уверен, что его «саморазвитие» будет идти «правильным путем» независимо от места обитания[1].

Во всем этом тексте нет ни слова об альтер эго Пустоты как дореволюционного поэта-символиста — собственно, текст прерывает нашу возможность прочитать это описание, озаглавленное в деле Петра как «петербургский период». В истории болезни упор сделан как раз на *советские* обстоятельства Петра — его уход от советской социальной жизни в мир фантазий, доставляющих герою куда большее удовольствие. Но разве это не всего лишь крайний, патологический случай позднесоветской «вненаходимости», о которой пишет Юрчак (см. третью главу)? В этом смысле показательно написанное Пелевиным в 1993 году программное эссе «Джон Фаулз и трагедия русского либерализма», где писатель утверждает, что красота позднесоветского времени как раз в том, что оно породило целую плеяду просветленных безумцев, подобных Пустоте:

> Советский мир был настолько подчеркнуто абсурден и продуманно нелеп, что принять его за окончательную реальность было невозможно даже для пациента психиатрической клиники. И получилось, что у жителей России, кстати, необязательно даже интеллигентов, автоматически — без всякого их желания и участия — возникал лишний, нефункциональный психический этаж, то дополнительное пространство осознания себя и мира, которое в естественно развивающемся обществе доступно лишь немногим. Для жизни по законам игры в бисер нужна Касталия. Россия недавнего прошлого

[1] *Пелевин В.* Чапаев и Пустота. С. 114–116.

как раз и была огромным сюрреалистическим монастырем, обитатели которого стояли не перед проблемой социального выживания, а перед лицом вечных духовных вопросов, заданных в уродливо-пародийной форме. Совок влачил свои дни очень далеко от нормальной жизни, но зато недалеко от Бога, присутствия Которого он не замечал. Живя на самой близкой к Эдему помойке, совки заливали портвейном «Кавказ» свои принудительно раскрытые духовные очи, пока их не стали гнать из вишневого сада, велев в поте лица добывать свой хлеб[1].

Петр, поэт, чьи стихи «не представляют особой эстетической ценности», олицетворяет тип такого необязательно даже интеллигентного «совка», живущего «на самой близкой к Эдему помойке». В 1993 году последним, что осталось от этой помойки, оказывается сумасшедший дом. Упоминание чеховского «Вишневого сада» в «Джоне Фаулзе» тоже напрямую соотносится с временным контекстом галлюцинаций Петра, Серебряным веком. Как подчеркивает Пелевин в своем эссе, это специфически *советская* галлюцинация, потому что именно советская эпоха создала необходимые социальные условия для процветания обычного человека вроде Петра — условия, поразительно схожие, пусть даже это сходство случайно, с социальными условиями, в которых живут чеховские «Гаев и Раневская»[2]. Петр и *есть* Раневская, только ее деклассированная, «уродливо-пародийная» версия, продукт унылого советского образования и урбанизации, присущего советскому Чапаеву сортирного юмора, который в своей глупости порой может показаться даже до некоторой степени экзистенциальным.

Намеренно странным сближением «совка» и Чехова Пелевин резко противоречит массовому дискурсу позднесоветской интеллигенции о досоветском прошлом, который я прослеживаю в этой книге. Если в этом дискурсе досоветское прошлое всегда ставилось высоко — как антитеза

[1] *Пелевин В.* Джон Фаулз и трагедия русского либерализма // Пелевин В. Все повести и эссе. М.: Эксмо, 2005. С. 395–396.

[2] *Пелевин В.* Джон Фаулз и трагедия русского либерализма. С. 394.

советскому настоящему, у Пелевина позднеимперская эпоха *рифмуется* с позднесоветской, в противовес эпохам первых большевиков и первых постсоветских капиталистов. В отношении последних Петр Пустота, прямо оспаривая столыпинистскую логику, утверждает, что не видит разницы между коммерсантами 1990-х и большевиками 1920-х. Их диаметрально противоположное отношение к капитализму значения не имеет, заявляет он. Важно, что и те и другие призывают граждан энергично строить дивный новый мир, хотя окружающая их реальность далека от героизма, а в авангарде ее строительства идут «самые гнусные, пронырливые и бесстыдные подлецы», цинично стремящиеся к историческим переменам ради собственной выгоды[1]. Одновременно Пелевин откликается на *до*столыпинистский либеральный дискурс культурного воспитания, в рамках которого имперская эпоха всегда мыслилась как подлинный источник культурности, в отличие от советской (а затем позднесоветской) эпохи, сосредоточенной на практическом и житейском. Пелевин, пишущий свое эссе в начале 1990-х годов, соглашается с первой частью этого давнего тезиса либералов, но оспаривает вторую. Вера в вечное культурное совершенствование на самом деле была невостребованным порождением *советского* «сюрреалистического монастыря» для образованных горожан. В позднесоветское время никто даже не «замечал» удивительного «присутствия Бога» на своей «самой близкой к Эдему» советской «помойке», и все же, как ни досадно, придется признать, что это присутствие там было.

Как же быть с этим досадным, непрошеным осознанием? На поверхностном уровне Пелевин предлагает просто обойти его. Можно ведь ценить отстраненный мир своих фантазий, не заботясь о том, что его породило. «Вненаходимость как образ жизни» советского человека (процитирую еще раз Юрчака) — своего рода необъяснимое чудо, «золотая удача», от которой таким юродивым, как Петр, не стоит отказываться ради капиталистического общества 1990-х. К тому же для Пелевина просветленный эскапизм, бегство

[1] *Пелевин В.* Чапаев и Пустота. С. 47.

от повседневности — проявление подлинной культурности, которое и подобает интеллигенту. Вот почему Пелевин оспаривает столыпинистские установки — как он утверждает в «Джоне Фаулзе», «пошло» гоняться за политическим влиянием, восхвалять хозяйственность и финансовые блага, маскируя свои желания ссылками на интеллигентность и культурность. Не то чтобы Пелевин считает, что в постсоветской России не должно быть прагматичных людей вроде чеховского Лопахина:

> Наверное, точно так же в конце концов хватит [места] и в России — и для долгожданного Лопахина, которого, может быть, удастся наконец вывести путем скрещивания множества Лопахиных, и для совков, поглощенных переживанием своей тайной свободы в темных аллеях вишневого сада[1].

Однако Лопахин не должен иметь непосредственного отношения к культуре. Культура не должна ориентироваться на него и полагать своей задачей производство таких людей. Дискурс столыпинства — озвучивает ли его Толстая, Акунин или Улицкая — отказывается это понимать, что и составляет «трагедию русского либерализма». После тридцати лет борьбы с абсурдом советской жизни либеральный дискурс не только с ликованием превозносит постсоветский переходный период (со всей его абсурдностью), но еще и ссылается для этого на культурность. Эти «нынешние антагонисты совка никак не в силах понять, что мелкобуржуазность — особенно восторженная — не стала менее пошлой из-за краха марксизма»[2].

В некотором смысле Пелевин, как и Сокуров, имеет в виду, что культурность должна существовать в другом измерении, не соприкасающемся с перипетиями реальной жизни. Или, если сформулировать идею Пелевина в терминах, принятых в этой книге, культурность — сама себе Субъект. Люди, причастные к этой Субъективности,

---

[1] *Пелевин В.* Джон Фаулз и трагедия русского либерализма. С. 396–397.

[2] Там же. С. 397.

не должны смешивать ее с формами повседневной жизни, в которую они тоже вовлечены. Так, в финале «Чапаева и Пустоты» просветленный сумасшедший Петр понимает, что на самом деле должен с некоторой отстраненностью и шутя «одновременно говорить „Нет, нет“ и „Да, да“» неизменно абсурдному миру, продолжая при этом не жалеть сил на хитросплетения собственных фантазий[1]. В «Чапаеве и Пустоте» такой фантазией становится увиденный сквозь призму советской эпохи Серебряный век, скрещенный с советскими анекдотами; в других книгах Пелевина свои фантастические миры. Что у Пелевина остается неизменным, так это обращенный к предполагаемым читателям — младшим интеллигентам призыв погрузиться в собственный культурный солипсизм, отогнав побуждение установить прямой, «пошлый» контакт с внешним миром.

Но можно ли просто обойти стороной необходимость исторически осмыслить советское наследие — и что толкает Пелевина к таким выводам? В конце концов, в «Чапаеве и Пустоте» мы видим, как у Петра срабатывает психический механизм вытеснения, мешающий ему вспомнить даже обстоятельства своей советской жизни, превратившие его в подобие дореволюционного аристократа. В романе это вытеснение предстает как патология. Добавим к этому кое-что не сказанное в тексте, но нам вполне очевидное: несмотря на экзистенциальное родство Пустоты и чеховской Раневской, у последней мы не можем представить себе такую патологию. Пелевинский дискурс о досоветском прошлом (как и дискурс практически всех, о ком шла речь в этой монографии) по умолчанию предполагает, что чеховская аристократка всей душой любила окружающую ее реальность, прекрасное в своем увядании великолепие, — в противоположность совкам, упорно отказывающимся замечать реальность позднего социализма и вместо этого восхищающимся миром, где обитает Раневская.

Говоря известными словами Андрея Синявского, у нас неизбежно возникают «эстетические разногласия с советской

[1] *Пелевин В.* Чапаев и Пустота. С. 346.

властью»[1] — разногласия, которых с имперской Россией у нас попросту нет. Но почему так получается? Аргументация Пелевина на этот счет возвращает нас к началу этой книги. В первой главе речь шла о том, что в текстах 1960-х годов, написанных такими авторами, как Ахматова и Померанц, антисоветский дискурс о досоветском прошлом возникает из отгораживания от массовой аудитории, к которой обращен этот дискурс, отгораживания от проблемы ее парадоксальной Субъективности — занародной, массово-интеллигентской, массово-элитарной. Ту же логику мы разглядим и в «Джоне Фаулзе», если зададимся простым вопросом: почему советская социальная реальность была столь «подчеркнуто абсурдна», что не заслуживала серьезного внимания? Пелевин, что весьма симптоматично, дает двойственный ответ. С одной стороны, он понимает советский абсурд в духе московского концептуализма, как синтетическое произведение искусства, составленное из марксистско-ленинских лозунгов, «продуманно нелепое». С другой стороны, советская социальная реальность абсурдна потому, что породила слишком много людей, способных оценить это произведение искусства. Она породила слишком много художников. Фантазии и эскапизм стали в ней чересчур массовым явлением, поневоле охватывающим даже случайных алкоголиков. Но разве это не жалоба выскочки, который хотел бы выделиться из столь же образованной толпы себе подобных, но не может? Мы, безусловно, наблюдаем такого рода недобросовестный элитизм у Пустоты, уверенного, что его познания о Серебряном веке доступны лишь ценителям, хотя мы знаем, что он заурядный представитель массовой интеллигенции: он, как и все, не прочь посмеяться над хорошим анекдотом о Чапаеве; его стихи «не представляют особой эстетической ценности» (в романе приведены явно нескладные вирши); его отсылки к культуре 1910-х годов сводятся исключительно к каноническим фигурам Брюсова, Блока, Сологуба, Тютчева (точнее, его культа в ту эпоху) и так далее — эти отсылки

[1] *Синявский А.* Диссидентство как личный опыт // Синявский А. Литературный процесс в России. М.: РГГУ, 2003. С. 21.

мы считываем с той же легкостью, как в романах Акунина: они не требуют от нас никакой работы интеллекта, кроме распознания громких имен, которыми щеголяет персонаж. Так зачем льстить себе, если эти громкие имена — такая же часть массовой культуры, как упоминания Чапаева и Арнольда Шварценеггера в том же романе? В своем тексте Пелевин — гораздо больше, чем Сокуров или Парфенов в своих фильмах, — с иронией подчеркивает, насколько ностальгирующий по империи Субъект принадлежит массе, но при этом любит ощущать себя элитой, хотя прекрасно знает, что никакая он не элита — или, говоря словами Парфенова, что мы не от имперской России, а от советской.

Досадные «эстетические разногласия» между имперской и советской эпохами заключаются в том, что в действительности именно последняя создала «нас», постнарод, «интеллигенцию без границ», как назвал ее Померанц, — но «нам», порожденному ею занародному Субъекту, границы, наоборот, *по вкусу*; нам *нравится* вести чужую аристократическую жизнь; мы не *хотим* жить в мире, где таких, как мы, много. Антисоветский дискурс о досоветском прошлом всегда строился вокруг желания парвеню выделиться. Откровенно денежная и политизированная форма, которую это желание приняло в постсоветскую эпоху, внушает нам отвращение, но при всем том иного выхода этому желанию нет в силу занимаемого нами положения — мы всегда уже предзаданы нашими отношениями с досоветским прошлым как его узурпаторы/хранители. Вслед за Парфеновым и Сокуровым можно сказать, что наши поступки в реальном мире не должны диктоваться этой Субъектностью. Вслед за Пелевиным — что такое желание — наша общая причуда, истоки которой можно выявлять и изучать, но, рассуждая в полном соответствии с психоаналитической теорией Лакана, мы должны понимать, что осознание этой причуды нас от нее не избавит. Вслед за всеми тремя — что стратегии политического действия в России 2020-х годов лучше всего держаться подальше от этой формы антисоветской Субъектности.

Будет ли полезно также реконструировать и проанализировать культурную логику сдержанно *про*советского (или скорее просоциалистического) дискурса о досоветском прошлом? Такая постановка проблемы выходит за рамки этой книги, но она, несомненно, возможна и может предполагать анализ произведений и идей, например Михаила Лифшица и Сергея Бондарчука, или Эльдара Рязанова, или даже менее очевидных кандидатов, скажем, Синявского и Д. А. Пригова. Такой идеологический анализ, зеркальный по отношению к этой книге, может пригодиться в будущем, особенно если в России после ухода ее столыпинистского президента и, что еще важнее, его избирателей в конце концов возобладают более левые настроения.

БИБЛИОГРАФИЯ

Аврех А.Я. Столыпин и судьбы реформ в России. М.: Изд-во политической литературы, 1991.

Акунин Б. Статский советник: Роман. М.: Захаров, 1999.

Амальрик А. Просуществует ли Советский Союз до 1984 года? Амстердам: Фонд имени Герцена, 1969.

Аншина Н. Обзор рекламных кампаний // Коммерсантъ. 1993. 5 июня: https://www.kommersant.ru/doc/49939.

Аронов М. [Яков Корман] Александр Галич: полная биография. М.: Новое литературное обозрение, 2012.

Архангельский А. Был порядок // Коммерсантъ. 2008. 19 октября: https://www.kommersant.ru/doc/2301567.

Архангельский В. Обломовщина // Литературная энциклопедия. Т. 8. М.: ОГИЗ РСФСР, 1934. С. 165–172.

Ахматова А. О Пушкине: Статьи и заметки / Сост. Э.Г. Герштейн. Л.: Сов. писатель, 1977.

Багдасарян В.Э. и др. Библиотека «Единой России»: идеи, лидеры, действия. Т. 2: Лидеры. М.: ОЛМА-пресс, 2006.

Бодрийяр Ж. Симулякры и симуляции / Пер. А. Качалова. М.: ИД «Постум», 2015.

Бойм С. Будущее ностальгии / Пер. А. Стругача. М.: Новое литературное обозрение, 2019.

Быков Д.Л. Булат Окуджава. М.: Молодая гвардия, 2020.

Вайль П., Генис А. 60-е: мир советского человека. М.: АСТ, 2013.

Вилинбахов Г. Государственные символы Российской Федерации // Родина: Рос. иллюстрированный ист. ж-л. 2013. 3 января: https://archive.is/20130103214806/www.istrodina.com/gerb1.php3.

Владимирские дни и годы В.В. Шульгина / Сост. М. Коншин. Владимир: Калейдоскоп, 2007.

Войнович В. Москва 2042. М.: Вся Москва, 1990.

Галич А. Облака плывут, облака: песни, стихотворения / Сост. А. Костромин. М.: Эксмо, 1999.

Глазунов И. Дорога к тебе // Молодая гвардия. 1965. № 10.

Глазунов И. Дорога к тебе // Молодая гвардия. 1965. № 12.

Глазунов И. Дорога к тебе // Молодая гвардия. 1966. № 2.

Глазунов И. Дорога к тебе // Молодая гвардия. 1966. № 6.

Головской В. Фильм «Перед судом истории», или Об одном киноэпизоде в жизни В.В. Шульгина // Журнал Вестник Онлайн. 2003. № 337: http://www.vestnik.com/issues/2003/1224/koi/golovskoy.htm.

Делёз Ж., Гваттари Ф. Анти-Эдип: Капитализм и шизофрения / Пер. Д. Кралечкина. Екатеринбург: У-Фактория, 2007.

Дементьев А. Сомнительная методология // Вопросы литературы. 1968. № 12. С. 69–90.

Добролюбов Н.А. Русские классики: Избранные литературно-критические статьи. М.: Наука, 1970.

Жижек С. Возвышенный объект идеологии / Пер. В. Софронова. М.: Худож. журнал, 1999.

Зощенко М.М. В пушкинские дни // Зощенко М.М. Рассказы. М.: Дрофа-Плюс, 2006. С. 387–393.

Из-под глыб. Париж: YMCA-Press, 1974.

Калинин И. Археология национального знания // Неприкосновенный запас. 2012. № 81 (3). С. 87–91: https://www.nlobooks.ru/magazines/neprikosnovennyy_zapas/81_nz_1_2012/article/18542/.

Касаткина Л., Колосов С. Судьба на двоих: Воспоминания в диалогах. М.: Молодая гвардия, 2005.

Киянская О.И. Павел Пестель: офицер, разведчик, заговорщик. М.: Параллели, 2002.

Кларк К. Москва, четвертый Рим. Сталинизм, космополитизм и эволюция советской культуры (1931–1941) / Пер. А. Фоменко, О. Гавриковой. М.: Новое литературное обозрение, 2018.

Кожинов В. К методологии истории русской литературы (о реализме 30-х годов XIX века) // Вопросы литературы. 1968. № 5. С. 60–82.

Коткин С. Предотвращенный Армагеддон. Распад Советского Союза, 1970–2000 / Пер. И. Христофорова. М.: Новое литературное обозрение, 2018.

Крупин М. Никита Михалков. Он русский, это многое объясняет… М.: Молодая гвардия, 2018.

Крылов А.Е., Юровский В.Ш. Булат Шалвович Окуджава. Библиография // Старое литературное обозрение. 2001. № 1: https://magazines.gorky.media/slo/2001/1/bulat-shalvovich-okudzhava-bibliografiya.html.

Кузьмин А. Проект нового генерального плана развития Москвы на период до 2020 года: особенности разработки, содержания, методологии, базисные положения // Архитектура. Строительство. Дизайн. 1999. № 4 (14). С. 12–17.

Ланина Т. Александр Володин. Очерк жизни и творчества. Л.: Сов. писатель, 1989.

Ленин В. Памяти Герцена. М.: Политиздат, 1980. https://www.marxists.org/russkij/lenin/works/in_mem_h.htm.

Лифшиц М. Народность искусства и борьба классов // Лифшиц М. Собрание сочинений: В 3 т. Т. 2. М.: Изобразительное искусство, 1986. Т. 2. С. 245–292.

Лотман Ю. Декабрист в повседневной жизни: бытовое поведение как историко-филологическая категория // Литературное наследие декабристов / Ред. В.Г. Базанов, В.Э. Вацуро. Л.: Наука, 1975. С. 25–74.

Лощиц Ю. Гончаров. М.: Молодая гвардия, 1977.

Лужков Ю. Мы дети твои, Москва. М.: Вагриус, 1996.

Медведев Р. Советский Союз: последние годы жизни. М.: Астрель, 2010.

Митрохин Н. Русская партия: движение русских националистов в СССР, 1935–1985 годы. М.: Новое литературное обозрение, 2003.

Михалков Н. Публичное одиночество. М.: Эксмо, 2014.

Михалков Н. Территория моей любви. М.: Эксмо, 2015.

Мягкова М. Где жили москвичи 100 лет назад и сколько это стоило // РБК: https://realty.rbc.ru/news/5a3123889a79470077f5d87b?fbclid=IwAR3e5RnsajoAL2DJBsGykDL4iVfuHN6chaqXpbo7mHsGR3w_ZUN1zx1E9Bo.

Нечкина М.В. Движение декабристов. М.: АН СССР, 1955.

Новохатко В. Белые вороны Политиздата // Знамя. 2013. № 5: http://znamlit.ru/publication.php?id=5245.

Окуджава Б. Бедный Авросимов // Окуджава Б. Избранные произведения: В 2 т. Т. 1. М.: Современник, 1989.

Окуджава Б. В Барабанном переулке. Екатеринбург: У-Фактория, 2007.

Окуджава Б. Избранная проза. М.: Известия, 1979.

Пелевин В. Generation «П». М.: Вагриус, 1999.

Пелевин В. Все повести и эссе. М.: Эксмо, 2005.

Пелевин В. Чапаев и Пустота. М.: Вагриус, 2001.

Померанц Г. Квадрильон. http://www.pomeranz.ru/p/pub_qadrial.htm.

Померанц Г. Человек ниоткуда: http://www.pomeranz.ru/p/pub_man_air.htm.

Прядко И.П. Дореформенная орфография и современная реклама // La Revue russe. 2006. № 28. С. 91–94.

Райх В. Психология масс и фашизм / Пер. Ю.М. Донца. М.: Университетская книга, 1997.

Ресин В. Москва в лесах. М.: Галактика, 2008. https://prochtem.ru/text.php?avtor=487&kniga=1&f=html&p=view.

Розанов В. Историческая роль Столыпина // Новое время. 1911. 7 октября. http://dugward.ru/library/rozanov/rozanov_istoricheskaya_rol_stilypina.html.

Рыбас С. Столыпин. М.: Молодая гвардия, 2003.

Рыбас С.Ю., Тараканова Л.В. Реформатор: жизнь и смерть Петра Столыпина. М.: Недра, 1991.

Саппак В. Телевидение и мы: Четыре беседы. М.: Искусство, 1988: http://www.evartist.narod.ru/text12/87.htm.

Синявский А.Д. Литературный процесс в России. М.: РГГУ, 2003.

Солженицын А. Публицистика: В 3 т. Т. 1. Ярославль: Верхневолжское кн. изд-во, 1995.

Солженицын А.И. Собрание сочинений: В 30 т. Т. 8. М.: Время, 2006.

Солоухин В. Собрание сочинений: В 4 т. Т. 3. М.: Худож. лит., 1983–1984.

Столыпин П.А. Сборник речей Петра Аркадьевича Столыпина, произнесенных в заседаниях Государственного совета и Государственной думы (1906–1911). СПб.: Изд. В.В. Логачева, 1911.

Суверенитет / Сост. Н. Гараджа. М.: Европа, 2006.

Толстая Т. Не кысь. М.: Эксмо, 2004.

Трифонов Ю. Избранное: Роман. Повести. Минск: Вышэйшая школа, 1983.

Трифонов Ю. Нетерпение. М.: Сов. писатель, 1988.

Уйти. Остаться. Жить. Антология литературных чтений / Сост. Б. О. Кутенков, Н. В. Милешкин, Е. В. Семенова. Т. 2. Ч. 1. М.: ЛитГОСТ, 2020.

Улицкая Л. Пиковая дама: https://www.litres.ru/book/ludmila-ulickaya/pikovaya-dama-122911/.

Улицкая Л. Священный мусор. М.: Астрель, 2012.

Ушакин С. Разложение тотальности: объектализация позднего социализма в постсоветских биохрониках // Неприкосновенный запас. 2013. № 89 (3). https://www.nlobooks.ru/magazines/neprikosnovennyy_zapas/89_nz_3_2013/article/10519/.

Федоров А. Эволюция образа Белого движения в отечественном и зарубежном игровом кинематографе звукового периода. М.: МОО «Информация для всех», 2015.

Фрейд З. Тотем и табу. Психология первобытной культуры и религии / Пер. М. В. Вульфа. М.: АСТ, 2012.

Хирш Ф. Империя наций. Этнографическое знание и формирование Советского Союза / Пер. Р. Ибатуллина. М.: Новое литературное обозрение, 2022.

Художник и Россия / Сост. О. Галин. Дюссельдорф: Изд-во Град Китеж, 1980.

Чехов А. П. Полное собрание сочинений и писем: В 30 т. Т. 8. [Рассказы. Повести], 1892–1894. М.: Наука, 1977.

Чехонадских М. Товарищи прошлого: советское просвещение между негативностью и аффирмацией / Пер. К. Меламуда // Художественный журнал. 2018. № 106: https://moscowartmagazine.com/issue/81/article/1786.

Чуковская Л. Записки об Анне Ахматовой. Т. 2: 1952–1962. Париж: YMCA-Press, 1980.

Чуковская Л. Записки об Анне Ахматовой. Т. 3: 1963–1966. М.: Согласие, 1997.

Чхартишвили Г. [Акунин Б.] Подберите себе Фандорина по вкусу. Интервью // Сеанс. 2006. № 23 (3 апреля). https://seance.ru/articles/podberite-sebe-fandorina-po-vkusu/.

Чхартишвили Г. Если бы я был газетным магнатом // Неприкосновенный запас. 1999. № 2. https://magazines.gorky.media/nz/1999/2/esli-by-ya-byl-gazetnym-magnatom.html.

Шмитт К. Понятие политического. СПб.: Наука, 2016.

Шульгин В. «Что нам в них не нравится?»: об антисемитизме в России. Париж: Russia minor, 1930.

Шульгин В. В. Последний очевидец: мемуары, очерки, сны / Сост. Н. Н. Лисовой. М.: ОЛМА-пресс, 2002.

Эйдельман Н. Апостол Сергей: повесть о Сергее Муравьеве-Апостоле. М.: Политиздат, 1975.

Эйдельман Н. Вьеварум. Лунин. М.: Мысль, 1995.

Эйдельман Н. Серно // Знание — сила. 1966. № 3.

Эйдельман Н. Твой XIX век. М.: Детская литература, 1980.

Эйдельман Ю. Дневники Натана Эйдельмана. М.: Материк, 2003.

Юрчак А. Это было навсегда, пока не кончилось. Последнее советское поколение. М.: Новое литературное обозрение, 2014.

Allen R. C. Farm to Factory: A Reinterpretation of the Soviet Industrial Revolution. Princeton, NJ: Princeton University Press, 2009.

Althusser L. Ideology and Ideological State Apparatuses // Lenin and Philosophy and Other Essays / Trans. B. Brewster. New York: Monthly Review Press, 1971. P. 85–126.

Borenstein E. Plots against Russia: Conspiracy and Fantasy after Socialism. Ithaca, NY: Cornell University Press, 2019.

Borenstein E. Yesterday's Man of Tomorrow // Rereading Akunin (blog). NYU Jordan Center. February 19, 2019. https://jordanrussiacenter.org/news/yesterdays-man-of-tomorrow-akunin-wq-6/#.YywoaXlOliN.

Brandenberger D. National Bolshevism: Stalinist Mass Culture and the Formation of Modern National Identity, 1931–1956. Cambridge, MA: Harvard University Press, 2002.

Brooks J. J. Greetings, Pushkin! Stalinist Cultural Politics and the Russian National Bard. Pittsburgh, PA: University of Pittsburgh Press, 2016.

Brudny Y. Reinventing Russia: Russian Nationalism and the Soviet State, 1953–1991. Cambridge, MA: Harvard University Press, 1998.

Buck-Morss S. Dreamworld and Catastrophe: The Passing of Mass Utopia in East and West. Cambridge, MA: MIT Press, 2002.

Condee N. The Imperial Trace: Recent Russian Cinema. Oxford: Oxford University Press, 2009.

Dunham V. S. In Stalin's Time: Middleclass Values in Soviet Fiction. Durham, NC: Duke University Press, 1990.

Epic Revisionism: Russian History and Literature as Stalinist Propaganda / Eds. D. Brandenberger, K. M. F. Platt. Madison: University of Wisconsin Press, 2006.

Evans C. E. Between Truth and Time: A History of Soviet Central Television. New Haven, CT: Yale University Press, 2016.

Faraday G. Revolt of the Filmmakers: The Struggle for Artistic Autonomy and the Fall of the Soviet Film Industry. University Park, PA: Penn State University Press, 2000.

Felski R. Suspicious Minds // Poetics Today. 2011. 32, no. 3. P. 215–234.

Fenghi F. It Will be Fun and Terrifying: Nationalism and Protest in Post-Soviet Russia. Madison: University of Wisconsin Press, 2021.

Feygin Y. Building a Ruin: The International and Domestic Politics of Economic Reform in the Soviet Union. Cambridge, MA: Harvard, 2024.

Flaxton T. HD Aesthetics and Digital Cinematography // Digital Light / Ed. S. Cubitt, D. Palmer, N. Tkacz. London: Open Humanities Press, 2015. P. 61–82.

Gölz S. Moscow for Flaneurs: Pedestrian Bridges, Europe Square and Moskva-City // Public Culture. 2006. Vol. 18. № 3. P. 573–605.

Gorski B.A. Socialist Realism Inside-Out: Boris Akunin and Mass Literature for the Elite // The Akunin Project: The Mysteries of Russia's Bestselling Author / Ed. E.V. Baraban, S.M. Norris. Toronto: University of Toronto Press, 2021. P. 255–281.

Hamburg G. Writing History at the End of the Soviet Era: The Secret Lives of Natan Eidelman // Kritika. 2006. Vol. 7. № 1. P. 71–109.

Jones P. Revolution Rekindled: The Writers and Readers of Late Soviet Biography. Oxford: Oxford University Press, 2019.

Khazanov P. Mikhail Lifshitz and the Dialectical Politics of Art in the USSR // Pushkin Review. 2018. № 20. P. 67–73.

Khazanov P. Vladimir Sappak's Humanism on Soviet TV // European University Institute Max Weber Fellow Working Papers. 2018. № 4.

Khazanov P. What Is Our Life? A Game! What? Where? When? and the Capitalist Gamble of the Soviet Intelligentsia // Russian Review. 2020. Vol. 79. № 2. P. 269–292.

Kotkin S. Magnetic Mountain: Stalinism as a Civilization. Berkeley, CA: University of California Press, 1997.

Lipovetsky M. The Poetics of ITR Discourse: In the 1960s and Today // Ab Imperio. 2013. № 1. P. 109–139.

O'Meara P. The Decembrist Pavel Pestel: Russia's First Republican. London: Palgrave Macmillan, 2003.

Ostrowska D. Sokurov's Russian Ark // Film-Philosophy. 2003. Vol. 7. № 5. https://doi.org/10.3366/film.2003.0034.

Patteson T.W. Player Piano // Oxford Handbooks Online. November 2014. https://doi.org/10.1093/oxfordhb/9780199935321.013.16.

Pinsky A. The Origins of Post-Stalin Individuality: Aleksandr Tvardovskii and the Evolution of 1930s Soviet Romanticism // Russian Review. 2017. № 76. P. 458–483.

Platt K.M.F. Secret Speech: Wounding, Disavowal, and Social Belonging in the USSR // Critical Inquiry. Spring 2016. № 42. P. 647–676.

Platt K.M.F. Terror and Greatness: Ivan and Peter as Russian Myths. Ithaca, NY: Cornell University Press, 2011.

Platt K.M.F. The Post-Soviet Is Over: On Reading the Ruins // Republics of Letters. 2009. Vol. 1. № 1. P. 1–26.

Platt K.M.F., Nathans B. Socialist in Form, Indeterminate in Content: The Ins and Outs of Late Soviet Culture // Ab Imperio. 2011. № 2. P. 301–324.

Raeff M. Origins of the Russian Intelligentsia: The Eighteenth-Century Nobility. New York: Harcourt Brace Jovanovich, 1966.

Ricoeur P. Freud and Philosophy: An Essay on Interpretation. New Haven, CT: Yale University Press, 1977.

Ries N. Russian Talk: Culture and Conversation During Perestroika. Ithaca, NY: Cornell University Press, 1997.

Robin C. The Reactionary Mind: Conservatism from Edmund Burke to Sarah Palin. Oxford: Oxford University Press, 2011.

Sandler S. Commemorating Pushkin: Russia's Myth of a National Poet. Stanford, CA: Stanford University Press, 2004.

Shatz M. S., Zimmerman J. E. Introduction // Vekhi (Landmarks): A Collection of Articles about the Russian Intelligentsia, trans. M. S. Shatz, J. E. Zimmerman. Armonk, NY: M. E. Sharpe, 1994. P. xi–xxxiv.

Smith K. E. Mythmaking in the New Russia: Politics & Memory During the Yeltsin Era. Ithaca, NY: Cornell University Press, 2002.

Stalin's Master Narrative: A Critical Edition of the Short Course on the History of the Communist Party (Bolsheviks) / Eds. D. Brandenberger, M. Zelenov. New Haven, CT: Yale University Press, 2019.

Tempest R. Overwriting Chaos: Aleksandr Solzhenitsyn's Fictive Worlds. Boston: Academic Studies Press, 2019.

Trigos L. The Decembrist Myth in Russian Culture. New York: Palgrave Macmillan, 2009.

Walicki A. A History of Russian Thought from the Enlightenment to Marxism / Trans. H. Andrews-Rusiecka. Stanford, CA: Stanford University Press, 1979. P. 222–267.

Wortman R. The Power of Language and Rhetoric in Russian Political History: Charismatic Words from the 18th to the 21st Centuries. London: Bloomsbury, 2017.

Žižek S. Rumsfeld and the Bees // Guardian. June 27, 2008.

Zubok V. Zhivago's Children: The Last Russian Intelligentsia. Cambridge, MA: Belknap Press of Harvard University Press, 2009.

ФИЛЬМОГРАФИЯ

Говорухин С. Александр Солженицын. Часть 1. Москва: Экран, 1992.

Говорухин С. Россия, которую мы потеряли. Москва: Мосфильм, 1992.

Говорухин С. Так жить нельзя. Москва: Мосфильм; Мюнхен: Filmverlag der Autoren, 1990.

Колосов С. Операция «Трест». Москва: Мосфильм, Телефильм, 1967.

Кравчук А. Адмиралъ. Москва: Дирекция кино, 2008.

Михалков Н. Неоконченная пьеса для механического пианино. Москва: Мосфильм, 1977.

Михалков Н. Несколько дней из жизни И.И. Обломова. Москва: Мосфильм, 1979.

Михалков Н. Пять вечеров. Москва: Мосфильм, 1978.

Нурмамед С. Цвет нации. Москва: Студия «Намедни», 2014.

Парфенов Л. С твердым знаком на конце. Москва: Первый канал, Ростелеком, 2009.

Рязанов Э. Ирония судьбы, или С легким паром! Москва: Мосфильм, 1976.

Сокуров А. Русский ковчег. Нью-Йорк: Wellspring Media, 2002.

Эрмлер Ф. Перед судом истории. Ленинград: Ленфильм, 1965.

Янковский Ф. Статский советник. Москва: Первый канал, студия «Три-Тэ», 2005.

Павел Хазанов

РОССИЯ, КОТОРУЮ МЫ ПОТЕРЯЛИ

ДОСОВЕТСКОЕ ПРОШЛОЕ
И АНТИСОВЕТСКИЙ ДИСКУРС

Дизайнер обложки *А. Мануйлов*

Редактор *Т. Тимакова*

Корректоры *М. Богданова, О. Панайотти*

Верстка *Д. Макаровский*

Налоговая льгота — общероссийский классификатор продукции
ОК-005-93, том 2; 953000 — книги, брошюры

ООО РЕДАКЦИЯ ЖУРНАЛА
«НОВОЕ ЛИТЕРАТУРНОЕ ОБОЗРЕНИЕ»
Адрес издательства:
123104, Москва, Тверской бульвар, 13, стр. 1
тел./факс: +7 495 229-91-03
e-mail: real@nlobooks.ru
сайт: http://www.nlobooks.ru

Формат 60×90 1/16
Бумага офсетная № 1
Офсетная печать. Печ. л. 15,5. Тираж 700. Заказ №25К0167
Отпечатано в АО «ИПК «Чувашия»,
428019, г. Чебоксары, пр. И. Яковлева, д. 13

14, 81

3/5